“十三五”江苏省高等学校重点教材

新能源科学与工程专业系列教材

新能源汽车驱动技术

张惠国 钱 斌 编著

鲁 宏 夏金威 顾 涵 参编

科学出版社

北 京

内 容 简 介

本书结合新能源汽车最新的发展概况，系统地介绍新能源汽车的分类、动力系统结构、驱动电机原理、驱动电机控制技术，以及相应的标准规范。全书分 7 章，主要内容包括新能源汽车概述、新能源汽车动力系统、基本电磁理论、电机基础理论、新能源汽车电机控制、永磁无刷电机控制实例和新能源汽车标准规范。

本书为从事新能源汽车应用研究和电机系统开发的相关人员提供实用的技术支撑，可作为应用型本科院校能源动力类专业、新能源汽车工程等专业的教材，也可作为相关企业新能源汽车驱动系统的培训教材。

图书在版编目（CIP）数据

新能源汽车驱动技术 / 张惠国，钱斌编著. —北京：科学出版社，2021.12
“十三五”江苏省高等学校重点教材（编号：2020-2-202）• 新能源科学与工程专业系列教材
ISBN 978-7-03-069943-5

Ⅰ. ①新… Ⅱ.①张… ②钱… Ⅲ. ①新能源—汽车—驱动机构—高等学校—教材 Ⅳ. ①U469.703

中国版本图书馆 CIP 数据核字（2021）第 193924 号

责任编辑：余 江 张丽花 / 责任校对：樊雅琼
责任印制：赵 博 / 封面设计：迷底书装

科学出版社出版
北京东黄城根北街 16 号
邮政编码：100717
http://www.sciencep.com
北京凌奇印刷有限责任公司印刷
科学出版社发行 各地新华书店经销
*
2021 年 12 月第 一 版 开本：720×1000 1/16
2025 年 2 月第二次印刷 印张：12
字数：241 000

定价：49.00 元

（如有印装质量问题，我社负责调换）

前 言

能源和环境问题是汽车产业长期面临的共同挑战，加快发展新能源汽车已经成为世界上众多国家的汽车制造商应对能源和环境挑战的战略重点。随着“碳达峰、碳中和”目标的提出，以电动汽车为主的新能源汽车得到进一步发展，我国也由汽车大国逐步迈向汽车强国。

产业的快速发展，需要人才支撑和智力支持，急需适应产业发展的工程技术人才。新能源汽车驱动技术在一个多世纪的发展过程中发生了巨大变革，电驱动总成系统是新能源汽车动力传动系统的一个明确的产品发展方向，其核心是驱动电机和控制技术，技术涉及多个学科和多门课程的知识，技术难度相对较大。

如何利用相对集中的一门课程让学习者有效学习，掌握基础理论与原理，熟悉必要的工程应用知识，是作者在教学与培训过程中经常思考的问题。本书提供了新能源汽车驱动技术的必要基础和专业知识，并结合工程实践给出了翔实的仿真案例和设计案例，期望读者能在较少前提基础知识的情况下也能较快学习，并独立进行相关仿真分析、设计调试等工程实践，缩短掌握新能源汽车驱动技术的时间。

全书共 7 章，主要内容如下：

第 1 章，介绍新能源汽车的发展历史、分类、特点、基本结构和新能源汽车的关键技术。

第 2 章，介绍新能源汽车动力总成架构、电机控制系统结构原理、电力电子变流器及器件原理。

第 3 章，介绍电机中的电磁学基本原理和基础理论。

第 4 章，介绍交流电机基本理论，详细介绍直流电机、感应电机、永磁同步电机原理。

第 5 章，介绍电机的反馈控制原理、电机的矢量控制原理，重点讲述 SVPWM 原理并给出 Matlab Simulink 仿真实例；详细介绍坐标等效变换原理，并解释其物理意义，推导 Clarke 和 Park 变换公式，给出永磁同步电机的仿真实例。

第 6 章，根据实际的工程研究，介绍永磁无刷直流电机换相控制原理；根据电机模型讲解 Matlab Simulink 仿真过程，并详细介绍一款控制原型实验板的软硬件设计。

第 7 章，介绍新能源汽车驱动控制系统的测试规范和标准。

本书撰写分工如下：第 1、2、6 章由张惠国撰写，第 3 章由钱斌和鲁宏撰写，第 4 章由鲁宏撰写，第 5 章由张惠国和顾涵撰写，第 7 章由夏金威撰写。全书由张惠国统稿。

在本书撰写过程中，雅迪科技集团有限公司深圳研究院的高金东先生审阅了书稿，从工程应用角度提出了大量宝贵意见，作者在此表示衷心的感谢！

在本书撰写过程中查阅了大量的书籍、文献和资料，参考了一些网上资料和文献中的部分内容，在此特向相关作者表示真诚的谢意!

由于作者水平有限，书中若存在疏漏之处，敬请有关专家和读者批评指正。

张惠国

2021 年 5 月

目　录

第 1 章　新能源汽车概述

汽车已成为人们日常生活中普及的交通工具，在全球汽车产业蓬勃发展、汽车保有量稳步增长的同时，面临着环境污染、气候变暖、石油短缺和能源安全等挑战，各国政府和产业界提出各自的发展战略以保证汽车产业的可持续发展，新能源汽车成为汽车的主要发展方向。

国内清洁能源短缺、油气资源相对缺乏，风、光等可再生能源资源丰富，新能源汽车的发展可充分发挥资源多样性优势，一定程度上改善能源短缺及环境问题。我国新能源汽车产业经过近 20 年的培育发展，已经取得了瞩目的成绩，产销量和保有量均居世界首位。

新能源汽车凝聚了多种高新技术，集汽车、材料、电子、信息、电池、电机、控制等学科领域工程技术的最新成果于一体，其主要指采用非常规的车用燃料作为动力来源的汽车，包括纯电动汽车(PEV)、混合动力(混动)汽车(HEV)、燃料电池电动汽车(FCEV)等。电驱动系统是新能源汽车相对于传统燃油汽车在动力总成方面的历史性变革，驱动系统的技术水平和产品质量直接体现着企业在核心领域的竞争力。

本章简要介绍新能源汽车的发展历史，讨论新能源汽车的分类，对新能源汽车的关键技术和发展趋势做了概述。

1.1　新能源汽车发展概述

1.1.1　新能源汽车发展历史

新能源汽车的发展历史主要体现在电动汽车的发展上，它的发展史甚至比内燃机汽车的历史还要长。世界上第一辆机动车是一辆电动汽车，是美国发明家 Thomas Davenport(托马斯・达文波特)在 1834 年发明的，这辆电动汽车用一个玻璃封装蓄电池驱动，行驶距离短且不能充电。它比 1886 年问世的世界上第一辆内燃机汽车要早半个世纪。

1881 年，法国工程师 Gustave Trouve(古斯塔夫・特鲁夫)给车辆装配了铅酸电池，诞生了世界上第一辆可载人的充电电动车。随后几年，有轨电车出现了，首次出现制动回馈技术，大幅度提高了电动汽车的能量效率。1899 年，比利时 Camille Jenatzy(卡米尔・杰纳齐)驾驶的 La Jamais Contente(永不满足)汽车创造了 110km 的速度纪录，成为世界上第一辆时速超过 100km 的电动汽车。

从 19 世纪末到 20 世纪前期，在欧美等发达国家，汽车已经逐步替代了马车和自行车，电动汽车也变得流行起来，开始了商业化的发展阶段。到 1912 年，仅美国就有超过 34000 辆的电动汽车注册，进入了早期电动汽车的全盛时期。随后由于内燃机汽车的出现并不断发展，电动汽车因价格和续航里程等的限制，逐渐退出市场。20 世纪 30 年代到 60 年代，电动汽车的发展几乎处于停滞状态，基本上淡出市场。

20 世纪 70 年代，中东的石油危机爆发，各国政府开始注重能源的安全和能源的替代，寻找新的能源和新的能源载体。电动汽车又开始引起人们的重视，因为其使用电能作为能源，不但排放接近零污染，而且电动机比内燃机更简单可靠，电动机的转速和转矩也比内燃机更加容易控制。美国陆续颁布了关于电动汽车的研究、开发和应用的法律法规；与此同时，欧洲、亚洲的国家也逐渐投入人力、物力和财力致力于电动汽车的开发和研究。随后，欧美和日本的汽车公司相继推出了各种电动汽车。在学术界，全面研发电动汽车的时机也已到来，与电动汽车相关的各个领域的研发人员一起参与进来，从而为电动汽车的飞速发展奠定了基础。

但进入 80 年代后，能源危机的影响逐渐散去，政府更多地提倡汽车制造商加大内燃机的改进，提高内燃机燃油的利用率以减小污染排放。例如，欧洲的燃油排放标准由欧Ⅰ排放标准延伸到目前的欧Ⅴ甚至欧Ⅵ排放标准。我国政府也随后颁布了适合我国的排放标准，国Ⅰ标准一直到目前的国Ⅵ排放标准。在这种环境下，电动汽车再次失去了商用化动力，发展又变得缓慢起来，再次走入低谷。

随着工业的高速发展，气候变化异常、环境恶化、气候变暖等问题越发突出。全球范围内，运输(包括陆地、海洋和空中)产生的二氧化碳排放量占化石燃料燃烧产生的二氧化碳排放量的 24%。道路车辆的排放量占全球总排放量的 17%。在这些排放中，大约 1/3 是由以柴油为动力的重型车辆(如卡车和公共汽车)产生的，2/3 是由以汽油为动力的轻型车辆(如汽车和货车)产生。

改用新能源汽车将大大减少全球排放量，新能源汽车研发又开始活跃起来，进入了又一个迅速的发展期。20 世纪 90 年代，出现了可充电锂离子电池，使传统汽车转向电动汽车成为可能，同时由于应对气候变化而加强对传统汽车的监管，进一步推动了传统汽车向新能源汽车的发展转变。

这一阶段以后，汽车向更加节能环保的技术方向发展，开始大量出现纯电动汽车、混合动力汽车、以天然气和生物质等为燃料的燃料发动机汽车、氢燃料电池车等[1]。

2003 年，两位电动汽车爱好者 Alan Cocconi(艾伦·科科尼)和 Tom Gage(汤姆·盖奇)制造了一款名为 TZero 的电动跑车，由 6800 个摄像机电池供电，能够在不到 4s 的时间完成百公里加速，续航里程为 400km。后续特斯拉(Tesla)公司的成立进一步将该技术商业化，推动了纯电动汽车的发展。

混合动力汽车的历史也与其他类型的汽车一样悠久，早期由于内燃机汽车的性能不够稳定，续航里程不能满足需要，电动部分作为辅助动力使用，成为早期的混合动力汽车。由于电动机技术和电池技术不够成熟，成本、体积和效率都不理想，因此在 20 世纪 30 年代以后，混合动力汽车和电动汽车逐渐淡出市场。目前的混合动力汽车与早期相比已经有了质的飞跃，混合动力汽车作为新能源汽车的一种，有了节能的新概念。

燃料电池的思想最早出现在 1839 年，由于当时的技术限制，直到 1889 年，Carl Langer(卡尔·兰格)和 Ludwig Mond(路德维希·蒙德)才设计出第一块具有一定使用价值的燃料电池。之后燃料电池一直处于研发状态，到 1959 年燃料电池第一次作为一种全新的电力能源系统应用于电动汽车的驱动。自 2014 年以来，丰田、现代、本田等汽车公司陆续推出商业化的燃料电池电动汽车，这标志着燃料电池汽车技术和产品基本成熟，示范推广不断加速，全球燃料电池汽车迎来产业化发展重要窗口期，发展呈现全面提速的良好态势[2]。

在近 20 年的时间里，汽车技术发生了重大变革，一方面，交通运输带来的能源与环境压力逐步增大，呼唤新能源汽车的快速发展；另一方面，随着科学技术高速发展，尤其是电子和电池技术的发展，电动汽车的许多技术难点逐一得到解决，新能源汽车技术逐步成熟，世界各大汽车生产商纷纷推出了各自的电动汽车产品。汽车生产商在积极地涉足电动汽车领域的同时，一些电力公司和电池生产商也在起着积极的推动作用。同时，各国政府充分重视电动汽车相关领域基础设施建设，加大了电动汽车的鼓励和补助，进一步加强了汽车生产商对于以电动汽车为主的新能源汽车的信心。另外，各研究机构和大学也在不断地研究新能源汽车的新技术，提升电池及电机等核心部件的性能。

1.1.2　新能源汽车发展状况

1. 产业层面

2010～2019 年，全球新能源汽车销量从不足 1 万辆增至 221 万辆，年均增速超过 50%，占汽车整体市场的比例提高至 2.2%。截至 2018 年底，全球新能源汽车保有量超过 550 万辆，约占全球汽车保有量的 0.5%，至 2021 年新能源汽车保有量将超过 1000 万辆。我国新能源汽车保有量将超过 800 万辆[①]。

近年来，新能源汽车市场规模持续稳步扩大，2018 年以来连续两年，我国的新能源汽车销量超过 120 万辆，连续居世界首位；截至 2019 年底，国内充电桩总量突破 120 万台。乘用车、客车、专用车产品技术水平明显提升，驱动电机产品技术加快向集成化、高效化方向发展，动力电池产业规模持续扩大，车规级绝缘栅双极型晶体管(Insulated Gate Bipolar Transistor, IGBT)功率器件实现整车应用，自主研发和创新能力逐步增强。

2020 年 3 月，国务院召开国务院常务会议确定将新能源汽车购置补贴和免征购置税政策延长 2 年；4 月初，工业和信息化部(简称工信部)又发布《工业和信息化部关于修改的决定(征求意见稿)》，进一步放宽了新能源车企及产品的准入门槛，为新能源汽车产业加速发展再一次助力；4 月中旬，财政部、国家税务总局和工信部发布《关于新能源汽车免征车辆购置税有关政策的公告》，到 2022 年底，对消费者购置的新能源汽车免征车辆购置税，车型主要含包括纯电动汽车、插电式混合动力(含增程式)汽车、燃料电池汽车。新能源汽车延长发放补贴、放宽准入门槛，叠加此次免征购置税政策，从生产端到销售端都给予了产业极大的支持，进一步推进了新能源汽车产业的发展。

目前，新能源乘用车行业开始进入高质量发展阶段，整体竞争力显著提升。据统计，2015 年国内新能源汽车的单位用户占比 71.6%，而到了 2018 年，单位用户仅占比 26.0%，新能源乘用车的私人用户超过单位用户已成为主体[①]。新能源汽车产品技术水平迈上新台阶，小微车型逐步进入市场化阶段，新能源汽车在各个区域逐渐增多。比亚迪、吉利、上汽等企业的大量换代新产品陆续上市，新产品品质大幅提升，整车能耗、续航里程指标进步显著。同时，我国新能源汽车正在从以中资品牌为主向中外竞争转变，一系列的跨国公司(如日产、宝马、丰田、大众等)都在中国新能源汽车市场取得了较好的销售成绩，进一步促进了行业整体水平的提升。

新能源客车成为全面电动化的重要领域，公路客车、旅游客车、通勤客车等细分领域的电动化进程逐步加快，宇通、金龙等客车企业实现了自动驾驶客车示范运营，实现定点、定线自动行驶和避让等功能，成为智能化技术应用的重要载体。

新能源专用车快速发展。随着国家对环保要求的加强，柴油货车排放标准不断升级，新能源物流车通行更便利，各家大型物流企业纷纷开始使用新能源物流

① 数据来源：《中国新能源汽车产业发展报告(2019)》

车，如京东、顺丰、圆通、菜鸟等均已推出物流车的电动化计划。目前市场以纯电动车型为主，轻型物流车占市场销量的九成。新能源专用车平均电池能量密度、纯电动续航里程逐年提高，燃料电池专用车正开展小规模应用示范。

2. 技术层面

常规混合动力汽车技术逐步成熟，实现了产业化，成为汽车市场新的销售增长点。插电式混合动力电动汽车成为全球混合动力汽车的研发方向，纯电动汽车电池技术进一步提升，整车逐步满足消费者需求，全球主要汽车制造商加快了纯电动汽车量产推进速度。车用燃料电池技术也取得重大进展，燃料电池汽车在动力性、安全性、续航里程、低温启动等性能指标方面已接近汽油车水平，燃料电池电动汽车整车成本逐步下降。

新能源汽车在产业化发展过程中，形成了几个阶段：2010～2015 年，主要依靠内燃机汽车技术改进和推进车辆小型化实现降低油耗与排放的同时，为满足更为严格的节能减排法规目标要求，通过推进混合动力技术的应用，发展小型纯电动汽车和插电式混合动力电动汽车；2015～2020 年，在混合动力技术得到广泛应用的基础上，提高汽车动力系统电气化程度，加强小型纯电动汽车和插电式混合动力电动汽车推广；2020 年以后，纯电动驱动技术逐步占据主导地位，通过发展纯电动汽车和燃料电池电动汽车，实现大幅度降低石油消耗和二氧化碳排放。车型应用方面，纯电动、混合动力和燃料电池等不同类型的电动汽车技术各自具有最优的交通出行适用范围，对于城市短途出行需求，小型纯电动汽车具有优势；对于长途出行需求，适合采用混合动力电动汽车、插电式混合动力电动汽车或者燃料电池电动汽车。

随着新能源汽车产业规模扩大，交通出行、能源环境、信息通信、人工智能、城市建设等诸多领域都已成为汽车产业不可或缺的重要组成部分，汽车技术的范畴正在不断扩大。在学习通用技术的同时，也要求相关的工程师能在一些核心特色技术上做专做精，充分掌握新能源汽车驱动技术等核心技术。

1.2　新能源汽车分类和特点

1.2.1　新能源汽车定义和分类

新能源汽车(New Energy Vehicles，NEV)是指采用非常规的车用燃料作为动力来源，采用新型动力系统，完全或主要依靠新能源驱动的汽车。其综合了车辆的动力控制和驱动方面的先进技术，技术原理先进，具有较新结构。

广义来说，采用非常规能源的汽车都可成为新能源汽车，新能源汽车可包括纯电动汽车、混合动力汽车、燃料电池电动汽车、其他新能源汽车等。混合动力汽车包含增程式电动汽车、插电式混合动力汽车；其他新能源汽车包括使用超级电容器、飞轮等高效储能器的汽车，也包括氢发动机汽车、太阳能汽车，以及使用天然气、甲醇、乙醇等的汽车。目前市场上主流的新能源汽车主要是电动汽车(Electric Vehicle，EV)，包括纯电动汽车、氢燃料电池电动汽车以及插电式混合动力汽车。

不同新能源汽车中的动力形式各有优势和不足，各种优化组合共存是目前的状况。例如，传统内燃机汽车基于已有产业基础，未来通过电气化升级，可长时间工作在高效率的特定工况区域，从而改善能耗及排放。内燃机与电机、电池结合而成的混合动力汽车，可以充分发挥内燃机低成本及产业基础成熟的优势，弥补一些电动汽车目前成本高、充电基础设施不足以及寒冷地区不利于运行的不足。多种动力源可互为补充，也将长期共存，而电驱动技术将会是各类新能源汽车中的共同核心关键技术[3]。

1.2.2 新能源汽车主要特点

纯电动汽车、插电式混合动力汽车和燃料电池电动汽车，这些类型的新能源汽车有着共同的电驱动特征。

纯电动汽车(Pure Electric Vehicles，PEV)是指以车载电源为动力，用电机驱动车轮行驶，符合道路交通、安全法规各项要求的车辆。相对燃油汽车而言，主要差别在于驱动电机、调速控制器、动力电池、车载充电器等方面。

插电式混合动力汽车(Plug-in Hybrid Electric Vehicles，PHEV)就是电机和发动机综合输出动力，而且支持外接电源充电的车辆。其可以用纯电模式行驶，电池电量耗尽后再以混合动力模式(以内燃机为主)行驶，并适时向电池充电。其既能实现相对长距离的纯电动行驶，又可以不受电池电量和充电桩的限制，以极低的油耗实现混合动力行驶。在充电基础设施尚不普及、电动车电池技术仍不完善的背景下，插电式混合动力技术目前有着较大的市场。

燃料电池电动汽车(Fuel Cell Electric Vehicles，FCEV)是一种用车载燃料电池装置产生的电力作为动力的电动汽车。从动力来源上讲，纯电动汽车所用的电力来自电网充电的蓄电池，而FCEV用的电力来自车载燃料电池装置，除此之外，两者结构有很大的相似性。

1.2.3 新能源汽车基本结构

新能源汽车比传统汽车有着清洁节能的优势，下面分别介绍纯电动汽车、插电式混合动力汽车、燃料电池电动汽车的总体结构和各自的差别。

1. 纯电动汽车

与传统内燃机汽车不同，纯电动车采用电机驱动，由较大的动力电池完成驱动。而动力电池可以由充电桩或者充电插座进行充电。因为完全靠电力供能，纯电动汽车没有尾气排放，也不包含液态燃料相关组件，如燃油泵、燃油管路以及燃油箱等。图 1.1 是纯电动汽车的结构图，其关键部件如下。

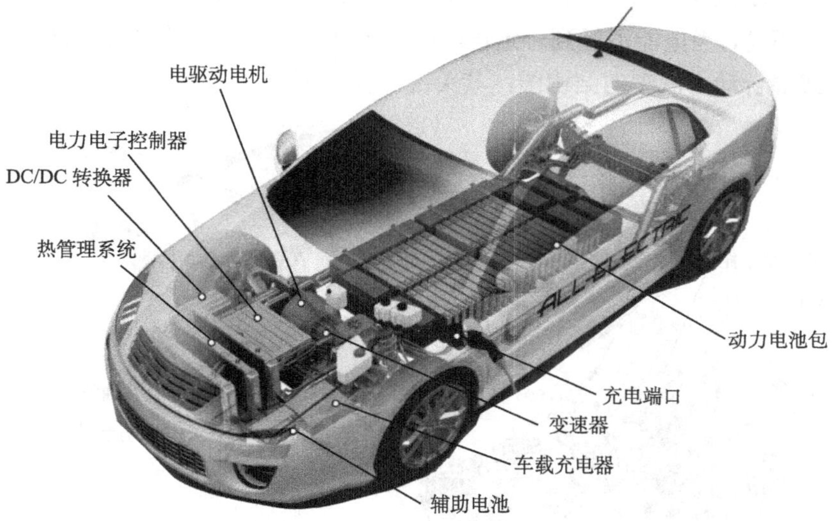

图 1.1　纯电动汽车[①]

充电端口(Charge Port)：连接到外部电源给动力电池包充电。

车载充电器(Onboard Charger)：将输入交流电变换为直流电，为动力电池包充电；同时在充电时监测电池的特性，如电压、电流、温度和充电状态等。

动力电池包(Traction Battery Pack)：储存电能供驱动电机使用。

驱动电机(Drive Motor)：通过逆变器将动力电池包的电能转换为车轮的驱动力，也可在制动时将汽车动能转换后回收存储到动力电池包。

电力电子控制器(Power Electronic Controller)：控制动力电池包的能量输出从而控制电机的速度、转矩等。

变速器(Transmission)：传输并转换电机动力以驱动车轮。

DC/DC 转换器：用于将动力电池包的高压变换为低压，为辅助电子设备供电以及为辅助电池充电。

① 图片来源：https://afdc.energy.gov/vehicles/how-do-all-electric-cars-work

辅助电池(Auxiliary Battery)：为汽车辅助电子设备供电。

热管理系统(Thermal System)：对整车进行热管理，将发动机、电机、电源等各部件的温度控制在正常工作温度范围。

2. 插电式混合动力汽车

插电式混合动力汽车同时使用电机和发动机驱动汽车，电机使用动力电池驱动，内燃发动机通常采用汽油驱动。其具有汽油加注口以及充电端口，车辆通常采用电力驱动，当电能消耗到一定程度时，便自动切换到内燃发动机驱动。图 1.2 是插电式混合动力汽车的结构图，其关键部件如下。

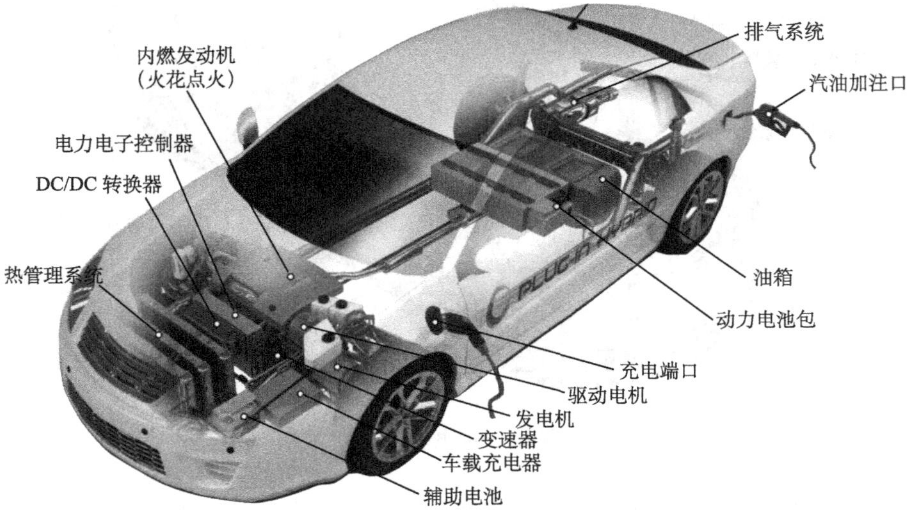

图 1.2　插电式混合动力汽车①

汽油加注口(Fuel Filler)：加油时油枪的接入位置。

油箱(Fuel Tank)：存放燃油，随时供给发动机。

排气系统(Exhaust System)：发动机排出的废气将通过排气管排出，排气管中安装了三元催化器用于减少排气系统中的有害气体排放。

内燃发动机(Internal Combustion Engine)：用于给发电机提供动力。

发电机(Generator)：将发动机的机械能转化为电能。

充电端口：连接到外部电源给动力电池包充电。

车载充电器：将输入交流电变换为直流电，为动力电池包充电；同时在充电时监测电池的特性，如电压、电流、温度和充电状态等。

① 图片来源：https://afdc.energy.gov/vehicles/how-do-plug-in-hybrid-electric-cars-work

动力电池包：储存电能供驱动电机使用。

驱动电机：通过逆变器将动力电池包的电能转换为车轮的驱动力，也可在制动时将汽车动能转换后回收存储到动力电池包。

电力电子控制器：控制动力电池包的能量输出从而控制电机的速度、转矩等。

变速器：传输并转换电机动力以驱动车轮。

DC/DC 转换器：用于将动力电池包的高压变换为低压，为辅助电子设备供电以及为辅助电池充电。

辅助电池：为汽车辅助电子设备供电。

热管理系统：对整车进行热管理，将发动机、电机、电源等各部件的温度控制在正常工作温度范围。

3. 燃料电池电动汽车

燃料电池电动汽车是一种用车载燃料电池装置产生的电力作为动力的汽车。燃料电池装置所使用的燃料为氢气，其在催化剂作用下经化学反应产生电能。与通常的电动汽车比较，其动力方面的不同在于燃料电池电动汽车用的电力来自车载燃料电池装置，而电动汽车所用的电力来自电网充电的蓄电池。燃料电池电动汽车也同时包含动力蓄电池，一辆车中燃料电池和蓄电池的比例组合是经过精心设计的。工作时，蓄电池主要完成制动时的能量回收，在加速时提供额外的电能需要，以及在低能耗运行时关闭燃料电池优化功率输出。图 1.3 是燃料电池电动汽车的结构图，其关键部件如下。

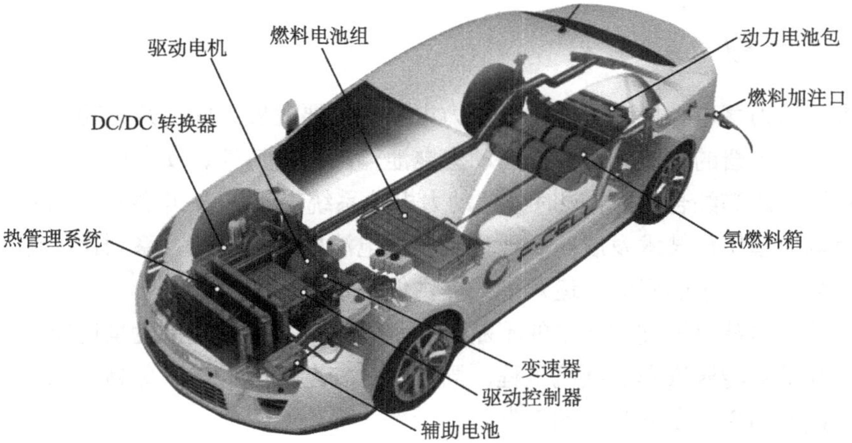

图 1.3　燃料电池电动汽车[①]

① 图片来源：https://afdc.energy.gov/vehicles/how-do-fuel-cell-electric-cars-work

燃料加注口：加注氢燃料时，燃料枪的接入位置。

氢燃料箱(Hydrogen Fuel Tank)：存放氢燃油，随时供给发动机。

燃料电池组(Fuel Cell Stack)：氢气和氧气在独立的膜电极组合下反应产生电力。

动力电池包：储存和回收电能供驱动电机使用。

驱动电机：通过逆变器将燃料电池和动力电池包的电能转换为车轮的驱动力。

电力电子控制器：控制动力电池包的能量输出从而控制电机的速度、转矩等。

变速器：传输电机动力驱动车轮。

DC/DC 转换器：用于将动力电池包的高压变换为低压，为辅助电子设备供电以及为辅助电池充电。

辅助电池：为汽车辅助电子设备供电。

热管理系统：对整车进行热管理，将燃料电池、电机、控制器等各部件的温度控制在正常工作温度范围。

1.3　新能源汽车关键技术

从战略性新兴产业角度看，发展电气化程度比较高的纯电驱动新能源汽车是新能源汽车技术的主要发展方向，其相关的核心技术包含以电池、电机、电控为主的“三电”技术，以及智能网联技术等。

1.3.1　新能源汽车动力电池技术

1. 汽车动力蓄电池技术

汽车动力蓄电池以车用能量型动力电池为主要发展方向，兼顾功率型动力电池和超级电容器的发展，全面提高动力电池输入输出特性、安全性、一致性、耐久性和性价比等综合性能；同时强化动力电池系统集成与热-电综合管理技术，促进动力电池模块化技术发展；实现车用动力电池模块标准化、系列化、通用化，为支撑纯电动汽车的商业化运营模式提供保障。

随着动力蓄电池技术水平的不断提高，蓄电池系统能量密度呈现明显增长趋势，提升了新能源汽车的续航里程，同时也对安全性能提出了更高要求。目前，蓄电池技术的主要发展状况如下[4]。

(1) 蓄电池系统能量密度方面。国外主流新能源汽车动力蓄电池系统能量密度集中在 120～160W·h/kg，成组效率在 60%左右。国内乘用车领域蓄电池系统质量能量密度集中在 140～160W·h/kg，成组效率及能量密度方面普遍高于同期国际其他产品，成组效率在 65%～75%；商用车领域蓄电池系统质量能量密度集中在 135W·h/kg 左右，成组效率在 95%左右。

(2) 蓄电池模组技术方面。动力蓄电池及蓄电池模组尺寸的相关标准已制定实施，标准化蓄电池模组降低了蓄电池系统制造和维修成本，与传统蓄电池结构相比，零部件减少超过 20%，成组效率可提升 5%～10%，空间利用率可提升 5%左右，有利于蓄电池系统能量密度提升。

(3) 热管理系统方面。随着蓄电池系统能量密度快速提升，快充功率增加及快充渗透率提升，对热管理技术提出了高要求。冷却技术主要包括风冷、液冷、直冷、相变材料冷却等类型，目前新能源汽车主要采用液冷技术路线，通常以水和乙二醇的混合物作为介质，通过设计管道和散热板等将热量导出，实现冷却液与蓄电池之间热交换。在热失控监测和热扩散防护技术方面，装车的蓄电池系统热失控事故实现提前 5min 预警，同时能够实现一定程度的热扩散防护。

(4) 蓄电池管理技术方面。国外的蓄电池管理系统（Battery Management System，BMS）软硬件架构、关键元器件和相关产业链基本成熟，国内目前处于追赶阶段。目前国内已经出现了基于可变速 CAN 总线通信方式的蓄电池管理系统。在状态监测方面，对各种算法的精度、计算量、运算速度等有深入研究，电压、温度、状态估算精度与国外水平相当，并在电池系统中得到了工程化应用。主动、被动均衡技术得到广泛应用，提高了电池使用过程中的一致性。

下一代新型车用动力电池研发的重点是研究新型锂离子电池，研究新型锂离子电池设计、性能预测、安全评价及安全性新技术。新体系动力电池方面，重点研究固态蓄电池、金属锂聚合物二次电池、锂硫蓄电池、金属空气电池等，并通过试验技术验证，建立动力电池创新发展技术研发体系。

2. 氢燃料电池技术

根据国际能源机构（International Energy Agency，IEA）的研究报告预测，到 2050 年，氢将能够满足全球 18%的终端能源需求，氢燃料电池汽车是全球汽车动力系统电动化转型升级的重要方向，具有车辆使用阶段零排放、能源的高效利用、续航里程长、燃料加注时间短等优势，如果使用可再生能源制氢，燃料电池汽车甚至能实现全生命周期零排放。

燃料电池系统将车载氢气蕴含的化学能转化为电能，然后经由驱动电机将电能转换为机械能驱动车辆行驶，仅有反应生成的水排放。燃料电池的关键技术包括燃料电池动力系统平台集成与控制技术、全气候的大功率氢燃料电池系统和整车匹配技术、整车能量管理与热管理技术、氢电安全技术，以及关键零部件降成本与量产技术。

目前的发展重点在于突破燃料电池关键技术和系统集成，推进工程实用化，为新一代燃料电池电动汽车研发与产业化奠定核心技术基础。重点推进燃料电池的工程实用化，建立小批量生产线，进一步提升燃料电池性能，降低成本，强化电堆与系统的寿命考核，改进提高燃料电池系统控制策略与关键部件性能，提升燃料电池系统可靠性与耐久性，为燃料电池电动汽车示范运行提供可靠的车用燃料电池系统。加强燃料电池基础材料和系统集成科技创新，研发高稳定性、高耐久性、低成本的关键材料和部件，保证电堆在高电流密度下的均一性，提高功率密度，进一步增强系统的环境适应能力，为下一代燃料电池电动汽车研发奠定核心技术基础。

1.3.2　新能源汽车电机和驱动技术

1. 电机技术

电机就是将电能和机械能相互转换的机电装置。当电能转换为机械能时，电机表现出电动机的工作特性；当机械能转换成电能时，电机表现为发电机的工作特性。新能源汽车中，一般情况下是用电机取代发动机并在电机控制器的控制下，将电能转换为机械能来驱动汽车行驶，并为电池或辅助电池回馈充电，因此电动机是新能源汽车的核心装置，电动机技术的好坏直接影响汽车驱动系统的性能。

从电机结构上看，根据其是否具有换向器和电刷，新能源汽车驱动电机分为两大类：有刷电机和无刷电机，如图 1.4 所示[5]。无刷电机因为没有换向器、电刷

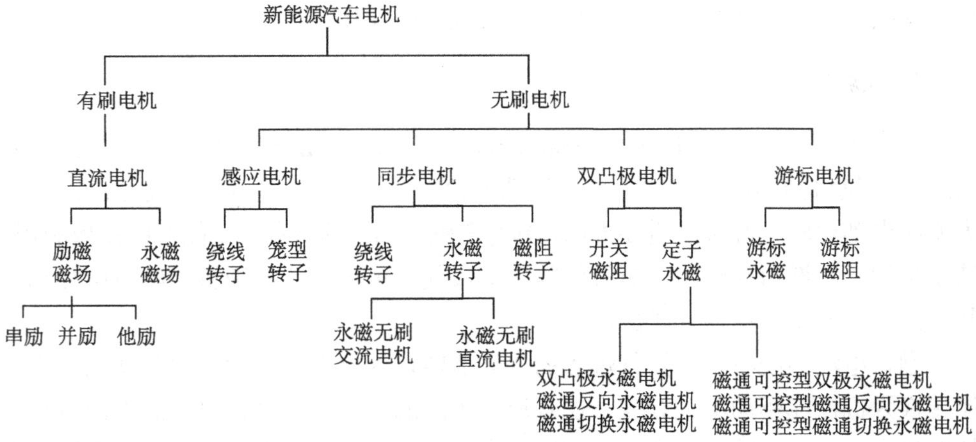

图 1.4　新能源汽车电机分类

等易损耗的部件，是新能源汽车电机的主要聚焦点。目前已经用于新能源汽车中的电机包括直流电机、笼型转子感应电机、永磁同步电机(Permanent Magnet Synchronous Motor，PMSM)(也称永磁无刷交流(Brushless AC，BLAC)电机)、永磁无刷直流(Brushless DC，BLDC)电机和开关磁阻(Switched Reluctance，SR)电机。

在一般情况下，也可把电机分为直流电机、感应电机、同步电机、开关磁阻电机等类型。运行过程中，直流电机的气隙磁场相对转子旋转，同步电机的气隙磁场相对于定子旋转，而感应电机的气隙磁场相对定子和转子都旋转。由于定子和转子产生的磁通(磁通量的简称)分量的相互作用，所以产生了转矩。而转子旋转完成了电能-机械能间的能量转换。开关磁阻电机磁路始终以磁阻最小为转动原则，当绕组通交流电时，会在气隙形成交流磁场，该磁场从定子流向转子，再流回定子形成回路，回路始终从小磁阻的路径流过，电机转子将不断尝试通过最小磁阻通道对齐，从而产生转矩。同步电机中的 BLDC 和 BLAC 电机结构类似，绕组设计上 BLAC 注重气隙磁密的正弦性考虑，反电动势波形为正弦波；BLDC 的磁路设计成具有梯形波的气隙磁密，反电动势波形为梯形波。

电动汽车的特点决定了对所采用的电机必须具有严格的技术规范。为了提升汽车的最高时速，电机应有较高的瞬时功率和功率密度；为了增加单次充电续航里程，电机应有较高的效率；因为电动汽车是变速工作的，所以电机应具有较宽的调速范围和较高的高低速综合效率；此外电机必须具有很强的过载能力、大的启动转矩和转矩快速响应。电动汽车启动和爬坡时速度较低，但要求力矩较大，正常运行时需要的力矩较小，而速度却很高。另外，电机还应具备体积小、质量轻、坚固安全可靠，有一定的防尘防水能力，且成本不能过高。

由于目前常见的四种电机各有优缺点(表 1.1)，在国外已有越来越多的电动汽车采用性能先进的电动轮(又称轮毂电机，In-wheel Motor)，轮毂电机技术又称车轮内装电机技术，它用电机(多为永磁无刷式)直接驱动车轮，其最大特点就是将动力、传动和制动装置都整合到轮毂内，如图 1.5 所示。因为无传统汽车的变速器、传动轴、驱动桥等复杂的机械传动部件，所以将电动车辆的机械部分大大简化。除了结构更为简单之外，采用轮毂电机驱动的车辆可以获得更好的空间利用率，同时传动效率也要高出不少。此外，由于轮毂电机具备单个车轮独立驱动的特性，因此无论前驱、后驱还是四驱形式，它都可以比较轻松地实现，全时四驱在轮毂电机驱动的车辆上实现起来非常容易。同时轮毂电机可以通过左右车轮的不同转速甚至反转实现类似履带式车辆的差动转向，大大减小车辆的转弯半径，甚至可以实现原地转向。

表 1.1　新能源汽车电机优缺点比较

电机类型	优点	缺点	应用现状
直流电机	成本低、易控制、调速性能良好	转速低、功率密度低、体积大、可靠性差、维护频繁	不常用
异步电机	结构简单、可靠性好、成本易控制	体积较大、效率低、调速性差	主要应用于欧美产的新能源汽车，如 Tesla
永磁同步电机	效率高、结构简单、体积小、质量轻	成本较高、在高温振动和过流条件下会产生磁性衰退	主要应用于国产、日产新能源汽车，如荣威 E50
开关磁阻电机	结构简单坚固、可靠性高、质量轻、成本低、温升低，易于维修	转矩波动大、控制系统复杂、噪声大	主要应用电动大巴车

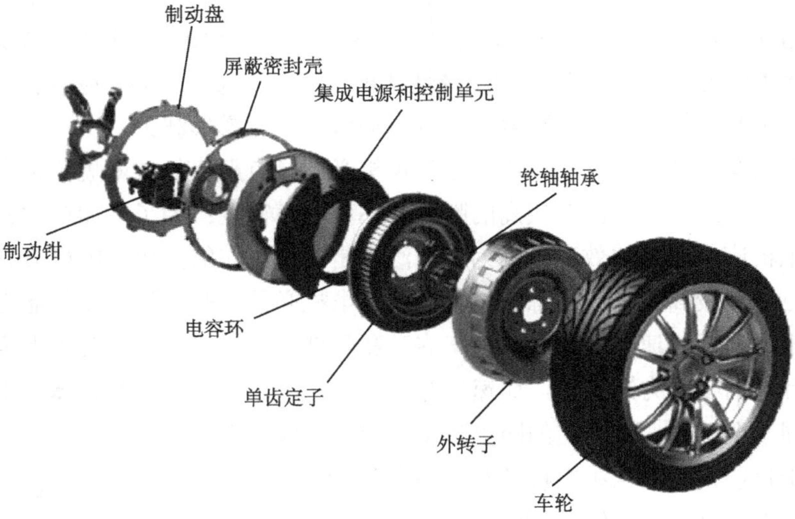

图 1.5　Protean Electric 的轮毂电机分解示意图

对于新能源汽车而言，大多采用电驱动，因此轮毂电机驱动也就派上了大用场。无论纯电动还是燃料电池电动车，都可以用轮毂电机作为主要驱动力，即便是对于混合动力车型，也可以采用轮毂电机作为起步或者急加速时的动力。当然，轮毂电机也存在一些缺点，例如，由于簧下质量和轮毂的转动惯量增大影响了车辆的操控性；电制动性能有限，维持附加的机械制动系统运行需要消耗更多的电量；此外，由于轮毂电机工作的环境恶劣，因此对密封方面也有较高要求。同时，在设计上还需要考虑轮毂电机的散热问题。

2. 电机控制驱动技术

控制驱动技术自从新能源汽车诞生到现在产生了巨大的变化，电力电子器件和控制芯片技术的发展，推动了一些复杂可靠的控制方法的诞生。

电机的变速和方向变换是靠电动机调速控制装置来完成的，其原理是通过控制电动机的电压与电流来实现电动机的驱动转矩和旋转方向的控制。目前电动汽车的调速控制主要采用直流逆变技术。在驱动电机的旋向变换控制中，直流电机依靠接触器改变电枢或磁场的电流方向，实现电机的旋转方向变换，这使得电机机械部分复杂、可靠性降低。当采用交流电机驱动时，电机转向的改变只需变换磁场三相电流的相序即可，简化了机械控制部分。此外，采用交流电机及其变频调速控制技术，使电动汽车的制动能量回收控制更加方便，控制电路更加简单。

21 世纪以来，用交流电机驱动的新能源汽车广泛采用了矢量控制或直接转矩控制方法。矢量控制有最大效率控制和无速度传感器矢量控制，前者通过调节励磁电流，使其能够根据电机参数和负载条件的变化而变化，从而使电机的损耗最小、效率最大；后者是利用电机电压、电流和电机参数来估算出速度，不用速度传感器，从而达到简化系统、降低成本、提高可靠性的目的。直接转矩控制克服了矢量控制中解耦的问题，把转子磁通定向变换为定子磁通定向，通过控制定子磁链的幅值以及该矢量相对于转子磁链的夹角，从而达到控制转矩的目的。

随着电机及驱动系统的发展，控制系统趋于智能化和数字化。变结构控制、模糊控制、神经网络、自适应控制、专家系统、遗传算法等非线性智能控制技术，都将各自或结合应用于电动汽车的电机控制系统。它们的应用将使系统结构简单、响应迅速、抗干扰能力强、参数变化具有鲁棒性(Robustness)，可大大提高整个系统的综合性能。

1.3.3　新能源汽车智能网联技术

“低碳化、信息化、智能化”已经成为汽车行业的产业发展趋势和战略方向，以“电动化”为代表的新能源汽车、以“智能化+网联化”为代表的智能网联汽车，更是汽车产业低碳化、信息化、智能化发展的重要载体。

智能汽车是在一般汽车上增加雷达、摄像头等先进传感器、控制器、执行器等装置，通过车载环境感知系统和信息终端实现与车、路、人等的信息交换，使车辆具备智能环境感知能力，能够自动分析车辆行驶的安全及危险状态，并使车辆按照人的意愿到达目的地，最终实现替代人来做驾驶决策及操作的目的。

智能汽车的初级阶段是具有高级驾驶辅助系统(Advanced Driving Assistance Systems，ADAS)的汽车，智能汽车与网络相连便成为智能网联汽车(Intelligent

Connected Vehicle, ICV）。智能网联汽车属于一种跨技术、跨产业域的新兴汽车体系，具备自主的环境感知能力，它是智能交通系统的核心组成部分，是车联网体系的一个节点，通过车载信息终端实现与车、路、行人、业务平台等之间的无线通信和信息交换。

狭义上讲，智能网联汽车是搭载先进的车载传感器、控制器、执行器等装置，并融合现代通信与网络技术，实现 V2X（Vehicle to Everything）智能信息交换共享，具备复杂的环境感知、智能决策、协同控制和执行等功能，可实现安全、舒适、节能、高效行驶，并最终可替代人来操作的新一代汽车。

广义上讲，智能网联汽车是以车辆为主体和主要节点，融合现代通信和网络技术，使车辆与外部节点实现信息共享和协同控制，以达到车辆安全、有序、高效、节能行驶的新一代多车辆系统。

智能网联汽车的关键技术如下。

1. 环境感知技术

环境感知包括车辆本身状态感知、道路感知、行人感知、交通信号感知、交通标志感知、交通状况感知、周围车辆感知等。车辆本身状态感知包括行驶速度、行驶方向、行驶状态、车辆位置等；道路感知包括道路类型检测、道路标线识别、道路状况判断、是否偏离行驶轨迹等；行人感知主要判断车辆行驶前方是否有行人，包括白天行人识别、夜晚行人识别、被障碍物阻挡的行人识别等；交通信号感知主要是自动识别交叉路口的信号灯、判断如何高效通过交叉路口等；交通标志感知主要是识别道路两侧的各种交通标志，如限速、弯道等，及时提醒驾驶员注意；交通状况感知主要是检测道路交通拥堵情况、判断是否发生交通事故等，以便车辆选择通畅的路线行驶；周围车辆感知主要检测车辆前方、后方、侧方的车辆情况，避免发生碰撞，也包括交叉路口被障碍物遮挡的车辆。

在复杂的路况交通环境下，单一传感器无法完成环境感知的全部，必须整合各种类型的传感器，利用传感器融合技术，使其为智能网联汽车提供更加真实可靠的路况环境信息。

2. 无线通信技术

无线通信技术包括长距离无线通信技术和短距离通信技术，长距离无线通信技术用于提供即时的互联网接入，主要用 4G/5G 技术；短距离通信技术有专用短程通信（Dedicated Short Range Communication，DSRC）、蓝牙、Wi-Fi 等，其中 DSRC 可实现在特定区域内对高速运动下的移动目标的识别和双向通信，如 V2V（Vehicle to Vehicle）、V2I（Vehicle to Infrastructure）双向通信，实时传输图像、语音和数据信息等。

3. 智能互联技术

当两个车辆距离较远或被障碍物遮挡，导致直接通信无法完成时，两者之间的通信可以通过路侧单元进行信息传递，构成一个无中心、完全自组织的车载自组织网络，车载自组织网络依靠短距离通信技术实现 V2V 和 V2I 之间的通信，它使在一定通信范围内的车辆可以相互交换各自的车速、位置等信息和车载传感器感知的数据，并自动连接建立起一个移动的网络，典型的应用包括行驶安全预警、交叉路口协助驾驶、交通信息发布以及基于通信的纵向车辆控制等。

4. 车载网络技术

目前汽车上广泛应用的网络有 CAN、LIN 和 MOST 总线等，它们的特点是传输速率小、带宽窄。随着越来越多的高清视频应用进入汽车，如 ADAS、360°全景泊车系统和蓝光 DVD 播放系统等，它们的传输速率和带宽已无法满足需要。以太网最有可能进入智能网联汽车环境下工作，它采用星形连接架构，每一个设备或每一条链路都可以专享 100MHz 带宽，且传输速率达到万兆级。同时以太网还可以顺应未来汽车行业的发展趋势，即开放性、兼容性原则，从而可以将现有的应用嵌入到新的系统中。

5. 高级驾驶辅助技术

高级驾驶辅助技术通过车辆环境感知技术和自组织网络技术对道路、车辆、行人、交通标志、交通信号等进行检测和识别，对识别信号进行分析处理，传输给执行机构，保障车辆安全行驶。高级驾驶辅助技术是智能网联汽车重点发展的技术，其成熟程度和使用普及性代表了智能网联汽车的技术水平，是其他关键技术的具体应用体现。

6. 信息融合技术

信息融合技术是指在一定准则下利用计算机技术对多源信息分析和综合，以实现不同应用的分类任务而进行的处理过程。该技术主要用于对多源信息进行采集、传输、分析和综合，将不同数据源在时间和空间上的冗余或互补信息依据某种准则进行组合，产生出完整、准确、及时、有效的综合信息。智能网联汽车采集和传输的信息种类多、数量大，必须采用信息融合技术才能保障实时性和准确性。

7. 信息安全与隐私保护技术

智能网联汽车接入网络的同时，也带来了信息安全的问题，在应用中，每辆车及其车主的信息都将随时随地传输到网络中被感知，这种显露在网络中的信息很容易被窃取、干扰，甚至修改等，从而直接影响智能网联汽车体系的安全，因此在智能网联汽车中，必重视信息安全与隐私保护技术的研究。

8. 人机界面技术

人机界面(Human-Machine Interaction，HMI)技术，尤其是语音控制、手势识别和触摸屏技术，在全球未来汽车市场上将大量采用。不同国家的汽车人机界面技术发展重点也不尽相同。美国和日本侧重于远程控制，主要通过呼叫中心实现；德国则把精力放在车主对车辆的中央控制系统，主要是奥迪的MMI、宝马的iDrive、奔驰的COMMAND。

智能网联汽车人机界面的设计，其最终目的在于提供良好的用户体验，增强用户的驾驶乐趣或驾驶过程中的操作体验，它更加注重驾驶的安全性，这样使得人机界面的设计必须在良好的用户体验和安全之间做好平衡，很大程度上安全始终是第一位的。智能网联汽车人机界面应集成车辆控制、功能设定、信息娱乐、导航系统、车载电话等多项功能，方便驾驶员快捷地从中查询、设置、切换车辆系统的各种信息，从而使车辆达到理想的运行和操作状态。未来车载信息显示系统和智能手机将无缝连接，人机界面提供的输入方式将会有多种选择，通过使用不同的技术允许消费者能够根据不同的操作、不同的功能进行自由切换。

9. 高精度地图与定位技术

高精度地图的规划能力下沉到了道路和车道级别，高精度矢量地图是抽出路网信息、道路属性信息、道路几何信息以及标识物等抽象信息的地图，方便控制策略通过路网信息完成点到点的精确路径规划。

高精度地图包含了高精度的三维道路表征，可以帮助自动驾驶车辆根据自身环境感知传感器的数据，更精确地确认自己的位置。

通过对高精度地图模型的提取，辅助环境感知可以将车辆位置周边的道路、交通、基础设施等对象及对象之间的关系提取出来，极大地提高车辆对周围环境的鉴别能力。

除了以上列举的一些关键技术，智能网联汽车的关键技术还包含异构网络融合关键技术、交通大数据处理与分析关键技术、交通云计算与云存储关键技术等。智能网联汽车的聚焦点是在车上，发展重点是提高汽车安全性，其终极目标是无人驾驶汽车，最终能开发出适用于不同场景的能自动驾驶的无人驾驶汽车。

随着新能源汽车低碳化、信息化和智能化的推进，原有的通过传统汽车平台改装形成的电动汽车产品逐渐失去竞争力，构建新能源汽车专用平台渐成为主流趋势，电动平台的通用性以及多用途逐步成为未来的发展方向。

1.3.4　新能源汽车发展趋势

随着新能源、电子信息、人工智能、互联网等新一轮科技革命和产业变革的影响，新能源汽车发展呈现出了“低碳化、信息化、智能化”的发展趋势[4]。

1. 新一轮科技革命驱动新能源汽车产业加速变革

能源、互联和智能的革命推进了新能源汽车产业的发展。传统动力汽车向新能源汽车转变，其中电池、电机和电控系统等“三电”技术成为汽车技术的核心，围绕核心技术，将出现并行于传统动力系统产业链的全新产业链，同时出现和新能源汽车相匹配的充电桩、换电站、加氢站等基础设施和运营服务体系。

智能互联技术也将成为新的核心技术，汽车产品将出现以下变化：逐步由信息孤岛向智能终端转变；由人驾驶车向自动驾驶转变；由耗能机械向可移动的储能功能单元转变；由个体拥有向共享使用转变；由制造向智能制造转变；由移动工具向出行服务转变。

节能环保压力带来产业技术低碳化发展的机遇，以纯电动汽车为主线的低碳化发展，可以使各种技术路径在不同的场景下发挥各自作用。同时，汽车智能网联化催生产业互联发展机遇，将不断推进汽车研发、制造、服务一体化和基于数据的服务，进一步推动新能源汽车产业链和产业生态的重构。

2. “低碳化、信息化、智能化”融合发展

“低碳化、信息化、智能化”相互支撑，体现新技术之间、新技术和新模式之间、新技术和新生态之间的融合发展。各个国家和地区都把节能汽车、新能源汽车、智能网联汽车放到核心战略发展地位，制定一系列的战略规划以及法律法规支持产业发展。预计到 2035 年，新能源汽车将成为市场主流产品，各类智能网联汽车获得广泛应用。新能源汽车将成为新一轮科技革命和产业变革的标志性、引领性产品，是新一代信息技术、高端装备制造、新材料、新能源等战略新兴产业的创新集成体。

第 2 章　新能源汽车动力系统

新能源汽车采用了多种方式来降低能源消耗和减少尾气排放。一种可行方式是提高动力总成效率和降低传动系统阻力，涉及发动机、变速器、电机和混合动力技术。混合动力汽车(HEV)具有两个或多个储能系统(Energy Storage Systems，ESS)，两者共同驱动汽车或各自提供驱动力。在混合动力汽车中，除了传统的汽油，其他储能系统可以是电池、超级电容、电池-超级电容组合、飞轮和压缩空气罐等。混合动力系统有效提高了内燃机(Internal Combustion Engine，ICE)的效率，并减少尾气排放，目前广泛应用。其中电池储能的混合动力主导了混合动力汽车市场，对驱动技术的介绍主要围绕电池储能系统。另一种可行方式是采用其他能源来替代石油，市场上出现了一些采用复合燃料的汽车。

总体来说，汽车电动化是目前的趋势，我们主要关注新能源汽车中的电动汽车。电能是最方便利用的能量，而石油在汽车中有着广泛的应用基础，新能源汽车中，混合动力汽车和纯电动汽车在一段时期内会长期共存。两者的汽车驱动技术有着较多的相似性，特别是二者共同的电机驱动技术。

本章将介绍新能源汽车的动力总成架构和分类，讨论电机驱动系统的关键技术以及核心电力电子系统的构成和原理。

2.1　新能源汽车动力总成架构

2.1.1　动力总成架构和分类

动力总成架构主要指动力总成部件之间的拓扑关系和能量流动方向，新能源汽车的效率首先取决于总成架构，架构对汽车的设计、控制和优化产生着重大影响，架构设计和选择是新能源汽车设计开发的一个关键环节。

与传统动力总成不同，新能源汽车动力总成的架构涉及更多变量(如电机(Electrical Machinery，EM)数量、耦合/开关装置的类型和数量、变速器选择和各关键部件间的拓扑关系)。此外，特定的架构根据耦合设备、变速器和电机的不同状态从而工作于不同的运行模式；不同的架构也和相应的动力总成管理策略相联系，这就增加了动力总成架构选择和设计的复杂性。

新能源汽车的主要特征是汽车的电动化程度，依据电动化的不同程度，将电动汽车分为五类(如图 2.1 阴影部分所示[6])：混合动力汽车(弱混合动力汽车、中混合动力汽车和强混合动力汽车)、插电式混合动力汽车(PHEV)、增程式电动汽车(ER-EV)、纯电动汽车(PEV)和燃料电池电动汽车(FCEV)。

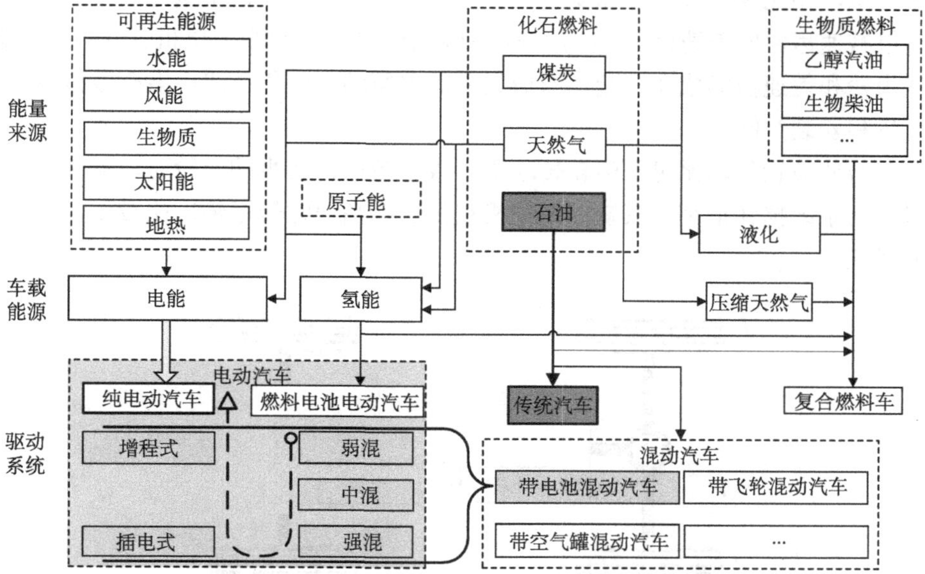

图 2.1　替代燃料和动力总成解决方案

在讨论动力总成的分类时，重点关注市场上主流的电动汽车，包括 HEV、PEV 和 FCEV。考虑到 FCEV 的动力总成架构基本上可以与 PEV 互换，两者间主要分析 PEV 的动力总成架构。因为一种动力系统架构并不能应用于所有级别的电气化程度，在分类时，需充分考虑电动汽车的电气化程度。

1. PEV 动力总成架构

PEV 完全依靠存储在电池中的总的电能驱动行驶，不会产生传统的污染物，是目前公认的理想交通工具。PEV 从结构上看，包含了电力驱动子系统、能源子系统和辅助子系统。电力驱动子系统主要获取驾驶员的控制信号，传送到控制器，将电池的能量通过功率转换器输送到电机，并通过机械传动装置控制车辆行驶。能源子系统主要对驱动系统和辅助系统供电，保证各个部件有稳定的能量来源，当动力不足时，能够完成对动力电池的充电，及时补充能量。辅助子系统的主要功能是完成助力转向、车内温度调节、照明等功能。

常将 PEV 的电力驱动子系统的核心称为动力总成，不同的 PEV 动力总成架构可以根据电机的位置和数量、变速器类型以及传动齿轮的数量来分类，可分成三个主要的架构。

1) 单电机单减速齿轮

单电机单减速齿轮架构是纯电动汽车广泛采用的最简单的结构布局，与传统汽车相似，相比少了离合器和变速器。如图 2.2 所示，电机从电池获得能量后，通过单减速齿轮向差速器 D 输出力矩，从而驱动汽车。通常，电机、电机控制器、减速齿轮和差速器集成在一起，形成紧凑的电驱动一体化总成，能有效减少车辆的重量和安装空间。

单减速齿轮传动比可变齿轮传动更具成本效益，较少的齿轮对、无液压元件使得传动系统损耗很小。其缺点是电机在低速或高速时转矩输出比较低，低速时效率降低。

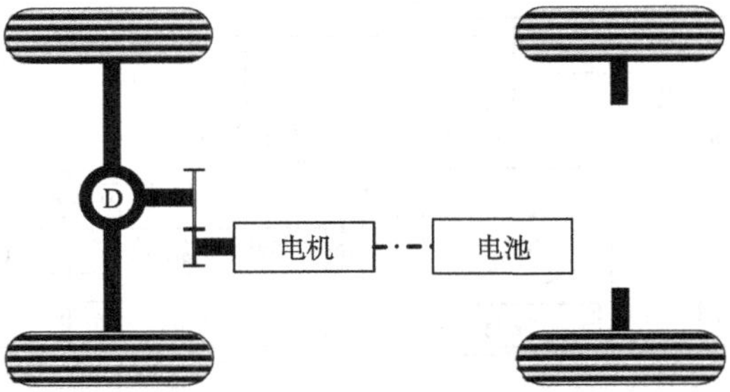

图 2.2　单电机单减速齿轮 PEV 架构

图 2.3 是日产聆风的 e-Powertrain 动力总成，其中包含了功率传输单元(PDM)、逆变器、电动机、减速驱动器等。PDM 中集成了充电器、直流变换器、接线盒等。总成中没有用于切断动力的离合器，也没有多级变速器，整个系统

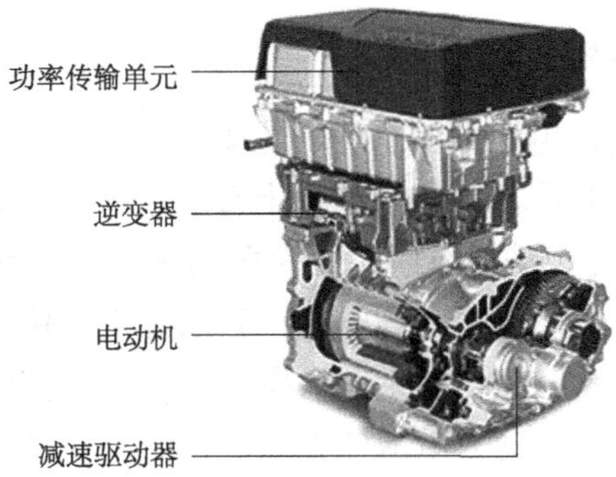

图 2.3　PEV 动力总成[①]

① 图片来源：https://www.nissan-global.com/EN/TECHNOLOGY/OVERVIEW/e_powertrain.html

总成架构紧凑，并能瞬时输出较大转矩，在振动方面表现较好，体现了集成化优势。

2）单电机多变速箱

相比单电机单减速齿轮架构，单电机多变速箱架构在电机和差速器之间增加了变速箱（图 2.4），除了没有离合器等动力耦合装置，其结构上更加类似于传统汽车。这种架构弥补了单减速齿轮架构的缺点，与传动效率相比可提高 2～5 个百分点。

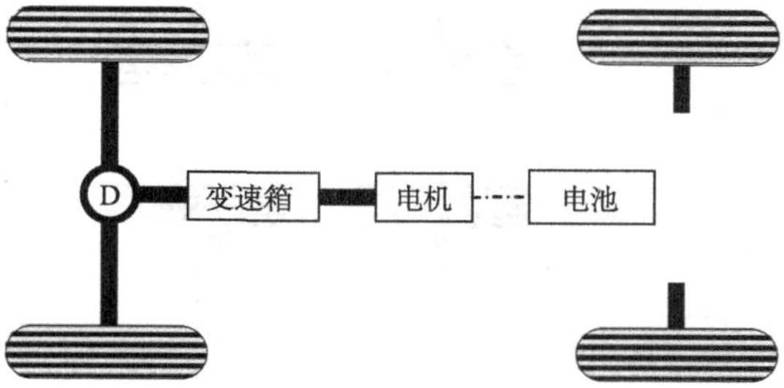

图 2.4　单电机多变速箱 PEV 架构

3）多电机

图 2.5 给出了多电机纯电动汽车的主流结构，图 2.5（a）表示前桥和后桥上各放置了一个电机，这种形式比较灵活，根据两个电机的工作状态，汽车可以工作于前驱（FWD）模式、后驱模式（RWD）或者全驱（AWD）模式。图 2.5（b）采用了两个相同的电机驱动，其中没有变速器和差速器；直行时两个电机提供相同的力矩；转向时，两个电机的控制器协调控制，形成驱动轮之间的转速差。图 2.5（c）中的两个电机分别连接到行星齿轮（PGS）的太阳齿轮和外齿圈，两个电机以不同的固定齿数比驱动汽车。图 2.5（d）四个轮毂电机分别进行驱动，电机所需安装空间较小；相比其他形式，轮毂电机充分释放了车内空间，同时能灵活地采用多种驱动模式。

纯电动汽车方面，电机、电机控制器与减速驱动器深度集成的电驱动一体化总成是新能源汽车领域发展的主要技术方向。国外以日本电产、博士、大陆汽车、麦格纳、吉凯恩、博格华纳、采埃孚等为代表的电驱动系统集成商推出了电驱动一体化总成产品，成为新能源汽车驱动系统主要应用类型。我国电驱动总成技术起步与国外基本同步，上海电驱动股份有限公司、精进电动科技股份有限公司、巨一科技股份有限公司、苏州汇川技术有限公司、比亚迪股份有限公司、上海汽车变速器有限公司等公司均推出了三合一电驱动总成，获得了广泛应用[4]。

2. HEV 动力总成架构

相对 PEV 的动力总成架构，HEV 的架构要更复杂一些，HEV 包含内燃机、电机、耦合装置、变速器等，同时各个部件的位置排布变化较多。主流的分类包含串联混动、并联混动、串并联(混联)混动等。

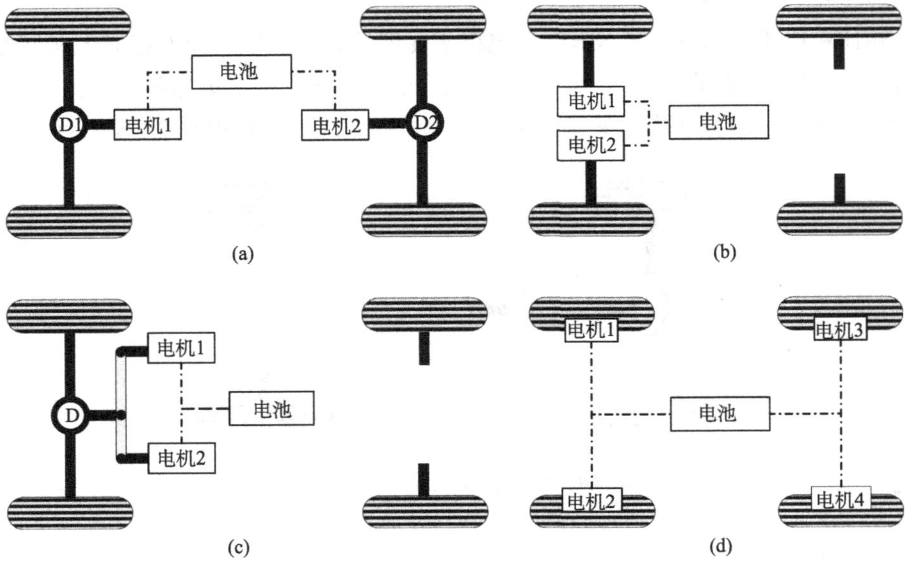

图 2.5　多电机 PEV 架构

1) 串联混动

串联混动架构中通常包含汽油或柴油发动机、发电机、电机、能量存储系统等，发动机-发电机组合将汽油等化学能源转化为电能，提供给电机推动车辆行驶。图 2.6 所示为根据发动机和电机的分布，将串联模式混动分成了三种常见组合情况，在具体实现中也可以利用轮毂电机替换图中的电机和差速器，形成与图 2.5(d)类似的结构形式。

驱动系统间通过能源联合，而非机械动能的联合，主要有以下特点：驱动轮只由电机驱动，发动机与驱动轮之间无直接的机械连接；具有两个或两个以上的能量源，是一种能源上的混合结构。

串联模式驱动中各动力源的功率较大，外形和质量也很大，主要用于城市大客车中。在运行过程中，主要具有以下工作模式。

(1) 纯电动模式：电池电量充足、汽车负载小的工况下，发动机不工作，动力电池单独向电动机供电驱动行驶。

(2) 串联驱动模式：汽车负载较大时，发动机带动发电机发电，不经过电池，将电能直接提供给电机。由于电能不通过电池再供电，这种模式的能量利用效率要高于经过电池再输入的情况。

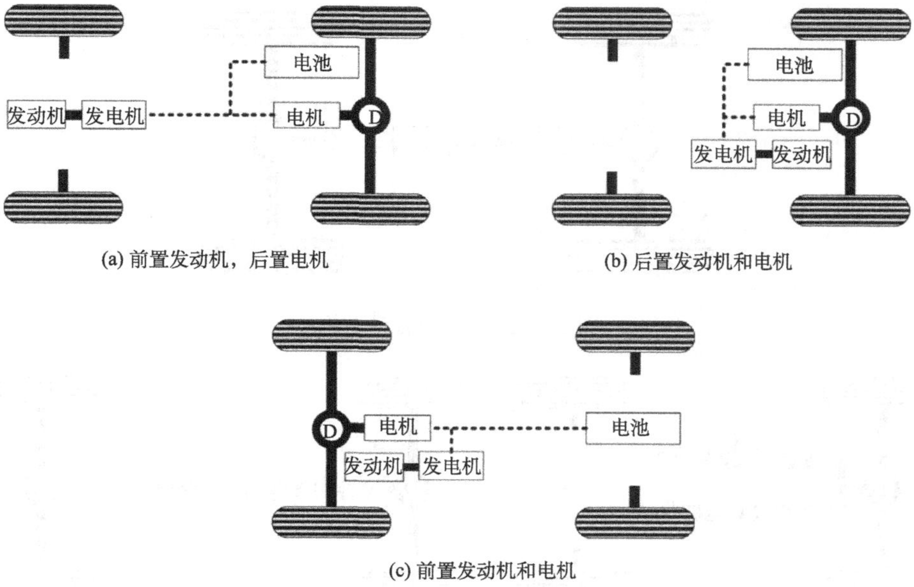

图 2.6　HEV 串联混动架构

(3) 联合驱动模式：汽车在加速、爬坡等大负载的工况下，发动机带动发电机发电，不经过电池，同时动力电池也向电动机供电。这种情况下，汽车的动力性能达到最高。

(4) 制动能量回收模式：汽车低速或者制动时，电机工作于发电机模式，将汽车的动能转化为电能存储到电池中。

2) 并联混动

并联混动架构与串联混动架构不同，并联驱动系统主要通过汽车的传动系统完成联合，动力源通过机械方式联合，可使用单一或者同时使用各个动力源驱动汽车行驶。

并联混动动力总成架构主要包含发动机、电机、变速器、机械耦合装置、电池包等，混动结构中要求发动机和车轮间有固定的连接通路，从而可根据电机的位置分布或者变速器的数量形成不同并联混动架构。

图 2.7 给出了前置或后置驱动中电机可能的五种位置，从而形成了五种类型。电机位于③、④、⑤位置时，汽车工作于混合动力状态，通过解耦离合器，使电机工作于纯电动模式；电机位于①、②位置时只能工作于联合驱动模式。

以上五种驱动模式中，电机和车轮之间没有独立的变速器，可考虑给电机增加单独的变速器，形成的双变速器混动架构如图 2.8 所示。这两种架构是由图 2.7 的④、⑤模式中增加独立的变速器后发展而来的，运行过程类似。

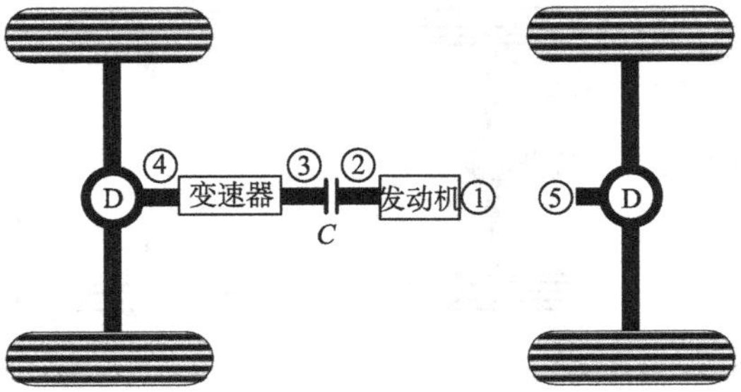

图 2.7　HEV 并联混动结构

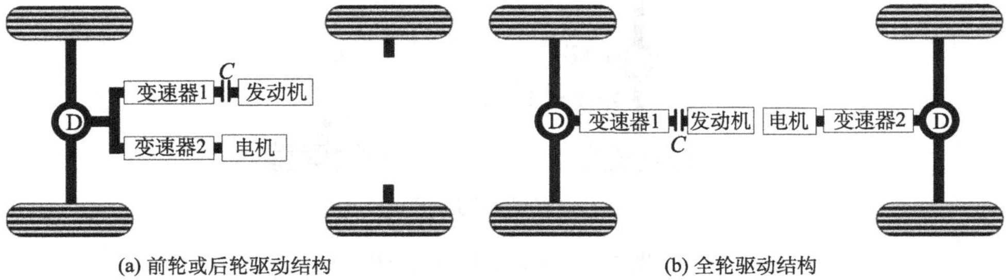

图 2.8　双变速器并联混动架构

并联模式中汽车具有两套驱动系统，分别为单独驱动车辆或者联合驱动车辆，发动机的工况变化较大，不同工作模式下具有不同的效率区间，主要有以下工作模式。

(1) 纯电动模式：汽车起步或低速行驶时，关闭发动机，电机单独驱动。这种情况下，可使发动机避开低效、高排放的工作区，提供燃油的经济性。

(2) 发动机单独驱动模式：汽车高速平稳运行时，发动机单独驱动车辆。这时，发动机直接驱动汽车行驶，传动效率较高，同时发动机工作在高效区，燃油经济性较好。

(3) 联合驱动模式：汽车在急加速、爬坡等大负载的工况下，发动机和电机均工作，电动机作为辅助动力源协助发动机，提供车辆所需要的功率，汽车的动力性能达到最佳。

(4) 制动能量回收模式：汽车低速或者制动时，电机工作于发电机模式，给动力电池充电，回收能量；同时，电动机的反托作用，可以有效地辅助制动。

3) 串并联混动

串并联混动汽车可以在不同的负载条件下以串联、并联或两者结合的方式工作，可同时利用两种模式的优点。和串联混动相比，串并联混动增加了机械路径的传递路径；与并联混动相比，增加了电能的传递路径。近年来各大汽车公司推出的混合动力汽车多以串并联混动汽车为主，比较成功的汽车如丰田普锐斯（Prius）。

3. 工业界混动的各种划分

1) HEV 混动 P*x* 标识

工业界常用电机的位置来划分各种有变速箱的并联与串并联(混联)混动构型，成为 P*x* 混动，P 代表位置(Position)。对于单电机的混合动力系统，根据电机相对于传统动力系统的位置，分别以 P0、P1、P2、PS、P3、P4 等命名，如图 2.9 所示，具体含义如下。

P0：位于发动机前端的皮带上。

P1：位于发动机的曲轴上。

P2：位于发动机与变速箱中间靠变速箱一侧，与发动机间有离合器。

PS：位于变速箱内部。

P3：位于变速箱的输出轴上，离变速箱有一定距离，靠近传动轴。

P4：位于另一轴上(如果发动机驱动前轴，则电机在后轴，反之亦然)。

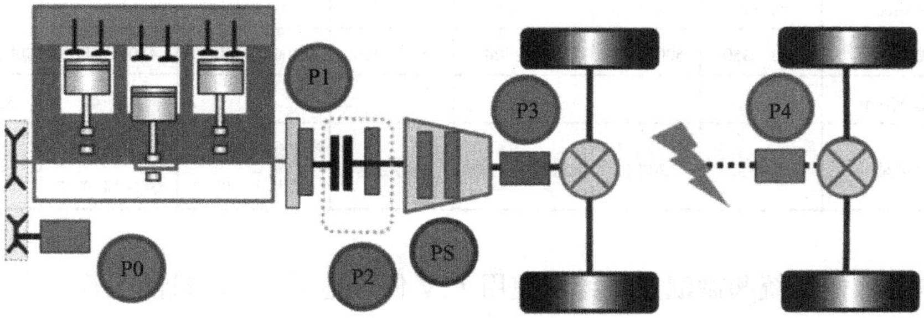

图 2.9　混动结构[①]

2) HEV 混动等级

混合动力汽车根据不同电气化程度进行等级划分，可以分为微混、弱混、中混、强混、混合策略插电混动、增程式插电混动六个级别。从低到高，电池的容量依次增大，同时电池和电机能够输出的功率也依次增大，车辆可以更多地使用电力驱动，以此来提高燃油效率，或者是增加纯电动续航里程。

每个级别能够实现的具体功能，主电机功率、电池容量、电池电压、电池类型、节省燃油和增加成本的比较以及常见构型总结如表 2.1 所示，其中纯电续航

① 图片来源：https://car.motor-fan.jp/daisharin/30007114

里程和节省燃油情况以 WLTP 或美国 EPA 测试为准。

表 2.1　混动等级分类特征

性能指标	自动启停	微混	弱混	中混	强混	混合策略插电混动	增程式插电混动
减少怠速	√	√	√	√	√	√	√
动能回收		√	√	√	√	√	√
停机滑行		可能有	√	√	√	√	√
加速助力			√	√	√	√	√
纯电行驶				可能有	√	√	√
高速纯电					可能有	√	√
全工况纯电							√
主电机功率/kW	2～3	5～6	10～15	15～20	30～55	50～100	85～160
电池电压/V	12	12～25	36～48	110～160	200～280	320～420	320～420
电池容量/(kW・h)	0.1～0.2	0.2～0.4	0.25～0.5	0.5～1	1.3～1.6	4.4～8.8	15～30
电池类型	铅酸	铅酸	铅酸/镍氢	镍氢	镍氢/锂离子	锂离子	锂离子
节省燃油	2%～4%	4%～7%	8%～12%	15%～20%	25%～35%	～	～
增加成本/美元	180～350	500～800	1000～2000	1500～3500	2000～4000	4500～8000	9000～12000
纯电续航/km						17～40	55～120
常见构型	P0/P1	P0/P1	P0/P1/P2/P3/P4	P1/P2/Ps	P2/PS/P3/P2P4/串联/串并联/PSD	P2/PS/P0P4/P2P4/串并联/PSD	PS/P4/P1P4/PSP4/串联/PSD

自动启停系统和微混系统继续使用 12V 低压电平，发动机的运行状态并没有多少改变，可以看作传统汽油车的加强。实际上，升级到 12V 的微混系统，将电池增大，并增加动能回收系统，也是汽车电力需求不断增加的必然结果。近些年，汽车上的用电大户越来越多，包括电动涡轮、主动电磁悬挂、机电动空调、电动助力转向等。

增程式混合动力在设计时以纯电动行驶为主，发动机仅仅作为电量不够时应急使用，或用来提高极限动力。它也可以看作是电动车企业在充电设施普及度、充电速度、电池容量密度和电池成本仍然不够成熟时的过渡方案。

表 2.1 中列出的弱混、中混、强混和混合策略插电混动是真正的混合动力。其中弱混、中混、强混可以由电力系统和内燃机共同驱动汽车，但能量仍然全部来自汽油；混合策略插电混合动力不仅是混动，还是混能，其能量来源也是汽油和电力的混合，并且能够自行在不同情况下优先消耗综合效率更高的能源。

2.1.2　关键部件和能量传输

驱动技术的核心在于功率的传送，目前纯电动车和插电式混合动力电动汽车主要以电为能量来源。本节主要讨论电动汽车功率传输原理和核心部件，如图 2.10 所示。

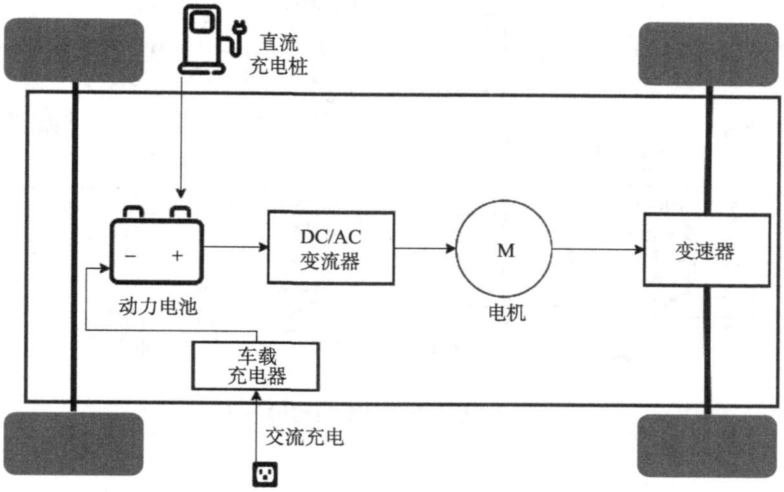

图 2.10　电动汽车功率传输关键部件

电动汽车可用直流或交流充电，在直流充电情况下，动力电池直接由直流充电桩充电，此时车载充电器被旁路。如果使用交流充电，则需要用车载充电器完成交流到直流的变换，之后完成充电。动力电池包存储了汽车所需的能量，是整车成本最高的部分，由很多锂离子电池单元组成，向外输出直流电。动力电池由电池管理系统(BMS)负责管理，全程监控电池状态，实时监测出现的问题。功率控制器将动力电池提供的直流电逆变成交流电，并给电机供电。整个过程由复杂的电机控制算法完成控制，给驱动电机提供特定频率和幅度的电压，从而响应驾驶员的加速或刹车指令控制汽车的行驶。驱动电机完成电能到机械能的转换，并通过变速器来完成对车轮的驱动。

电动汽车中的能量传输过程大致分为四种，整流充电、逆变并网、加速行驶、制动回馈等，图 2.11 是一个通用于 HEV、PEV 的电功率变换传输过程示意图。

整流充电过程中，电网的交流电经过 AC/DC 变流器整流、DC/DC 变流器变压后给动力电池充电；逆变并网过程中，动力电池的电能通过直流变换，以及直流交流逆变后并网送入电网，可在应急情况下向电网反向输送供电；加速行驶过程中，动力电池储能单元供电，通过直流母线后将能量送给电机驱动器，电机驱动器将直流母线的直流电转换为电机所需的交流电，驱动电机动作，然后经过变速器驱动汽车前进；制动回馈过程中，汽车通过电机将制动机械能转换为电能，反向通过电力电子变换控制装置，向动力电池供电，回收能量，提高能量利用率[7]。

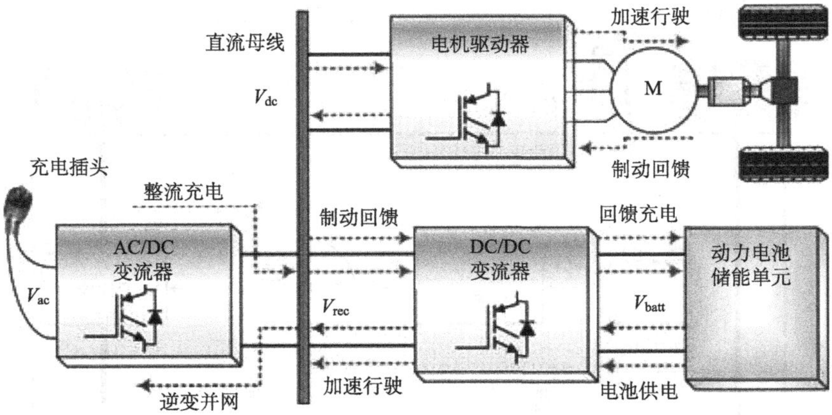

图 2.11　EV 的能量变换传输过程

2.2　新能源汽车电机驱动系统

2.2.1　电机驱动系统结构原理

新能源汽车的驱动系统核心是电机驱动系统，电机驱动系统的结构框图如图 2.12 所示。根据预设给定的速度，电机驱动系统直接控制车辆负载的速度。其中控制器根据传感器测量的速度信号和给定速度的误差，利用特定模型可采用不同控制算法为功率处理单元(PPU)提供相应的控制信号。功率处理单元根据控制信号将动力电池提供给直流母线的能量转换为适当电压的电流波形提供给电机，从而驱动车辆[8-9]。

电机驱动系统是新能源汽车驱动系统的核心，电机驱动系统的设计包括多个学科领域的知识。要设计一个好的电机控制器，需要掌握电机理论、电力电子、电机械系统建模、控制理论，数字仿真，以及熟悉数字控制器设计、模数转换、电力电子器件等领域的知识[10-14]。

电机驱动控制系统是新能源汽车行驶中的主要执行结构，其驱动特性决定了汽车行驶的主要性能指标，它是电动汽车的重要部件。

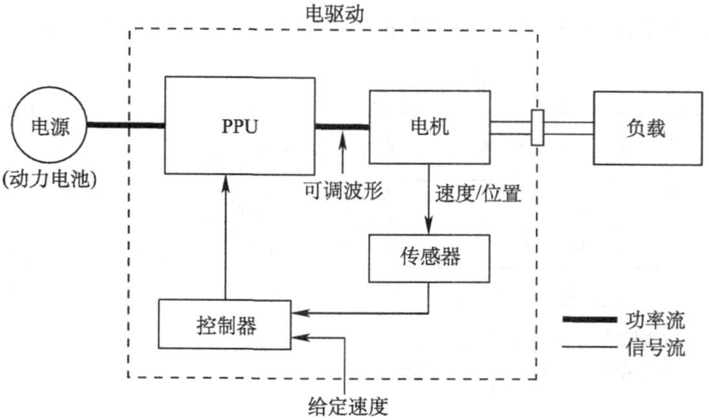

图 2.12　电机驱动系统结构框图

电机驱动系统主要由电机、控制器(逆变器)构成，驱动电机和电机控制器所占的成本之比约为 1∶1，根据设计原理与分类方式的不同，电机的具体构造与成本构成也有所差异。

电机是应用电磁感应原理运行的旋转电磁机械，用于实现电能向机械能的转换。运行时从电系统吸收电功率，向机械系统输出机械功率。电机一般要求具有电动、发电两项功能，按类型可选用直流、交流、永磁无刷或开关磁阻等几种电动机。功率转换器按所选电机类型，有 DC/DC 功率转换器、DC/AC 功率转换器等形式，其作用是按所选电动机驱动电流要求，将蓄电池的直流电转换为相应电压等级的直流、交流或脉冲电源。

电机的控制系统主要起到调节电机运行状态，使其满足整车不同运行要求的目的。针对不同类型的电机，控制系统的原理与方式有很大差别。电机驱动系统主要由电动机、功率转换器、控制器、各种检测传感器和电源等构成。

1) 直流电机驱动系统

有刷直流电机转矩性能较好，在低速情况下可以获取较高转矩，常用在拖动系统中。但这类电机结构上带有换向电刷，使得电机易损耗，需要经常维护，而且换向电刷带来了功率损耗，总体功率密度相对较低。

直流电机的控制结构相对简单，电机和控制的成本较低，目前仍用于一些低功率轻型车辆中。

图 2.13 是常见的直流电机控制结构，控制信号输入后通过脉宽调制(Pulse-Width Modulation，PWM)电路转化成 DC/DC 转换器中开关的控制信号，从而控制变换器将电池的能量输送到直流电机中，驱动车辆运行。车辆不同的运行状态，由相应的 v_a 和 i_a 的方向与幅度控制；DC/DC 变换器是核心的功率控制单元，它根

据车辆运行的反馈信号和驾驶员控制信号来完成最终的功率输出。

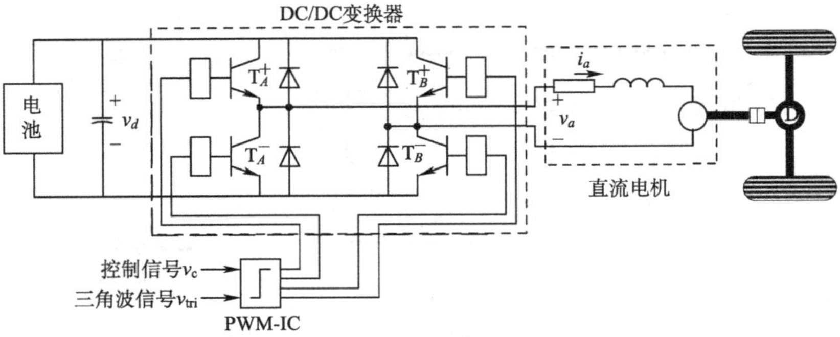

图 2.13　直流电机控制结构

2) 永磁无刷电机驱动系统

永磁无刷电机包含永磁同步电机(PMSM)和永磁无刷直流(BLDC)电机，其驱动系统结构包括永磁无刷电机、功率处理单元、控制器和一些传感器，如图 2.14 所示。其中，功率处理单元由三相逆变电路组成，它根据控制信号和驱动电机的位置传感器反馈信号生成逆变器中开关控制信号，完成将动力电池的直流量变换成适用于永磁无刷电机的交流量，有效驱动永磁无刷电机根据控制信号运行，驱动汽车行驶。

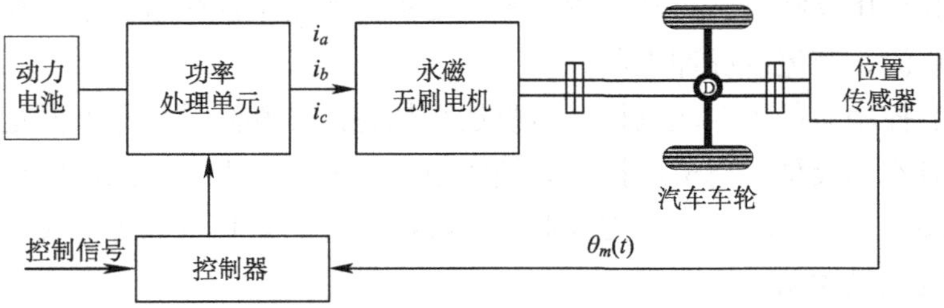

图 2.14　永磁无刷电机驱动系统基本结构

图 2.15 给出的永磁无刷直流电机的驱动系统结构，具体地给出了三相逆变桥的开关示意图，以及电机的三相绕组和永磁体结构。

3) 感应电机驱动系统

感应电机驱动的基本结构和永磁无刷电机结构类似，如图 2.14 所示，其中结构中可把永磁无刷电机换成感应电机，系统包括三相笼型感应电机、三相脉宽调制逆变器、控制器和传感器等。系统可以是单电机或多电机，也有的是感应电机配合永磁同步电机一起使用。电动汽车中，广泛使用高速感应电机，以此减少电机体积和重量。并使用定速齿轮来降低转速以适应车轮速度。

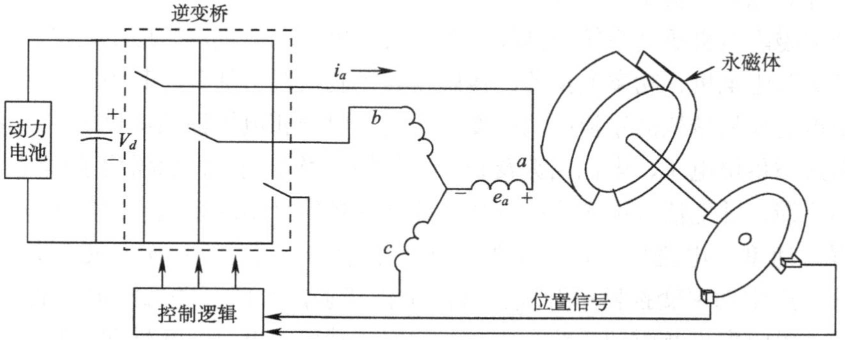

图 2.15　BLDC 电机驱动结构

图 2.16 是一种感应电机的速度控制系统，其中系统有三个输入信号，包括速度参考信号 $\omega_{m,\mathrm{ref}}$、直流母线电压监测信号 V_d、逆变器的输入直流母线电流 i_d（i_d 代表逆变器的瞬时三相电流）。

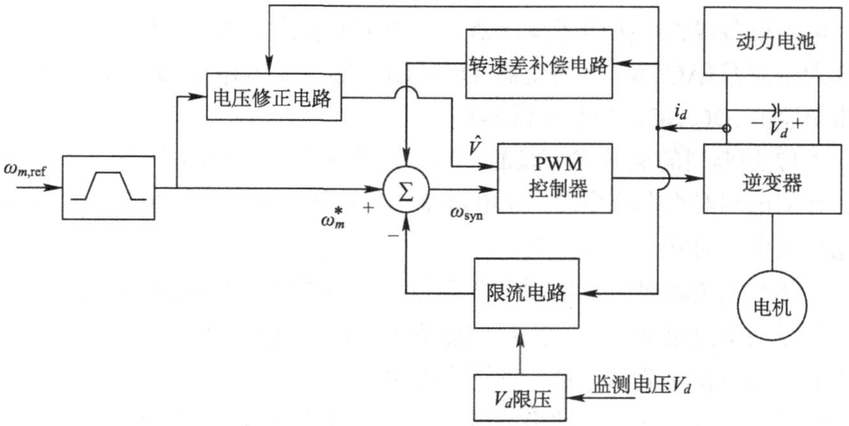

图 2.16　感应电机的速度控制系统

电机加减速时，$\omega_{m,\mathrm{ref}}$ 发生较大的变化，将直流母线电压和电流限制在一定范围内，可通过限定实时的速度参考信号 ω_m^* 来限制。

限流电路主要完成直流母线电流的限制，运行中如果发现设定的同步速度 ω_{syn} 相比电机速度增加过快，速度差 ω_{slip} 和电机电流超过限值时，比较检测到的电流值，通过限流电路，产生对应的 ω_{syn} 信号来控制加速度。

电压修正电路和转速差补偿电路主要完成气隙磁场的稳定，并根据电机模型完成特定转矩下的转速差补偿。

4）开关磁阻电机驱动系统

开关磁阻电机驱动系统总体硬件架构与永磁无刷电机、感应电机类似，主要包括开关磁阻电机、功率变换器、传感器和控制器四个部分。其中，开关磁阻电机用于电能和机械能的转换；功率变换器连接电源和电机提供电机所需能量，其结构形式与供电电压、电机相数及开关器件的种类相关；传感器用于位置和电流信号的反馈，并把信号馈送给控制器；控制器是整个驱动系统的控制中枢，对转子位置、速度、电流反馈信息及外部输入的指令，进行实时分析处理，采取控制决策，产生功率变换器中开关器件的工作状态，实现开关磁阻电机的控制。

开关磁阻电机及驱动系统在成本、效率、功率密度、可靠性和散热性能等方面具有一定优势，成功应用于电动汽车驱动系统中，具有较好应用前景。

2.2.2　电力电子变流器

1. 新能源汽车中的电力电子模块

新能源汽车中大量用到了电力电子技术，利用电力电子器件来控制电能转换，相关的电气设备成为电力电子变流器。按照输入输出电压的特性，电力电子变流器可分为整流器（AC/DC）、逆变器（DC/AC）、交流变流器（AC/AC，也称变频器）和直流变流器（DC/DC，也称斩波器）。

图 2.17 是典型的插电式串联混合动力汽车的电力系统结构[15]。

在外部电网对汽车充电时，充电器将作为整流电路，将 380V 或 220V 的交流电变成直流电，对动力电池充电。

在驱动交流电动机时，串联混合动力汽车还需要利用电机控制器，控制电池中的电能驱动交流电动机，产生机械能输出，推动汽车行驶。电机控制器将电池的直流电转为三相交流电，是一种逆变电路。

在制动回馈时，交流电动机的能量经过电机控制器反向整流后给动力电池充电，此时电机控制器充当整流电路的作用。

发动机的输出与交流发电机相连，将燃油的化学能转换为机械能，再转换为电能储存在动力电池中。交流发电机输出为三相交流电，所以发电机控制器就是将三相交流电转换为直流电，也是一种整流电路。

混合动力汽车还配备传统汽车的 12V 或 24V 蓄电池，作为电子控制单元（Electronic Control Unit，ECU）及功率变换器的控制电路供电，所以需要直流变换电路将动力电池电压（如 300V）转换成低压。同时，汽车中的其他弱电控制器需要较低电压，也需要利用 DC/DC 变换电路转换电压。

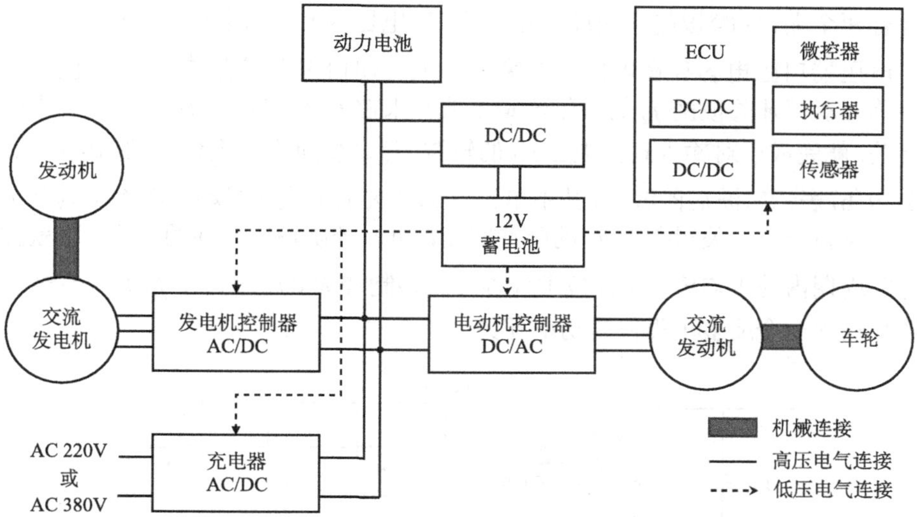

图 2.17　插电式串联混合动力汽车的电力系统结构

图 2.18 是丰田普锐斯 2010 款的功率控制器原理图[16]。为了使动力系统最有效地运行，车辆中使用了双向 DC/DC 变流器将电池电压从大约 200V 升压变换到 200～650V。直流-交流逆变器用于将高压直流母线连接到电动机和发电机，相关的 DC/DC 转换器和 DC/AC 逆变器可实现能量的双向流动。在正常行驶时，双向 DC/DC 变流器可以从电池中获取电力；同时，在发电机提供电能或者驱动电机回馈制动时，可为电池充电。

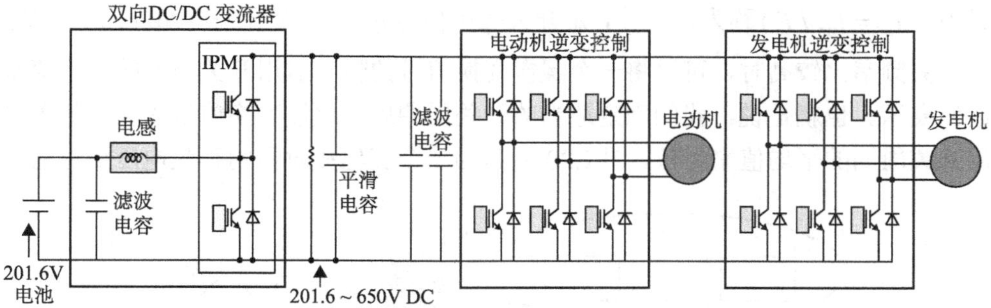

图 2.18　丰田普锐斯 2010 款的功率控制器原理图

2. 电力电子的基本原理

1) 脉宽调制技术

电力电子中通常采用功率开关的开关控制来获得高效的能量传输。图 2.19(a)

中含有两个端口：跨接电容两端的电压端口（电压为V_d）和串接电感的电流端口。其中电压端口因电容存在电压不能突变，电流端口因电感存在电流不能突变。

单刀双掷开关根据q_a的信号值是1或0来控制开关向上或向下闭合，不断拨动开关，就完成了对输入直流电压V_d的斩波，将之变换成一系列高频的电压脉冲。图2.19(b)表示斩波后的波形，其中单刀双掷开关上下快速拨动的频率称为开关频率f_s，控制一个开关周期中q_a的脉冲宽度，可以控制输出脉冲的宽度，也就控制了开关周期内的平均值，这种技术称为脉宽调制(PWM)技术。一般开关模式的变流器都包含一个或多个类似的功率开关。

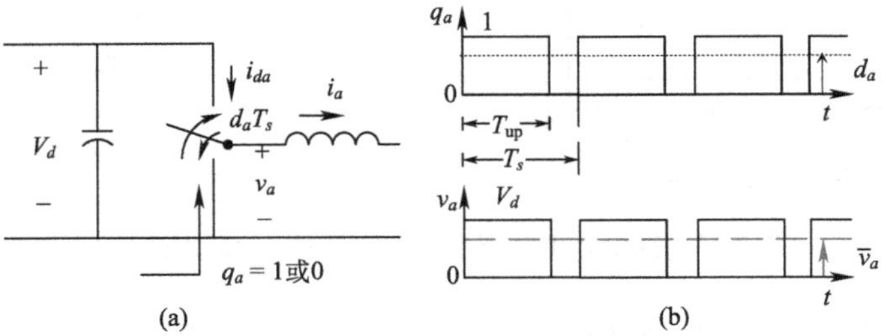

图2.19　功率开关的脉宽调制

在一个开关周期T_s中，开关周期内的平均值$\bar{v}_a$由开关闭合的脉冲宽度T_{up}来决定：

$$\bar{v}_a = \frac{T_{up}}{T_s} V_d = d_a V_d \,, \quad 0 \leqslant d_a \leqslant 1 \tag{2.1}$$

式中，$d_a(=T_{up}/T_s)$称为占空比，是开关控制信号q_a在一个开关周期内的平均值。在开关频率比较高时，可以将一个缓慢变换信号的瞬时值用开关周期的平均值来近似表示。也就是说，我们确定适当的开关周期后，缓慢变换信号的瞬时值可以用开关周期的平均值来等效。图2.20所示为一个变化相对慢的正弦电压信号通过

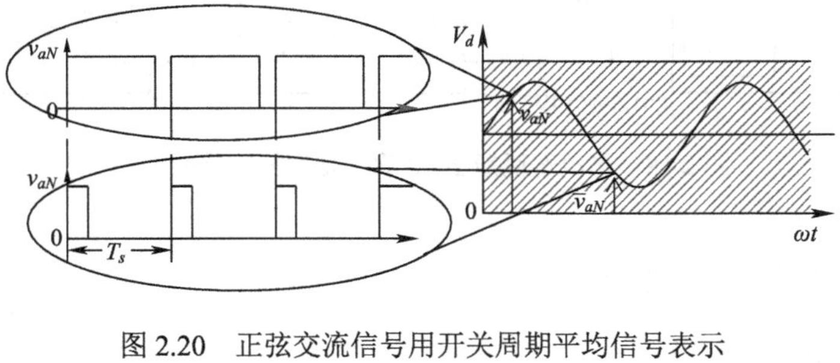

图2.20　正弦交流信号用开关周期平均信号表示

频率高的开关周期平均信号来近似表示，并展示两个电压点的局部放大信号。可以看出，通过使用开关周期平均信号，可以把各种电信号近似表示出来，这就是电力电子中 PWM 技术的基本思想。

在 PWM 中，假定目标开关平均值为$\overline{v}_{aN}$，则可以确定需要的占空比为

$$d_a = \frac{\overline{v}_{aN}}{V_d} \tag{2.2}$$

在开关电路中，提供占空比d_a，则要设置开关控制信号q_a也具有这个占空比。具体实现时，通常将控制信号$v_{\text{control},a}$和开关周期相同的三角波进行比较，当$v_{\text{control},a} > v_{\text{tri}}$时，$q_a = 1$；否则，$q_a = 0$。从图 2.21 可以看出，$v_{\text{control},a} = d_a V_{\text{tri}}$，$V_{\text{tri}}$为三角波的幅值。

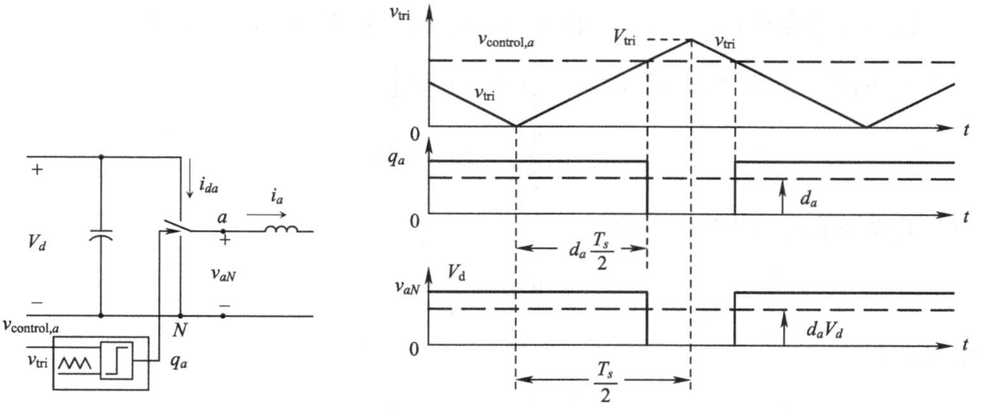

图 2.21　PWM 实现原理

电路中，v_{aN}和开关周期平均值$\overline{v}_{aN}$输出范围为 0～V_d，为获得一个可正可负的输出电压$\overline{v}_{an}$，引入一个共模电压$\overline{v}_{\text{com}}$使得

$$\overline{v}_{aN} = \overline{v}_{\text{com}} + \overline{v}_{an} \tag{2.3}$$

式中，$\overline{v}_{an}$是经过偏置后的电压（n 为设定的虚拟节点），其值是输出相对于虚拟节点的电压，在$\overline{v}_{\text{com}}$电压上下可正可负。例如，取$\overline{v}_{\text{com}}$为$\frac{V_d}{2}$，则$\overline{v}_{an}$是一个为$-\frac{V_d}{2}$～$+\frac{V_d}{2}$的信号。

2）直流电机驱动控制

图 2.22 给出了直流电机驱动器的原理，其中包含两个单刀双掷开关。电路中，输出电压v_{aN}、v_{bN}和开关周期平均值$\overline{v}_{aN}$和$\overline{v}_{bN}$的输出范围为 0～V_d。$\overline{v}_{\text{o}}$为 a 和 b 两条支路输出的电压差：

$$\overline{v}_o = \overline{v}_{aN} - \overline{v}_{bN} \tag{2.4}$$

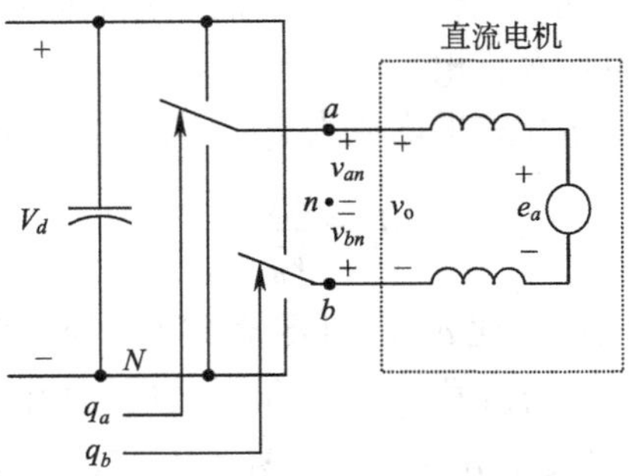

图 2.22　直流电机驱动器的原理

我们期望输出电压有较大输出范围，$\overline{v}_o$ 输出为 $-V_d \sim +V_d$，开关 a 的支路能产生 $\frac{\overline{v}_o}{2}$ 电压，开关 b 的支路产生 $-\frac{\overline{v}_o}{2}$ 电压，使得

$$\overline{v}_{an} = \frac{\overline{v}_o}{2}, \quad \overline{v}_{bn} = -\frac{\overline{v}_o}{2} \tag{2.5}$$

取开关周期输出的共模电压为

$$\overline{v}_{com} = \frac{V_d}{2} \tag{2.6}$$

那么，有

$$\overline{v}_{aN} = \overline{v}_{com} + \overline{v}_{an} = \frac{V_d}{2} + \frac{\overline{v}_o}{2}, \quad \overline{v}_{bN} = \overline{v}_{com} + \overline{v}_{bn} = \frac{V_d}{2} - \frac{\overline{v}_o}{2} \tag{2.7}$$

此时，开关 a 和 b 的占空比可计算如下：

$$d_a = \frac{1}{2} + \frac{1}{2}\frac{\overline{v}_o}{V_d}, \quad d_b = \frac{1}{2} - \frac{1}{2}\frac{\overline{v}_o}{V_d} \tag{2.8}$$

控制开关 a 和 b 的占空比，可以控制输出的电压值

$$\overline{v}_o = d_a - d_b V_d \tag{2.9}$$

根据式(2.9)，可以在直流电机控制中，通过控制占空比来完成电机的控制。

3) 三相逆变控制电路

图 2.23 是三相逆变控制电路的原理图，其中 $\overline{v}_{an}$、$\overline{v}_{bn}$、$\overline{v}_{cn}$ 是输出的开关周期平均电压，在平衡三相情况下，是相位角依次相差 120° 的电压。

$$\begin{aligned} \overline{v}_{an} &= V_{ph}\sin(\omega t) \\ \overline{v}_{bn} &= V_{ph}\sin(\omega t - 120°) \\ \overline{v}_{cn} &= V_{ph}\sin(\omega t - 240°) \end{aligned} \tag{2.10}$$

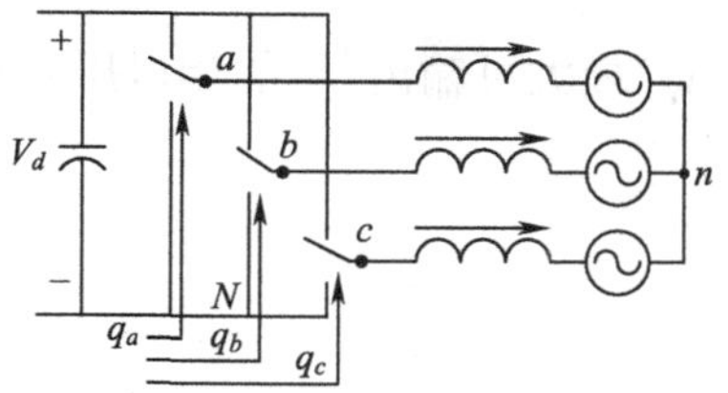

图 2.23　三相逆变控制电路的原理图

考虑共模电压 $\overline{v}_{\text{com}}$，相电压可表述为

$$\overline{v}_{aN}=\overline{v}_{\text{com}}+\overline{v}_{an}\text{，}\quad \overline{v}_{bN}=\overline{v}_{\text{com}}+\overline{v}_{bn}\text{，}\quad \overline{v}_{cN}=\overline{v}_{\text{com}}+\overline{v}_{cn} \tag{2.11}$$

三相逆变控制电路的输出电压如图 2.24 所示。因为共模电压在三相电路的各相中都有且相等，其不对负载的功率有贡献。

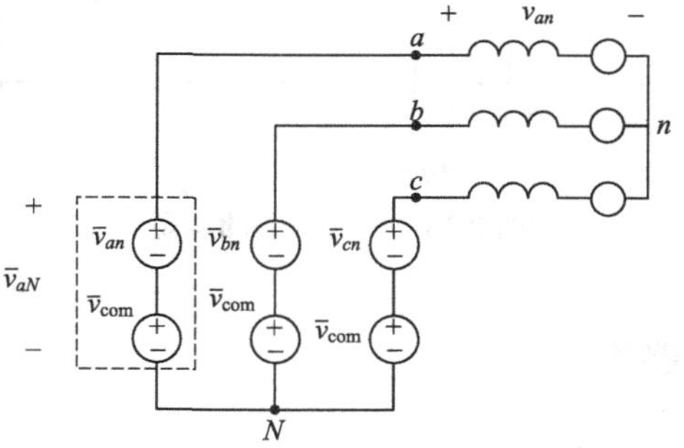

图 2.24　三相逆变控制电路的输出电压

对开关 a、b、c 按照正弦规律进行脉宽调制，$\overline{v}_{an}$、$\overline{v}_{bn}$、$\overline{v}_{cn}$ 将按照正弦规律变化，如图 2.25 所示，这里取 $\overline{v}_{\text{com}}=\dfrac{V_d}{2}$。

$$\overline{v}_{aN}=\frac{V_d}{2}+\overline{v}_{an}\text{，}\quad \overline{v}_{bN}=\frac{V_d}{2}+\overline{v}_{bn}\text{，}\quad \overline{v}_{cN}=\frac{V_d}{2}+\overline{v}_{cn}$$

此时，各个支路的占空比如下：

$$d_a=\frac{1}{2}+\frac{\overline{v}_{an}}{V_d}\text{，}\quad d_b=\frac{1}{2}+\frac{\overline{v}_{bn}}{V_d}\text{，}\quad d_c=\frac{1}{2}+\frac{\overline{v}_{cn}}{V_d} \tag{2.12}$$

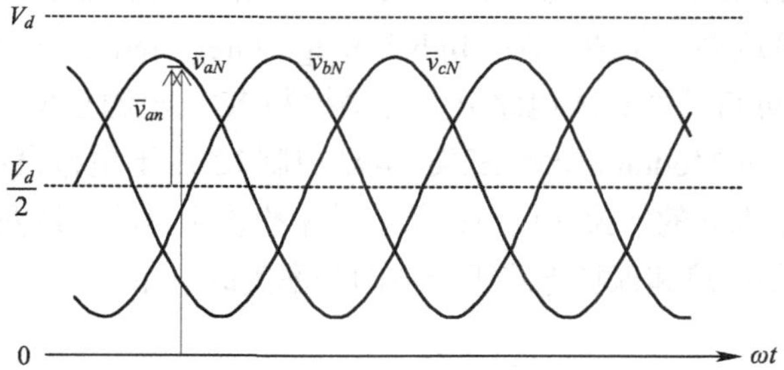

图 2.25　正弦 PWM 下的三相输出电压

可以看出，$\bar{v}_{an}$、$\bar{v}_{bn}$、$\bar{v}_{cn}$ 最大可输出 $\frac{V_d}{2}$ 的相电压，正弦调制的逆变器线电压最大可输出 $\frac{\sqrt{3}V_d}{2} \approx 0.866V_d$。

4) 功率开关的实现

上述所述的单刀双掷开关可以通过功率开关的组合来实现，图 2.26 给出了功率开关的一种实现方式。上下两个功率开关串联形成一条桥臂，通过占空比控制信号 q 可实现两个开关的互补导通。

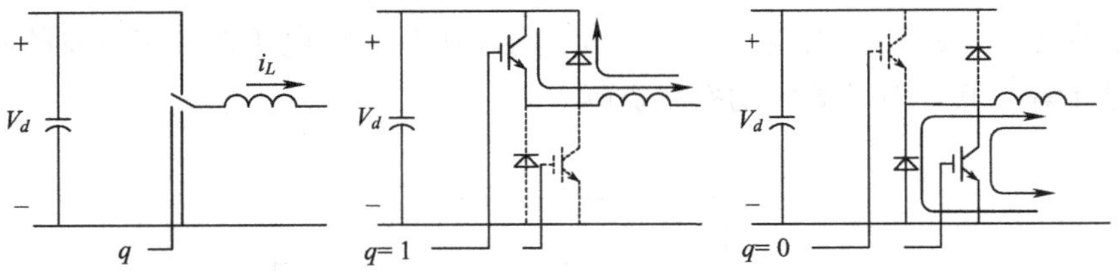

(a) 开关原理图　　(b) $q=1$　　(c) $q=0$

图 2.26　双向开关的实现

2.2.3　常用电力电子器件

1. 功率器件的定义和发展

在新能源汽车电驱动系统中大量用到了电力电子器件，包括各种功率半导体，功率半导体器件可定义为进行功率处理的半导体器件。

图 2.27 给出了功率半导体器件的分类。功率半导体器件包括功率(分立)器件和功率集成电路。功率器件由功率二极管(Power Diodes)、功率晶体管(Power Transistors)和晶闸管(Thyristors)三类器件组成，常见的功率晶体管包括以 VDMOS 为代表的功率 MOS 器件、绝缘栅双极晶体管(IGBT)和功率双极晶体管(Power BJT)。功率晶体管和晶闸管又可统称为功率开关(Power Switches)器件。

功率集成电路(Power Integrated Circuit，PIC)常称为智能功率集成电路(Smart Power IC，SPIC)或高压集成电路(High Voltage Integrated Circuit，HVIC)。从应用的角度出发，可将功率集成电路分为运动控制 IC、电源管理 IC 和智能功率模块(Intelligent Power Module，IPM)三类。运动控制 IC 用于电机设备的驱动和控制；电源管理 IC 用于电源的转换和调节；智能功率模块则是除上述两种应用之外，集功率晶体管、控制电路和保护电路于一体的功率集成电路。

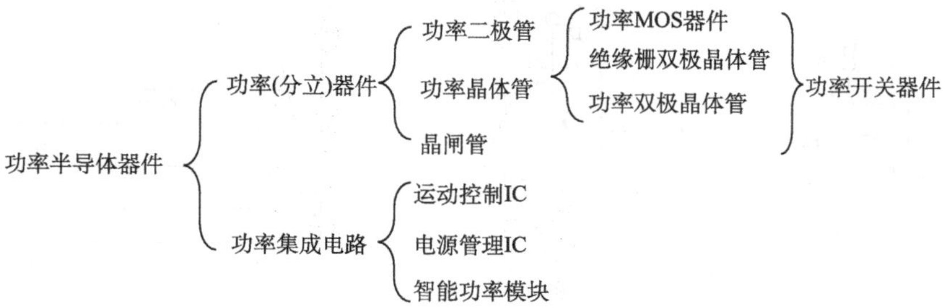

图 2.27　功率半导体器件的分类

2. 车用功率器件的特征

车用功率器件有以下特征：具有处理大功率的能力；一般都工作在开关状态，需要由控制电路来控制开通和关断，自身的功率损耗较大，一般都要安装散热器。其主要损耗包含通态损耗、断态损耗和开关损耗。通态损耗是器件功率损耗的主要成因；当器件开关频率较高时，开关损耗成为器件功率损耗的主要因素；断态损耗主要指器件在阻断时有微小的断态漏电流。

常用的车用功率器件主要包含功率二极管、功率场效应管和绝缘栅双极晶体管。

1) 功率二极管

目前功率二极管的额定电压能达到几千伏(可达 9kV)，额定电流几千安(可达 5kA)。二极管导通时的电压降在 1V 的量级。电机驱动中所用的开关电源要求二极管能快速开关，而在一些二极管整流电路中可采用开关速度相对低些，通态压降也稍小的二极管。

2) 功率场效应管

在低于 200V 的、开关频率超过 50kHz 的应用中，MOSFET 由于通态损耗较小、较快的开关速度以及容易控制等特点，得到了广泛的应用。N 型沟道的电路符号如图 2.28(a)所示，其包含三个端口，分别是漏极(D)、源极(S)、栅极(G)；电流在漏极和源极之间流动。MOSFET 的 i-V 特性如图 2.28(c)所示。当栅源极电压为 0 时，MOS 管关断，相当于一个打开的开关，如图 2.28(b)所示。而当 MOS 管完全导通，需要一个 10～15V 的栅源极电压，需要保持这个电压，从而让器件持续导通。

3) 绝缘栅双极晶体管

IGBT 具有较低的导通电阻同时保持和 MOSFET 一样的可控性，而且工作的额定电压更高。开关速度可以高达 30kHz，可用于几千瓦到几兆瓦的大功率场合。

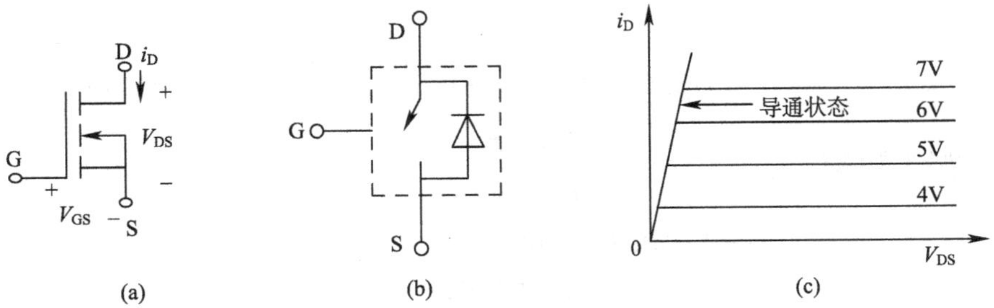

图 2.28　MOSFET 的符号和 *i*-*V* 特性

IGBT 的符号和 *i*-*V* 特性如图 2.29 所示，与 MOSFET 相比，IGBT 有高阻抗的栅极，只需要较小的能量来控制器件。即使在一个具有较高阻断电压的管子中，IGBT 的导通压降也相对较小，例如，在 1.2kV 的器件中，导通压降约 2V。IGBT 的开启和关断时间在微秒量级，其组成模块的额定电压可达到 3.3kV，额定电流达 1200A。

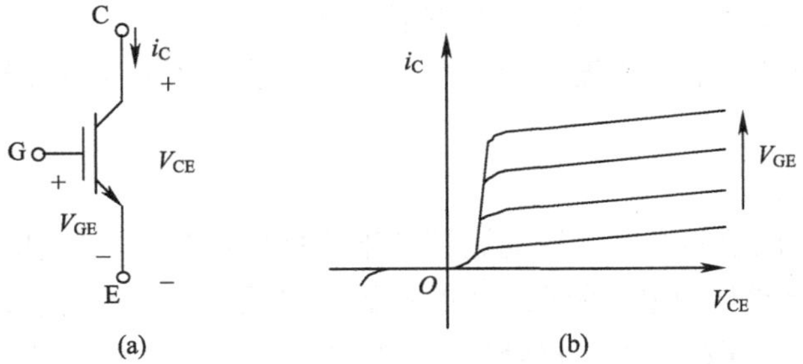

图 2.29　IGBT 的符号和 *i*-*V* 特性

4) 智能功率模块

往往功率器件需要一个驱动电路用于将微控制器的输出信号转化为实际的驱动信号，如图 2.30 所示。驱动电路相对需要多个有源或无源的电路元件，同时也需要处理控制信号和功率信号的隔离耦合问题，目前已经形成了一些成熟商用驱动芯片。

随着功率电子的发展，智能功率模块逐步出现并得到应用，其整合了一个或多个功率器件和驱动控制电路，也包括一些保护电路、信号监测电路等，极大简化了各种控制器的设计。

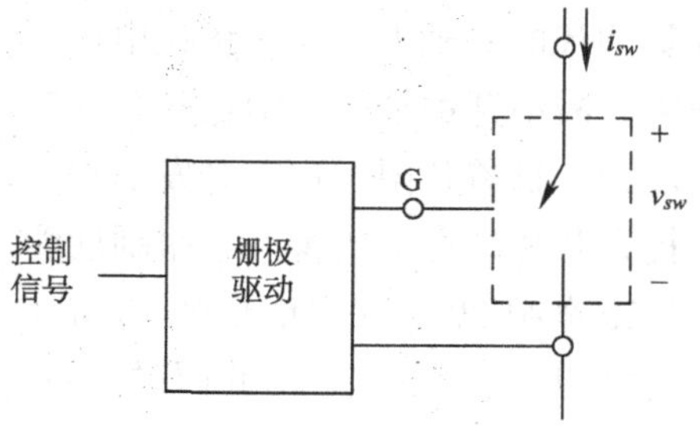

图 2.30 栅极驱动电路

3. IGBT 技术发展

车用电驱动系统中功率半导体目前的主流产品器件是 Si 基 IGBT。IGBT 于 20 世纪 80 年代推向市场，集合了 MOSFET 和 BJT 的双重优点，获得了广泛的认可和使用。车用 IGBT 器件应用的核心技术主要包括芯片设计与工艺、模块封装、智能驱动保护电路、高压隔离和 EMC/EMI 技术等。到目前为止，从芯片技术发展的角度大体可以把 IGBT 的演变归纳成以下五代。

第一代是平面栅穿通(PT)型 IGBT，电压较低(600～1200V)，基区厚度通常在几十微米到一百多微米。为提高器件的开关速度，采用了重金属掺杂和电子辐照少数载流子寿命控制技术，具有负温度系数，不利于并联使用，且短路能力较差。

第二代是非穿通(NPT)型 IGBT，其产品向高压化发展，采用了电阻率高的区熔(FZ)单晶替换了昂贵的外延片，使得晶体完整性和均匀性得到充分满足。在硅片背面用注入和退火的方法形成发射效率较低的 P 型层，其 NPT 结构使得 IGBT 芯片呈现正电阻温度系数，便于并联使用，制造成本也大幅度降低，约为 PT 型的 3/4。

第三代 IGBT 在 N 型漂移区引入了电场阻断(FS)层，其硅片厚度比 NPT 型器件薄约 1/3，并保持了正电阻温度系数。FS 型结构设置的 N 型缓冲层掺杂浓度比 PT 结构的 *N*+层低，但比基区 *N* 层浓度高，电场在其中的分布呈斜角梯形，可耐更高电压。由于较薄的漂移层中的过剩载流子减少，IGBT 在关断时拖尾电流很小。

第四代 IGBT 在 FS 基础上引入沟槽栅，是当前国外半导体厂商普遍采用的结构组合，栅极采用了沟槽技术，工作电流从 *N* 漂移区(基区)直接流进垂直沟道而进入源区。这种 IGBT 的通态压降消除了 JFET 区域串联电阻的影响，优化了器件表面的载流子分布，改善了器件的导通特性和电流密度。

第五代 IGBT 是在第四代的基础上，通过优化电场阻挡层的厚度和浓度的方法，进一步减小通态压降，减小开关损耗，增加开关软度，扩展器件安全工作区的面积并保持短路电流能力。目前各国 IGBT 开发的重点是添加载流子存储层、改进空穴阻挡层结构、提升芯片结温、改善动态钳制性能、提升可靠性。

IGBT 功耗方面，从 20 世纪 80 年代出现至今，IGBT 的面积缩小了近 70%，功耗减小了 76%，功率密度增长了 8.3 倍。与此同时，IGBT 芯片还在不断集成信号检测的功能。

4. 宽禁带半导体器件

宽禁带半导体材料典型代表有碳化硅(SiC)和氮化镓(GaN)[17]，这些半导体材料也称为第三代半导体材料。与以硅(Si)和砷化镓(GaAs)为代表的第二代半导体相比，宽禁带半导体在功率处理方面有突出优势。

宽禁带半导体材料具有较大的禁带宽度以及很高的击穿电场强度，使得宽禁带半导体器件能够承受的峰值电压大幅度提高，器件的输出功率可获得大规模提升；同时宽禁带半导体材料具有高热导率、高化学稳定性等优点，使得功率器件可以在更加恶劣的环境下工作，可极大提高系统的稳定性与可靠性。

目前 SiC 开关器件已经开始广泛应用于新能源汽车系统中，GaN 也逐步用于电源管理电路中。随着技术发展，新一代的器件结构和技术在不断发展过程中，这些大幅推进了电驱动系统的性能提升[18-20]。

第 3 章　基本电磁理论

电机是新能源汽车动力系统的核心部件，本章主要介绍电机理论中所用到的电磁学的基本原理，分磁路和机电能量转换两个部分内容。

3.1　磁　　路

本节回顾一些与磁路相关的基本概念，并对变压器原理进行介绍，这是研究电机所必需的基础理论。

3.1.1　载流导体产生的磁场

当电流 i 通过导体时，产生磁场。磁场的方向取决于电流的方向。如图 3.1 (a) 所示，垂直进入纸面的导体的电流用“×”表示；此电流产生顺时针方向的磁场。相反，用“•”表示的由纸面向外的电流产生逆时针方向的磁场，如图 3.1 (b) 所示。

载流导体产生的磁场强度 H 可以通过安培定律得到，该定律的最简单形式是，在任何时候，沿任何闭合路径的磁场强度的等值线积分等于该路径所包围的总电流，如图 3.1 (c) 所示。

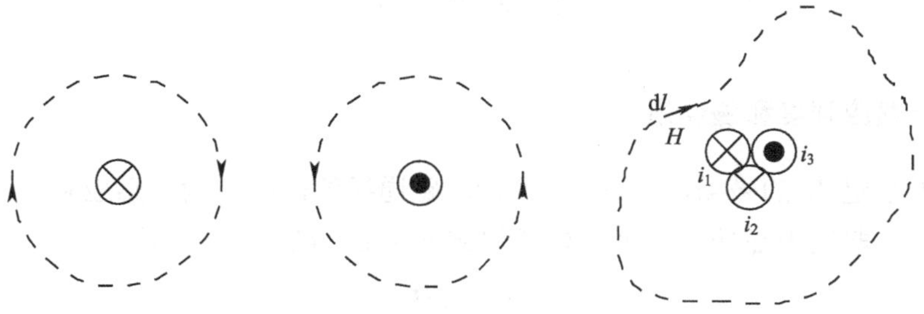

(a)　　(b)　　(c)

图 3.1　磁场和安培定律

$$\oint H \mathrm{d}l = \sum i \tag{3.1}$$

式中，$\oint$ 表示等值线或闭合线积分。注意，式 (3.1) 中的标量 H 是沿闭合路径微分长度 dl 方向的磁场强度（矢量场）分量。 或者，可以将磁场强度和微分长度表示为矢量，这需要在式(3.1)的左侧做积分。

若电流正方向与闭合回路上磁场强度的方向之间符合右手螺旋关系，电流 i_k 取正值，否则 i_k 取负值。对于图 3.1(c)所示的电流方向，i_1 和 i_2 取正值，i_3 取负值，即

$$\oint H\mathrm{d}l = i_1 + i_2 - i_3 \tag{3.2}$$

若沿回路 l，磁场强度的大小处处相等，且闭合回路所包围的总电流由通有电流为 I 的 N 匝线圈所提供(图 3.2)，当 Hl 的回路方向与电流方向符合右手定则时，式(3.2)可以简写成 $Hl = Ni$，由式(3.1)中的安培定律可知，沿这条平均路径的磁场强度为

$$H_m = \frac{Ni}{l_m} \tag{3.3}$$

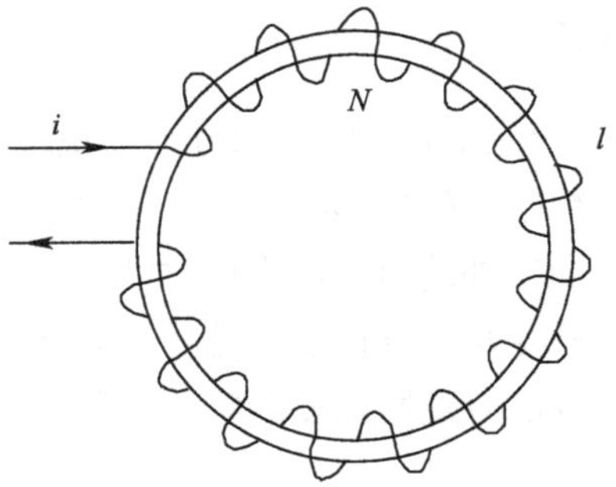

图 3.2　环形导线

3.1.2　磁感应强度和磁通量

对于给定 H 的磁场，在任一时刻 t，磁通线的密度称为磁感应强度 B，单位为特斯拉，取决于磁场中作用的材料的磁导率 μ。在真空中，有

$$B = \mu_0 H \tag{3.4}$$

式中，$\mu_0=4\pi\times10^{-7}\text{H/m}$，为真空的磁导率。

1. 铁磁材料

铁磁材料引导磁场，由于其高磁导率，需要小容量的安培回路(给定匝数的小电流)来产生所需的磁通密度。这些材料表现出多种非线性行为，如图 3.3(a)中的 B-H 特性所示。假设图 3.2 中的环由铁磁材料(如硅钢)组成。如果通过线圈的电流以正弦方式随时间缓慢变化，相应的磁场将导致如图 3.3(a)所示的一个

迟滞环被跟踪。完成一次回路会导致材料内能量的净耗散，造成功率损耗，称为滞后损耗[9]。

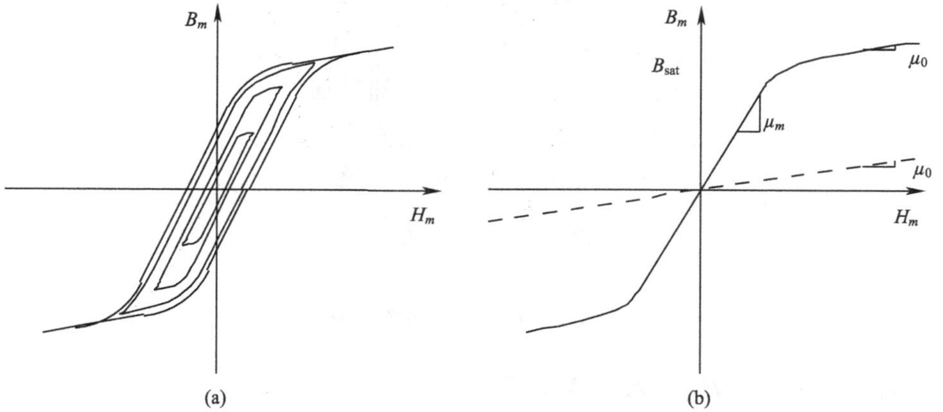

图 3.3　铁磁材料的 *B-H* 特性

增大正弦变化的 *H* 磁场的峰值会产生更大的迟滞回线。结合滞后回路的峰值，可以用图 3.3(b)所示的单曲线来近似 *B-H* 特性。在低磁场下。假设 *B-H* 特征是线性的，斜率不变，这样有

$$B_m = \mu_m H_m \tag{3.5a}$$

式中，μ_m 为铁磁材料的磁导率。通常，一种材料的 μ_m 是用相对于真空的磁导率μ_r 表示的：

$$\mu_m = \mu_r \mu_0\,, \qquad \mu_r = \frac{\mu_m}{\mu_0} \tag{3.5b}$$

在铁磁材料中，μ_m 可能比 μ_0 大几千倍。

在图 3.3(b)中，线性关系(与常数 μ_m)是近似有效的，直到达到曲线的拐点，超过后该材料开始饱和。铁磁材料的磁通密度通常达到最大，略高于 1.6*T*～1.8*T* 的拐点，超过这个限度，磁通密度只需稍微增加安培回路。在饱和区域，磁性材料的磁导率增量接近 μ_0，如图 3.3(b)曲线的斜率。

在本书中，可以设定磁性材料在它的线性区域内工作，因此它的特性可以用 $B_m = \mu_m H_m$ 表示，其中 μ_m 保持不变。

2. 磁通量

磁通线形成闭合路径，如图 3.4 所示，环形磁芯被载流线圈包围。通过在垂直于磁通线方向的平面上选择一个圆形面积 A_m，可以计算出环面内的磁通量 Φ。

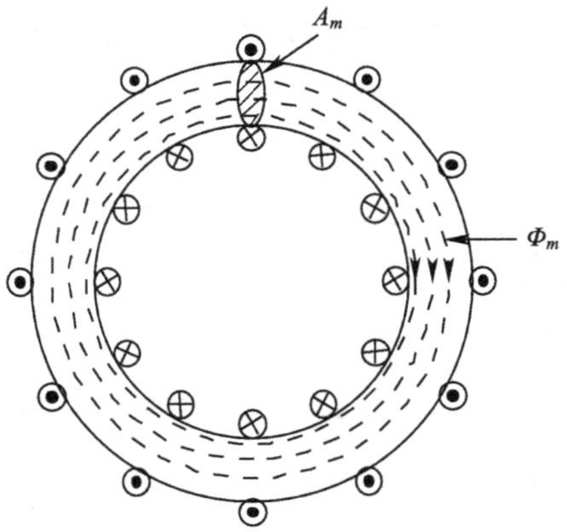

图 3.4　带 Φ_m 磁通量的环形磁芯

将式(3.3)中的 H_m 代入式(3.5a)得

$$B_m = \mu_m \frac{Ni}{l_m} \tag{3.6}$$

式中，B_m 为核心磁通线的密度。因此，假设 B_m 是一致的，磁通量可以计算为

$$\Phi_m = B_m A_m \tag{3.7}$$

式中，磁通量的单位为韦伯(Wb)。将式(3.6)中 B_m 代入式(3.7)得

$$\Phi_m = A_m\left(\mu_m \frac{Ni}{l_m}\right) = \frac{Ni}{l_m/\mu_m A_m} \tag{3.8}$$

式中，Ni 等于施加在磁芯上的磁通势(用 F 表示)；等式右边分母内的项称为磁芯的磁阻 R_m，

$$R_m = \frac{l_m}{\mu_m A_m} \tag{3.9}$$

由式(3.8)可知，磁阻的单位为 A/Wb。由式(3.9)可知，磁性结构的磁阻，如图 3.4 中的环形线圈，与其磁路长度成正比，与其横截面积和材料的磁导率成反比。

由式(3.8)可知所施加的线圈所产生的磁通量。Ni 与磁阻 R_m 成反比；这种关系类似于直流稳态电路中的欧姆定律($I = U/R$)。

3．磁链

如果一个线圈的所有匝数，如图 3.4 中的都由相同的磁通连接，那么该线圈就有一个磁链 λ，即

$$\lambda = N\Phi \tag{3.10}$$

3.1.3　带气隙的磁性结构

在电机的磁性结构中，磁通线必须穿过两个气隙。为了研究空气间隙的影响，可以考虑图 3.5 中简单的磁路结构，它是绕在一个铁心上的 N 匝线圈。通过控制线圈电流 i 在气隙中建立一个长度为 l_g 的理想磁场。假设磁场强度 H_m 沿铁心中平均路径长度 l_m 是均匀的。气隙内的磁场强度为 H_g。根据式(3.1)中的安培定律，对铁心内和气隙内的平均路径进行线积分得到

$$H_m l_m + H_g l_g = Ni \tag{3.11}$$

将式(3.4)应用于气隙，将式(3.5a)应用于铁心，H_m 和 H_g 对应的磁感应强度分别为

$$B_m = \mu_m H_m, \qquad B_g = \mu_0 H_g \tag{3.12}$$

根据式(3.12)的磁感应强度，式(3.11)可表示为

$$\frac{B_m}{\mu_m} l_m + \frac{B_g}{\mu_0} l_g = Ni \tag{3.13}$$

由于磁通线形成闭合路径，因此穿过铁心任何垂直截面积的磁通与穿过气隙的磁通是相同的，这里忽略泄漏磁通(漏磁)。因此

$$\Phi = B_m A_m = B_g A_g \tag{3.14}$$

或

$$B_m = \frac{\Phi}{A_m}, \qquad B_g = \frac{\Phi}{A_g} \tag{3.15}$$

一般情况下，磁通线在气隙周围略微隆起，如图 3.5 所示。这种凸起称为边缘效应，可以通过估算气隙面积 A_g 来解释，这是通过增加图 3.5 中每个尺寸的气隙长度来实现的。

$$A_g = (W + l_g)(d + l_g) \tag{3.16}$$

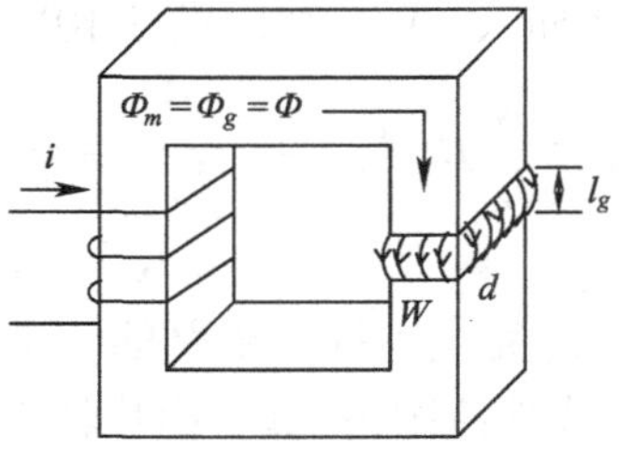

图 3.5　带气隙的磁性结构

将式(3.15)中的磁感应强度代入式(3.13)，有

$$\Phi\left(\frac{l_m}{\mu_m A_m}+\frac{l_g}{\mu_0 A_g}\right)=Ni \tag{3.17}$$

由式(3.9)可知，在式(3.17)中，括号内的两项分别等于铁芯的磁阻和气隙的磁阻。因此，整个结构在磁通线路径上的有效磁阻 R 为两个磁阻之和：

$$R=R_m+R_g \tag{3.18}$$

将式(3.18)代入式(3.17)，其中 Ni 等于应用的磁通势 F：

$$\Phi=\frac{F}{R} \tag{3.19}$$

3.1.4 电感

在图 3.6(a)所示线圈的任何时刻，线圈的磁链(由于磁通线完全在铁心中)与电流 i 通过一个定义为电感 L_m 的参数相关：

$$\lambda_m=L_m i \tag{3.20}$$

如果核心材料工作在它的线性区域，其中电感 L_m（$=\lambda_m/i$）是常数。

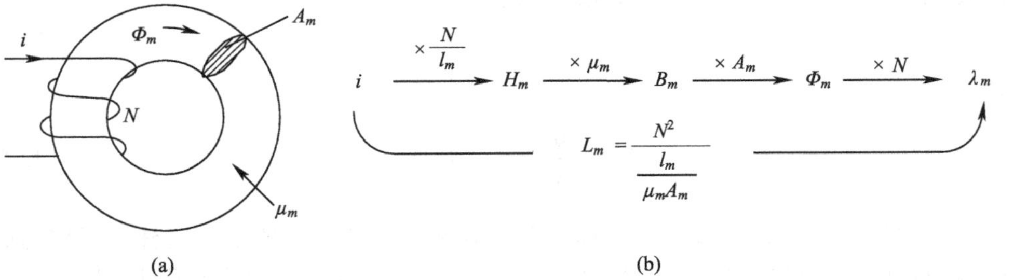

图 3.6 线圈电感

通过将图 3.6(b)中所有的因数相乘，可以计算出线性磁区的线圈电感，这些因数都是基于式(3.3)、式(3.5a)、式(3.7)、式(3.10)的：

$$L_m=\frac{N}{l_m}\mu_m A_m N=\frac{N^2}{\frac{l_m}{\mu_m A_m}}=\frac{N^2}{R_m} \tag{3.21}$$

由式(3.21)可知，电感 L_m 完全表征了磁路的一个特性(如核心材料、结构、匝数)，如果是在磁性材料的线性范围内，其中磁化特性曲线的斜率可以用常数 μ_m 表示。

电感中的能量储存在其磁场中。通过对电路的研究，可以得到任何时候，当

电流为 i 时，存储在电感中的能量为

$$W = \frac{1}{2} L_m i_2 \tag{3.22}$$

式中，W 的单位是焦耳(J)。首先假设无气隙结构，如图 3.6(a)所示，用磁通密度来表示储能，将式(3.21)中的电感和式(3.3)安培定律中的电流代入式(3.22)中，得

$$W_m = \frac{1}{2} \frac{N^2}{\dfrac{l_m}{\mu_m A_m}} \left(\frac{H_m l_m}{N} \right)^2 = \frac{1}{2} \frac{(H_m l_m)^2}{\dfrac{l_m}{\mu_m A_m}} = \frac{1}{2} \frac{B_m^2}{\mu_m} A_m l_m \tag{3.23a}$$

式中，$A_m l_m$ 表示体积，在线性区域 $B_m = H_m$。因此，由式(3.23a)可知，铁心内能量密度为

$$w_m = \frac{1}{2} \frac{B_m^2}{\mu_m} \tag{3.23b}$$

同样，气隙中的能量密度取决于 μ_0 及其磁感应强度 B。因此，由式(3.23b)，任何介质中的能量密度都可以表示为

$$w = \frac{1}{2} \frac{B^2}{\mu} \tag{3.24}$$

在电机中，在磁路中存在气隙，能量主要储存在气隙中。

3.1.5　法拉第电磁感应定律

综上，在磁路中建立了电量 i 和磁量 H、B、$\varPhi$ 及 λ 之间的关系。

在 DC(静态)条件下，这些关系及这些变量随时间变化的任何瞬间都是有效的。接下来将研究在时变条件下线圈上的电压。在图 3.7 的线圈中，法拉第电磁感应定律指出，磁链的时间变化率等于线圈上任意时刻的电压：

$$e(t) = \frac{\mathrm{d}}{\mathrm{d}t} \lambda(t) = N \frac{\mathrm{d}}{\mathrm{d}t} \varPhi(t) \tag{3.25}$$

式中假设所有磁通线通过同一个线圈，如 $\lambda = N\varPhi$。在式(3.25)中电动势 $e(t)$ 的极性和 $\varPhi(t)$ 的方向还有待证明。

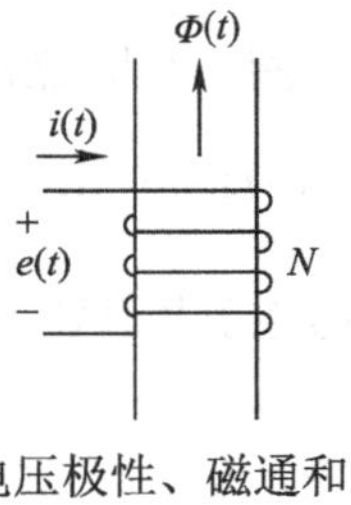

图 3.7　电压极性、磁通和电流方向

不管是什么引起了磁通的变化，上述关系都是有效的。一种可能是第二个线圈和第一个线圈被放置在同一个磁芯上。当第二个线圈由时变电流供电时，互耦使通过线圈的磁通 Φ 随时间变化，如图 3.7 所示。另一种可能是在图 3.7 中线圈上加了一个电动势 $e(t)$，引起了磁通的变化，可以通过式(3.25)两边对时间积分来计算：

$$\Phi(t)=\Phi(0)+\frac{1}{N}\int_0^t e(\tau)\cdot \mathrm{d}\tau \tag{3.26}$$

式中，$\Phi(0)$为 $t=0$ 时的初始磁通量；τ 为积分变量。

回顾欧姆定律公式 $U=IR$，电流通过电阻时，流入端被选择定义为正极端。同样，在图3.7的线圈中，可以建立电压极性和磁通方向，应用式(3.25)和式(3.26)。如果磁通方向已知，可以建立电压极性如下：首先，确定一个假设电流的方向，该电流将产生与给定方向相同的磁通。然后，电压的正极在假设电流进入的端。相反，如果给定了电压极性，假设有电流进入正极端子。这个电流，根据线圈的缠绕方式，如图 3.7 所示，决定了式(3.25)和式(3.26)中使用的磁通方向。

另一种确定感应电动势极性的方法是应用楞次定律，说明如下：感应电流具有这样的方向，即感应电流产生的磁场总要阻碍引起感应电流的磁通量的变化。

在图 3.8(a)的线圈中，施加电压 $e(t)$ 得到 $\Phi(t)$，由式(3.26)积分形式决定。但是线圈所产生的电流如何确定这个磁通呢？可以用电感和电流来表示线圈磁链，使用式(3.20)得

$$\lambda(t)=Li(t) \tag{3.27}$$

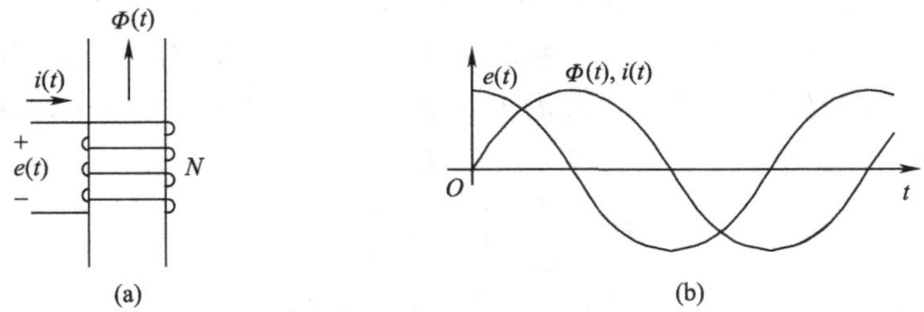

图 3.8　电压、电流和磁通

假设整个磁链连接所有 N 匝线圈，线圈磁链 $\lambda(t)=N\Phi(t)$，代入式(3.27)得到

$$\Phi(t)=\frac{L}{N}i(t) \tag{3.28}$$

将式(3.28)中的 $\Phi(t)$ 代入式(3.25)中得到

$$e(t) = N\frac{\mathrm{d}\Phi}{\mathrm{d}t} = L\frac{\mathrm{d}i}{\mathrm{d}t} \tag{3.29}$$

式(3.28)和式(3.29)关系到 $i(t)$、$\Phi(t)$和 $e(t)$，三者波形的关系如图 3.8(b)所示。

3.1.6　漏电磁感应

正如导体在电路中引导电流一样，磁芯在磁路中引导磁通。但有一个重要的区别，在电路中，铜的电导率大约是空气电导率的 1020 倍，因此可以忽略直流或低频率(如 60Hz)的泄漏电流。然而，在磁路中，磁性材料的磁导率仅比空气的磁导率高 104 倍左右。由于这个相对较低的比率，图 3.9(a)结构中的核心窗口有泄漏的磁通线，这些磁通线没有到达它们的预定目的地——气隙。如图 3.9(a)所示为线圈示意图。在实践中，线圈由多层组成，核心设计成尽可能贴合线圈，从而最小化未使用的窗口区域。

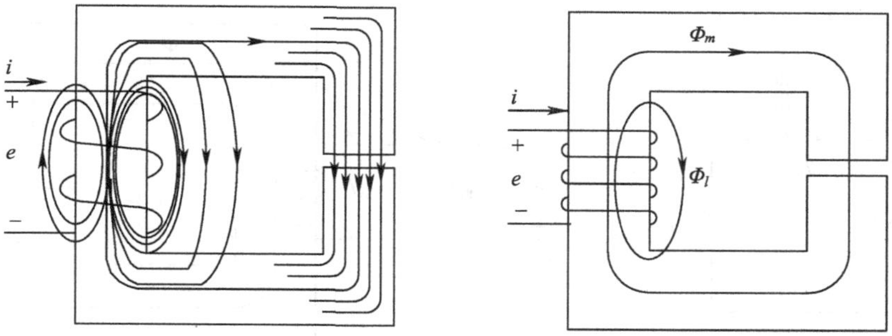

(a) 磁通和漏磁　　(b) 参数的等效表示

图 3.9　磁通和漏磁及其参数的等效表示

漏磁效应使得精确分析磁路变得更加困难，因此需要复杂的数值方法，如有限元分析。然而，可以通过某些近似来解释漏磁通的影响。将总磁通 Φ 分为两部分：主磁通的磁通 Φ_m，完全封闭在铁心和所有线圈内；漏磁通，部分或全部在空气中，由 Φ_l 表示，也通过所有 N 匝线圈，但不跟随整个磁路，如图 3.9(b)所示。因此，有

$$\Phi = \Phi_m + \Phi_l \tag{3.30}$$

式中，Φ 为连接所有 N 匝线圈的等效磁通量。因此，线圈的总磁链为

$$\lambda = N\Phi = N\Phi_m + N\Phi_l = \lambda_m + \lambda_l \tag{3.31}$$

总电感(称为自感)可由式(3.31)两边同除以电流 i 得到

$$\frac{\lambda}{i}=\frac{\lambda_m}{i}+\frac{\lambda_l}{i} \tag{3.32}$$

可得

$$L_{\text{self}}=L_m+L_l \tag{3.33}$$

式中，L_m 为磁芯中的主磁通 Φ_m 的磁化电感；L_l 为漏磁通 Φ_l 引起的漏电感(漏感)。由式(3.33)可得线圈的总磁链为

$$\lambda=\left(L_m+L_l\right)i \tag{3.34}$$

因此，根据式(3.25)，有

$$e\left(t\right)=L_l\frac{\mathrm{d}i}{\mathrm{d}t}+L_m\frac{\mathrm{d}i}{\mathrm{d}t} \tag{3.35}$$

如图 3.10(a)所示的电路形式。在图 3.10(b)中，漏感引起的电压降可以单独表示，因此线圈中感应的电压完全是由磁化磁通引起的。然后将线圈电阻 R 串联相加，就完成了线圈的表示。

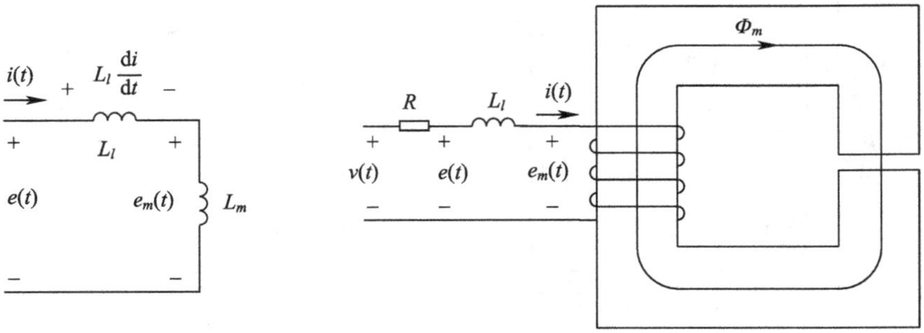

(a) 电路表示形式　　(b) 漏感与铁心分离的表示形式

图 3.10　漏感的两种表示形式

3.1.7　变压器

电机由几个相互耦合的线圈组成，其中一个线圈(绕组)产生的部分磁通连接其他绕组。变压器由两个或多个紧密耦合的绕组组成，其中一个绕组产生的几乎所有磁通都印在另一个绕组上。变压器对电力的输送和分配是必不可少的。它们也非常有效地促进了对交流电机和发电机的理解。

为了理解变压器的工作原理，考虑一个单线圈，也称为 N_1 匝的绕组，如图 3.11(a)所示。首先假设这个绕组的电阻和漏感都为零；其次假设该绕组产生的所有磁通都限制在铁心内。对该绕组施加一个时变电压 e_1，就会产生磁通 $\Phi_m(t)$。根据法拉第定律得

$$e(t)=N_1\frac{\mathrm{d}\Phi_m(t)}{\mathrm{d}t} \tag{3.36}$$

式中，$\Phi_m(t)$ 完全由施加电压的时间积分决定，如式(3.37)所示(其中假设绕组中的磁通最初为零)：

$$\Phi_m(t)=\frac{1}{N_1}\int_0^t e_1(\tau)\cdot\mathrm{d}\tau \tag{3.37}$$

如图 3.11(b)所示，用来建立这个磁通的电流 $i_m(t)$ 取决于这个绕组的磁化电感 L_m。

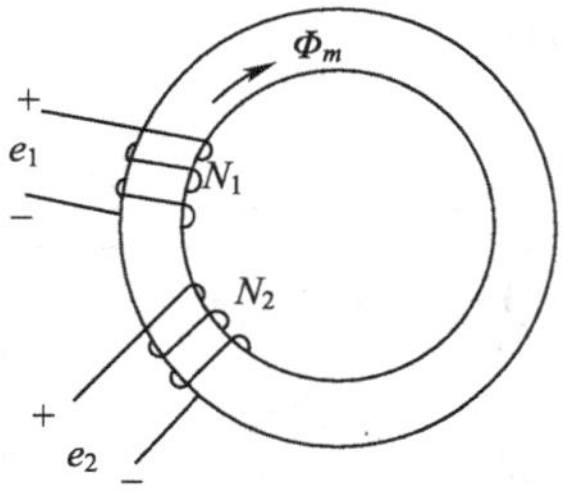

(a) 铁心上的两线圈

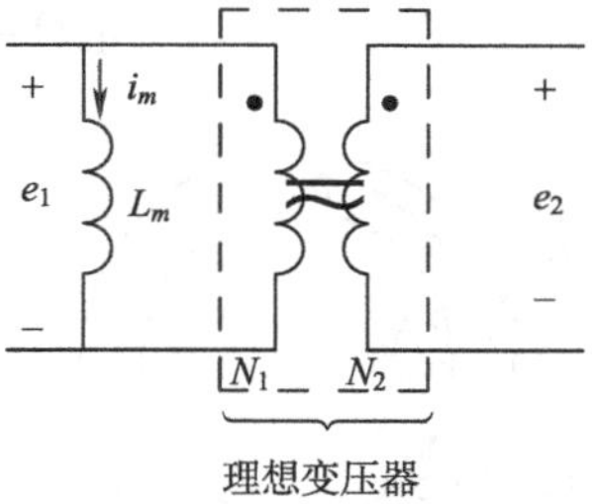

(b) 等效电路

图 3.11　铁心上的线圈及等效电路

如图 3.11(a)所示，在铁心上放置第二个线圈 N_2 匝。由于连接第二绕组的磁通 $\Phi_m(t)$，在第二绕组中产生电压。由法拉第电磁感应定律得

$$e_2(t)=N_2\frac{\mathrm{d}\Phi_m}{\mathrm{d}t} \tag{3.38}$$

由式(3.36)和式(3.38)可知，由于 $\mathrm{d}\Phi_m/\mathrm{d}t$ 相同，每个绕组的每匝电压是相同的：

$$\frac{e_1(t)}{N_1}=\frac{e_2(t)}{N_2} \tag{3.39}$$

我们设定图 3.12(b)中的变压器为理想变压器，由式(3.39)可得，其中匝数比 N_1/N_2 表示两个绕组中的电压：

$$\frac{e_1(t)}{e_2(t)}=\frac{N_1}{N_2} \tag{3.40}$$

图 3.12(b)中的“•”表示绕组电压在虚线端子处相对于其未连接端子具有相同极性。例如，如果 Φ_m 随时间增加，则两个点端子的电压相对于相应的非点端子都是正的。使用这个点约定的好处是，在铁心上的缠绕方向不需要具体显示。

如图 3.12(a)所示，一个 R-L 组合的负载连接在次级绕组上。电流 $i_2(t)$ 通过

R-L 组合。由此产生的磁通势 N_2i_2 将倾向于改变磁芯磁通 Φ_m，但显然不能，因为 Φ_m 完全由施加的电压 $e_1(t)$ 决定，如式(3.37)所示。因此，图 3.12(b)中的附加电流 i'_2 由绕组 1 引出，以补偿(或抵消) N_2i_2，使

$$N_1 i_2' = N_2 i_2 \tag{3.41}$$

或

$$\frac{i_2'(t)}{i_2(t)} = \frac{N_2}{N_1} \tag{3.42}$$

这是理想变压器的第二个特性。因此，从绕组 1 的端子引出的总电流为

$$i_1(t) = i_m(t) + i_2'(t) \tag{3.43}$$

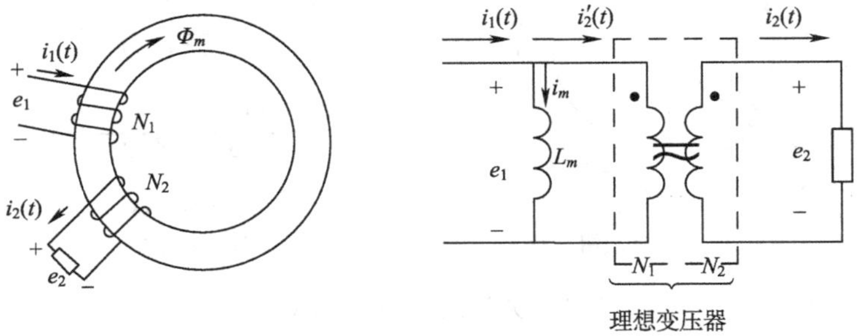

(a) 二次端有阻抗的变压器　(b) 等效电路

图 3.12　二次端有阻抗的变压器及等效电路

在图 3.12 中，绕组 2 的电阻和漏感与 R-L 负载成串联关系。因此，感应电压 e_2 与绕组端电压 v_2 的区别在于绕组电阻上的压降和漏感，如图 3.13 所示。同样，施加的电压 v_1 与通过电阻的电压降和绕组 1 的漏感产生的电动势 e_1(由磁通 Φ_m 的时间变化率引起)不同。

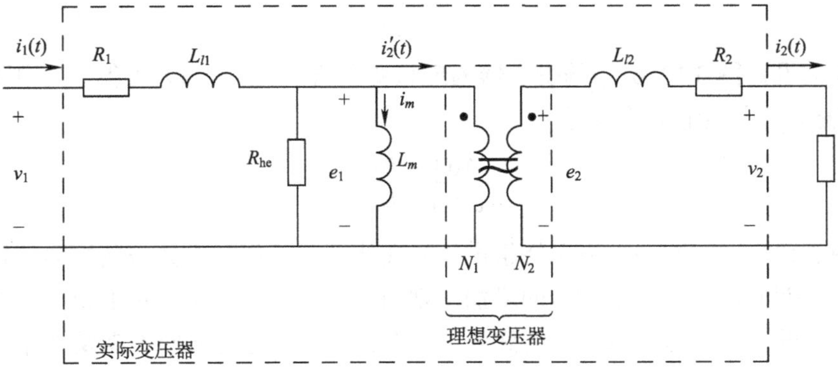

图 3.13　实际变压器的等效电路

1. 铁心损耗

通过将电阻 R_{he} 与 L_m 并联来模拟磁滞和涡流造成的铁心损耗，如图 3.13 所示。

B-H 特性中迟滞回线引起的损耗在 3.1.2 节已经讨论过。铁心损耗的其他来源是涡流。所有磁性材料的电阻率都是有限的(理想情况下，它应该是无限的)。正如法拉第电磁感应定律讨论的，时变的磁通在铁心中产生电压，这导致在铁心内产生循环(涡流)电流来对抗这些磁通的变化(并部分中和它们)。

在图 3.14(a)中，随着磁通 Φ 的增加，会产生许多电流回路(由于感应电压与磁芯磁通的变化相反)，从而导致损耗。限制涡流损耗的主要方法是使铁心由薄层清漆隔开，如图 3.14(b)所示。一些叠层显示如何绝缘叠层减少涡流损失。由于叠层之间的绝缘，电流被迫在每层叠层内的更小的回路中流动。将铁心分层降低了磁通和感应电压，而不是降低了对层压内电流的有效电阻，从而降低了整体损耗。对于 50Hz 或 60Hz 的频率，铁心分层厚度通常为 0.2～1mm。

(a) 时变磁通量引起的涡流　　(b) 具有绝缘层压的铁心

图 3.14　时变磁通量引起的涡流及具有绝缘层压的铁心

2. 实际与理想变压器模型

考虑实际变压器的等效电路，如图 3.13 所示。如果忽略所有的寄生因素，如漏感和损耗，假设铁心的磁导率是无限的($L_m = \infty$)，然后将实际变压器的等效电路还原为理想变压器的等效电路。

3. 确定变压器型号参数

为了利用图 3.13 中的变压器等效电路，需要确定其各参数的值。可以通过开路试验和短路试验来获得结果。

1) 开路试验

在开路试验中，如图 3.15 所示，当绕组 1 施加额定电压时，其中一个绕组，如绕组 2，保持开路状态。测量输入电压有效值 V_{oc}、电流有效值 I_{oc} 和平均功率

P_{oc}，下标 oc 表示开路条件。在开路条件下，绕组电流很小，是由较大的磁化阻抗决定的。因此，通过泄漏阻抗的电压降可以忽略不计，如图 3.15 所示。根据实测量，R_{he} 可计算为

$$R_{he}=\frac{V_{oc}^2}{P_{oc}} \tag{3.44}$$

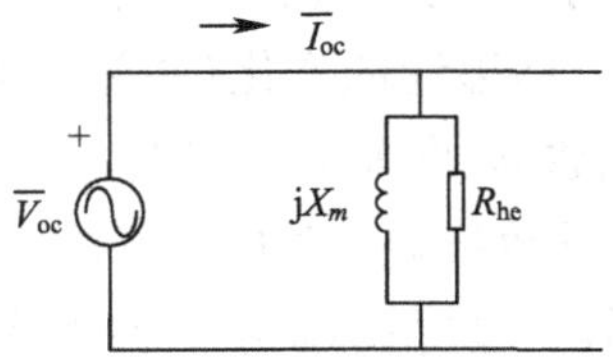

图 3.15　开路试验

图 3.15 中开路阻抗的大小可计算为

$$|Z_{oc}|=\frac{X_m R_{he}}{\sqrt{R_{he}^2+X_m^2}}=\frac{V_{oc}}{I_{oc}} \tag{3.45}$$

利用 V_{oc}、L_{oc}、R_{he} 实测值代入式(3.44)计算，由式(3.45)计算出励磁电抗 X_m。

2)短路试验

在短路试验中，其中一个绕组，如绕组 1，发生了短路，如图 3.16(a)所示。然后对绕组 2 施加一个小电压并进行调整，使每个绕组中的电流近似等于其额定值。在这种短路情况下，与绕组 1 的漏阻相比，励磁电抗 X_m 和铁心损耗电阻 R_{he} 可以忽略，如图 3.16(a)所示。

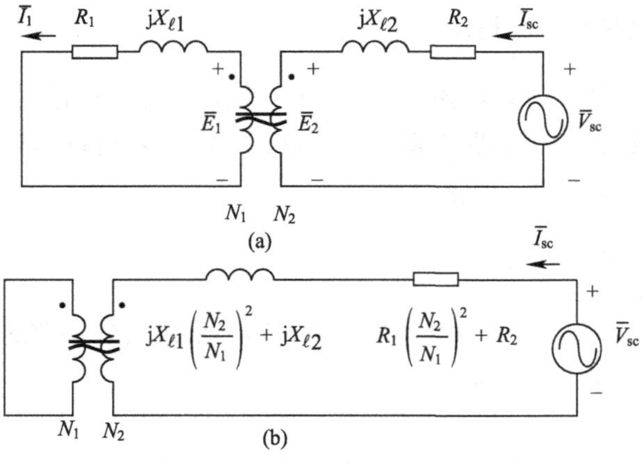

图 3.16　短路试验

在这个电路中，测量有效值电压 V_{sc}、有效值电流 I_{sc} 和平均功率 P_{sc}，下标 sc 表示短路情况。

根据图 3.16(a) 中定义的电压、电流和匝数比，有

$$\frac{\overline{E}_2}{\overline{E}_1}=\frac{N_2}{N_1}, \qquad \frac{\overline{I}_{sc}}{\overline{I}_1}=\frac{N_1}{N_2} \tag{3.46}$$

因此

$$\frac{\overline{E}_2}{\overline{I}_{sc}}=\frac{\dfrac{N_2}{N_1}\overline{E}_1}{\dfrac{N_1}{N_2}\overline{I}_1}=\left(\frac{N_2}{N_1}\right)^2\frac{\overline{E}_1}{\overline{I}_1} \tag{3.47}$$

注意，在式 (3.47) 中

$$\frac{\overline{E}_1}{\overline{I}_1}=R_1+\mathrm{j}X_{l1} \tag{3.48}$$

故将式 (3.48) 代入式 (3.47) 得

$$\frac{\overline{E}_2}{\overline{I}_{sc}}=\left(\frac{N_2}{N_1}\right)^2(R_1+\mathrm{j}X_{l1}) \tag{3.49}$$

这使得在图 3.16(a) 的短路条件下的等效电路如图 3.16(b) 所示，其中线圈 1 的寄生元件移动到线圈 2 的一边，并包含在线圈 2 的寄生元件中。将绕组 1 的漏电阻抗(漏抗)转移到绕组 2 的一侧，可以有效地将图 3.16(b) 中的理想变压器部分替换为短路形式。因此，从测量的量来看，有

$$R_2+\left(\frac{N_2}{N_1}\right)^2 R_1=\frac{P_{sc}}{I_{sc}^2} \tag{3.50}$$

变压器设计成在每个绕组中产生大约相等的 I^2R 损耗(铜损耗)。这意味着绕组的电阻与额定电流的平方成反比。在变压器中，额定电流与匝数比的关系为

$$\frac{I_{1额定}}{I_{2额定}}=\frac{N_2}{N_1} \tag{3.51}$$

匝数比在变压器的铭牌上明确注明，或由额定电压的比值计算。因此

$$\begin{gathered}\frac{R_1}{R_2}=\left(\frac{I_{1额定}}{I_{2额定}}\right)^2=\left(\frac{N_2}{N_1}\right)^2\\ R_1\left(\frac{N_2}{N_1}\right)^2=R_2\end{gathered} \tag{3.52}$$

将式 (3.52) 代入式 (3.50)，得

$$R_2 = \frac{1}{2}\frac{P_{sc}}{I_{sc}^2} \tag{3.53}$$

R_1 由式(3.52)计算。

线圈中的漏抗大约与匝数的平方成正比。因此，

$$\frac{X_{l1}}{X_{l2}} = \left(\frac{N_2}{N_1}\right)^2, \qquad \left(\frac{N_2}{N_1}\right)^2 X_{l1} = X_{l2} \tag{3.54}$$

在图 3.16(b)中利用式(3.52)、式(3.54)得

$$|Z_{sc}| = \sqrt{(2R_2)^2 + (2X_{l2})^2} = \frac{V_{sc}}{I_{sc}} \tag{3.55}$$

利用实测值 V_{sc}、I_{sc} 和 R_2 代入式(3.53)计算，由式(3.55)计算出 X_{l2}，由式(3.54)计算出 X_{l1}。

3.1.8 永磁体

除感应电动机外，许多电机由额定值较小的永磁体组成。然而，永磁体的使用无疑将扩展到功率额定值较高的机器，因为永磁体提供了一个免费的来源磁通，否则必须由载流绕组产生，在绕组电阻中产生 i_R 损耗。永磁电机提供更高的效率和更高的功率密度是非常吸引力的。近年来，Nd-Fe-*B* 材料取得了重大进展，与其他永磁材料相比，Nd-Fe-*B* 材料具有非常吸引人的磁性特性，如图 3.17 所示。

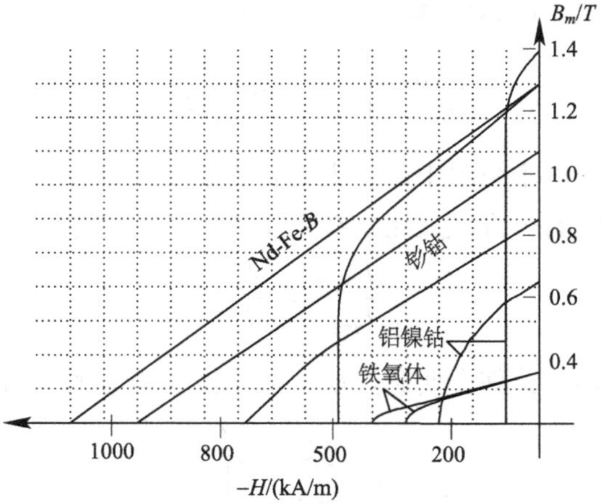

图 3.17 各种永磁材料的特性

Nd-Fe-*B* 磁体提供高磁感应强度操作、高能量密度和高抗退磁能力。其制造成本的降低，加上在高温下操作的进步，将其应用于比目前更高的额定功率。

在接下来的几章中，当讨论永磁电机时，可以把它们看作磁通的来源，否则就必须由载流绕组来建立磁通。

3.2　机电能量转换的基本原理

电机作为电动机，将电力输入转换为机械输出，如图 3.18 所示。这些机器可以单独作为发电机运行，当功率流反向逆转或减速时(在制动期间)，它们也进入发电模式。本节介绍电机的基本结构和支配其运行的电磁相互作用的基本原理。只讨论旋转机械，尽管同样的原理也适用于线性机械。

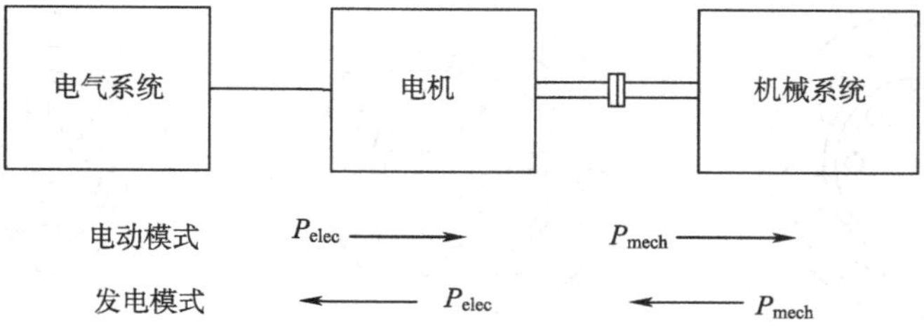

图 3.18　电机作为能量转换器

3.2.1　基本结构

通常我们通过观察横截面来描述电机，就好像电机被一个垂直于转轴的平面切割，从侧面观察，如图 3.19(a)所示。由于对称，这个横截面可以沿轴取到任何位置。图 3.19(b)中的简化横截面显示，所有电机都有一个被气隙隔开的固定部件，称为定子，还有一个旋转部件，称为转子，从而允许转子在由轴承支撑的轴上自由旋转。定子牢牢地固定在底座上，以防止转动。

(a) 垂直于电机轴切割面　　(b) 从一侧看的横截面

图 3.19　电机结构

为了使较小的安匝来创建穿过气隙的磁通线(图 3.20(a)),转子和定子都由高磁导率铁磁材料组成，并且气隙的长度尽可能小。在额定功率低于 10kW 的电机中，典型的气隙长度约为 1mm，为了便于绘制演示，显示高度被放大了。

图 3.20(a)所示为二极电机定子产生的磁通分布,其中磁场分布对应于单个北极和单个南极的组合。通常有两个以上的极点，如 4 或 6。四极电机的磁通分布如图 3.20(b)所示。由于气隙周围完全对称，仅考虑由相邻的北极和南极组成的一对极就足够了。其他极对具有相同的磁场和电流条件。

如果转子和定子是完全圆的，则气隙是均匀的，磁通线穿过气隙的路径上的磁阻也是均匀的。具有这种结构的电机称为隐极机。有时，电机转子设计得有明显凸起，使得磁阻在不同的路径上不相等，如图 3.20(c)所示。这种凸起导致了磁阻转矩，它可能是产生转矩的主要或重要手段。

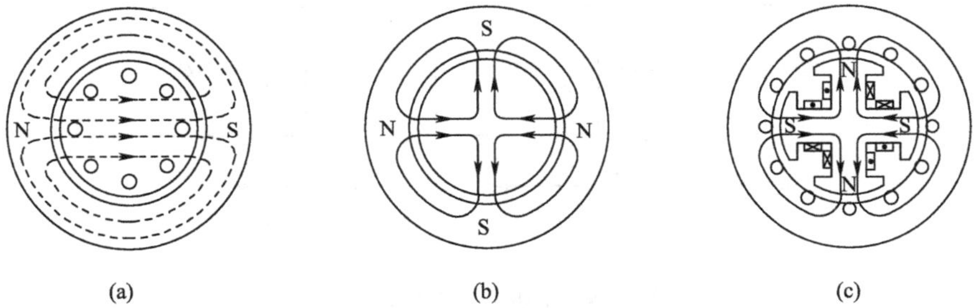

图 3.20　机器结构

为了减少涡流损耗，定子和转子通常由硅钢片组成，它们通过一层薄清漆相互绝缘。这些薄片堆叠在一起，垂直于转轴。平行于转轴的导线可以放置在这些薄片上的槽中。

3.2.2　磁场的产生

下面研究线圈如何在电机中产生磁场。如图 3.21 所示，将一个 N_s 匝的集中线圈置于两个间距为 180°(称为全螺距)的定子槽中。转子在没有回路的情况下存在。只考虑完全穿过两个气隙的磁化磁通线，此时忽略漏磁通线。气隙中的磁通线是径向的，即沿穿过电机中心的方向。与径向磁通线相关联，气隙内的场强也是径向的；如果它远离电机的中心，则假定它是正的($+H_s$)，否则是负的($-H_s$)。下标 s 是指定子引起的气隙磁场强度。假设铁的磁导率为无穷大，因此定子和转子中的磁场强度 H 均为零。在图 3.21(a)所示的任意闭合路径上应用安培定律，在时间 t 的任意时刻，有

$$H_s l_g - (-H_s) l_g = N_s i_s, \qquad H_s = \frac{N_s i_s}{2l_g} \tag{3.56}$$

式中，负号与向内的积分有关，因为积分路径是向内的，磁场强度是向外测量的。

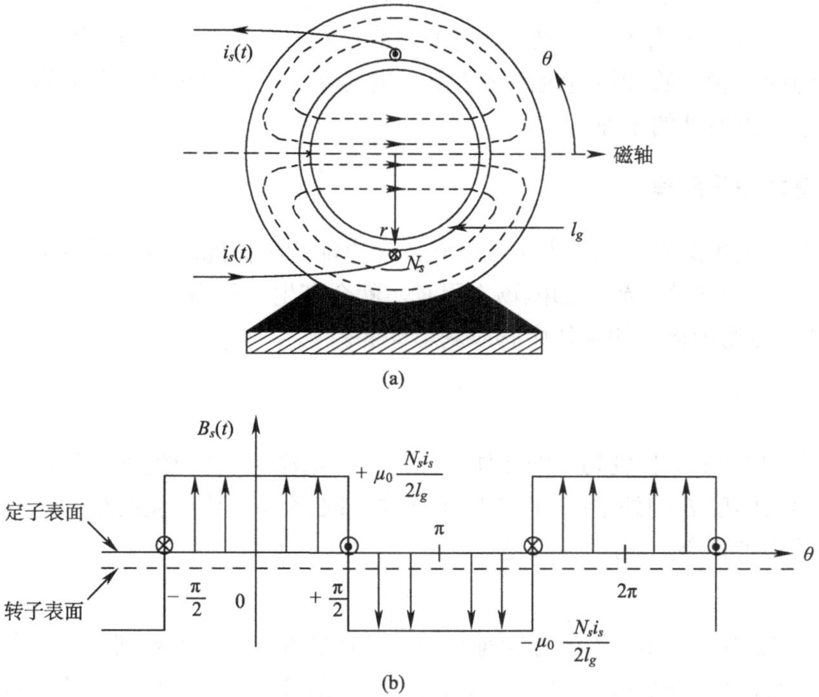

图 3.21　磁场的产生

沿图 3.21(a) 中所示的任意路径作用的总磁动势是 $N_s i_s$。假设定子和转子铁心的磁导率为无穷大，通过对称的方法，得到总安培匝数 $(N_s i_s/2)$ 的一半使磁通线穿过每个气隙长度时被消耗或作用。因此，作用于每个气隙的磁动势 F_s 为

$$F_s = \frac{N_s i_s}{2} \tag{3.57}$$

将式 (3.57) 代入式 (3.56) 得

$$F_s = H_s l_g \tag{3.58}$$

与 H_s 相联系的是气隙中的磁感应强度 B_s，由式 (3.56) 可得

$$B_s = \mu_0 H_s = \mu_0 \frac{N_s i_s}{2l_g} \tag{3.59}$$

远离电机中心的所有场量 (H_s、F_s 和 B_s) 都认为是正的。图 3.21(b) 显示了展

开视图，就好像图 3.21(a)中的圆形截面是平的。注意，场的分布是方波。由式(3.56)、式(3.57)、式(3.59)可知，定子产生的三个场量(H_s、F_s 和 B_s)均与定子电流的瞬时值 $i_s(t)$成正比，且两者之间均为常数关系。因此，在图 3.21(b)中，B_s在某一时刻的分布方波图也代表了 H_s和 B_s在不同尺度上的分布。

在图 3.21(a)的结构中，通过 $\theta=0°$的轴称为产生这个磁场的线圈或绕组的磁轴。绕组的磁轴沿着绕组电流的正值所产生的磁通线的方向穿过电机的中心，并且垂直于绕组所处的平面。

3.2.3 基本操作原理

有两个基本原则支配着电机的运转，在电能和机械能之间进行转换：

(1) 当载流导体受到外部磁场作用时，就会产生一种力。

(2) 在磁场中运动的导体中感应到电动势。

1. 电磁力

考虑图 3.22 中长度为 l 的导体。导体中有电流 i，并受到垂直于导体长度的均匀磁感应强度 B 的外部磁场影响。由于外部磁场与导体电流的相互作用，对导体施加了力 f_{em}。这个力的大小是

$$f_{em}=Bil \tag{3.60}$$

如图 3.22(a)所示，力的方向垂直于 i 和 B 的方向，为了得到力的方向，可以将导体电流产生的磁通线叠加在一起，如图 3.22(b)所示。磁通线在导体的右侧相加，在导体的左侧相减，如图 3.22(c)所示。因此，力 f_{em} 从磁通线密度较高的位置起作用到密度较低的位置，即从右到左。

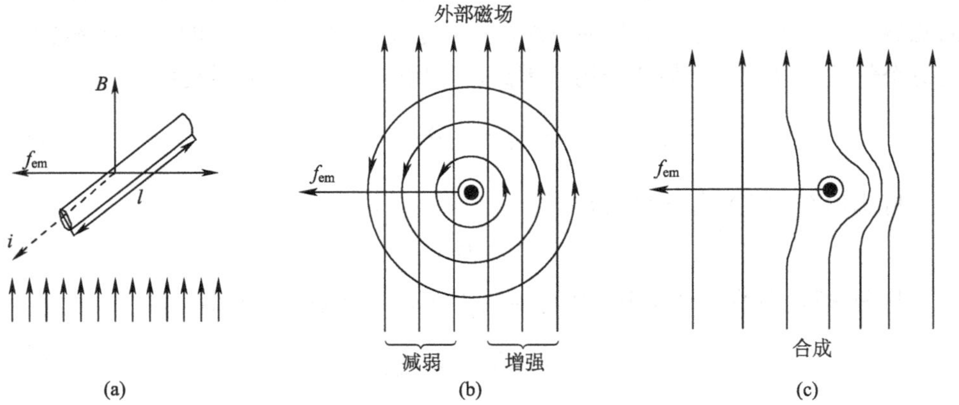

图 3.22　磁场中载流导体上的电场

2. 感应电动势

在图 3.23(a)中，一根长度为 l 的导体以速度 u 向右移动。B 场是均匀的，垂直于纸平面。在任何时刻感应电动势的大小是

$$e = Blu \tag{3.61}$$

感应电动势的极性可以按如下方式确定：由于导体的运动，作用于导体内电荷 q(正电，电子为负电)的力可以写成

$$\boldsymbol{f}_q = q(\boldsymbol{u} \times \boldsymbol{B}) \tag{3.62}$$

速度和磁感应强度是矢量，它们的叉乘决定了力。

由于 $\boldsymbol{u}$ 和 $\boldsymbol{B}$ 是相互正交的，如图 3.23(b)所示，正电荷上的力向上。同样，作用在电子上的力是向下的。因此，上端相对于下端有一个正电势。导体上的感应电动势与闭合路径可用时的电流无关(通常情况下)。随着电流的流动，导体上的电压将等于式(3.61)中的感应电动势 e 减去通过导体电阻和电感的电压降。

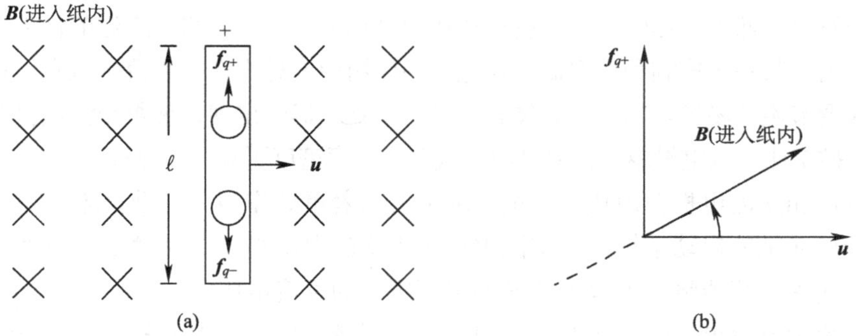

图 3.23　导体在磁场中运动

3. 槽位导体的磁屏蔽

定子和转子中的载流导体通常放置在槽中，以屏蔽导体的磁性。因此，力主要作用在导体周围的铁心上。很明显可以得到，这个力的大小与方向和没有磁屏蔽的情况下是一样的，在这里就不做证明了。由于本书的目的不是设计电机，而是利用电机，所以在接下来的讨论中完全忽略槽对导体的磁屏蔽效应。同样的论点适用于用式(3.61)和式(3.62)计算感应电动势及其方向。

第 4 章　电机基础理论

电机在现代工业社会的发展中起着至关重要的作用，是一种重要的电力推进技术。电机产生的转矩或旋转力是由于电流和磁场之间的相互作用而产生的。磁场既可以由永磁体(Permanent Magnet，PM)产生，也可以由电磁铁产生，电磁铁的磁通量是通过电流产生的。

电机有两个主要的物理部件，即定子是电机的固定部件，转子是电机的旋转部件。

电机有两大类：交流电机和直流电机。早期的电动汽车采用直流电机驱动，而现代电动汽车使用交流电机。与直流电机相比，交流电机效率高，功率密度高，成本低，可靠性好。因此，交流电机广泛应用于电动汽车的推进以及风力涡轮机和发电站的发电。然而，尽管交流电机已经在中高功率应用中取得了广泛的优势，但直流电机由于其易于控制和成本低，在低功率应用中无处不在。直流电机利用机械换向器来调节旋转磁场。功率半导体和低成本微处理器的出现，使得交流电机驱动器的电子控制比直流电机驱动器更具成本效益、功率密度更高、可靠性更高。

直流和交流电机在现代内燃机车辆上发挥着重要作用。串励直流电动机是汽油发动机曲轴的启动电机，而交流电机用于交流发电机。交流发电机产生交流电压，并使用整流器将交流波形转换为车辆所需的直流电压。

交流和直流电机的工作原理相似，可以用带有电压、电流和磁通量类似的速度与转矩关系来描述[16]。

4.1　直 流 电 机

历史上，直流电机一直是速度和位置控制应用中最流行的电机。因为它们的成本低，易于控制。然而，由于换向器和电刷的磨损，需要定期维护，它们的市场份额正在被交流电机所取代。

学习直流电机有两个重要的原因。首先，目前有许多直流电机正在使用，而且使用量还在不断增加。其次，交流电机驱动的控制参考了直流电机驱动的工作原理。因此，了解直流电机驱动构成是学习如何控制交流电机驱动的第一步。

在直流电机驱动中，直流电压和电流由电源处理单元提供给直流电机，有两种设计的电机：由永磁体或磁场绕组组成的定子。

4.1.1　直流电机的结构

直流电机的基本特征示意图如图 4.1 所示，定子是凸极结构，磁极上有一个或多个励磁线圈，励磁绕组产生的气隙磁通关于磁极的中心线对称分布，这个中心线称为磁场轴线或直轴。

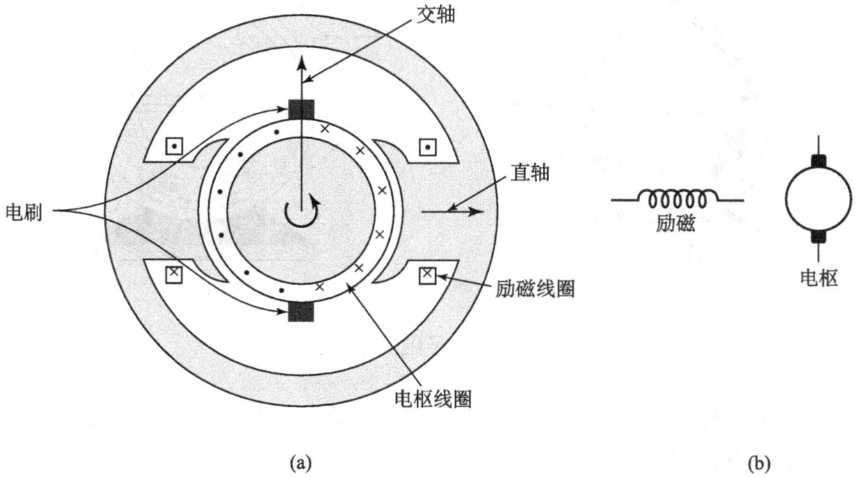

图 4.1　直流电机的基本特征示意图

电枢回路向外部的引线连接到静止电刷，利用旋转的换向器和静止的电刷，就可以将每个旋转电枢线圈内部产生的交流电势转换成电枢外部接线端上的直流电势。因此，换向器和电刷结合在一起组成了一个机械整流器，它使电枢绕组输出直流电势，同时，使电枢磁通波在空间固定分布[21]。

图 4.2 所示为实物直流电机的分解图。

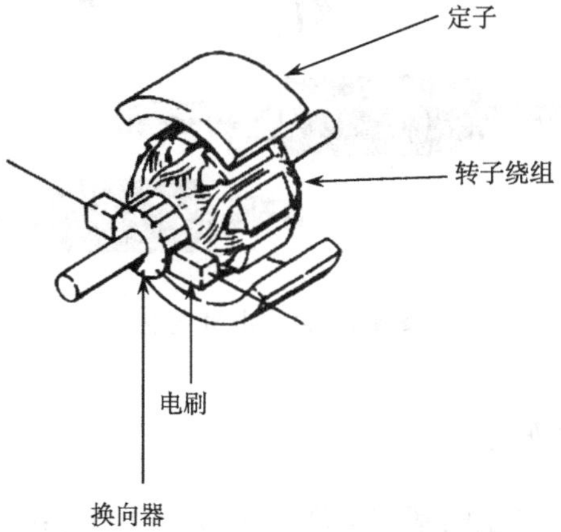

图 4.2　直流电机的分解图[22]

在直流电机中，定子在气隙径向建立均匀的磁通。如果采用如图 4.3(a)横截面所示的永磁体，则定子建立的气隙磁通密度保持不变(不能改变)。可以使用电流可变的磁场绕组来实现对气隙磁通密度的额外控制，如图 4.3(b)所示。

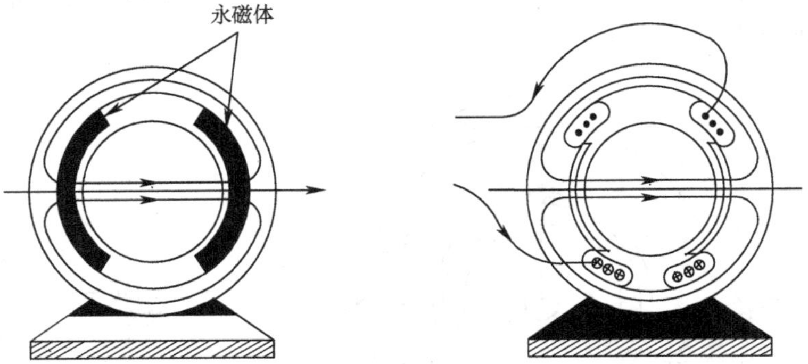

图 4.3　定子磁场剖面图

图 4.2 和图 4.4 显示转子槽包含一个绕组，称为电枢绕组，它控制电力，以便在转子轴处转换(或从)为机械能。此外，在转子上还有一个换向器。在其外表面，换向器包含通过云母或塑料相互绝缘的铜段。电枢绕组的线圈连接到这些换向器段，这样一个固定的直流源可以通过固定的碳刷提供电压和电流到旋转换向器，碳刷位于换向器的顶部。换向器和电刷之间的机械接触造成的磨损需要定期维护，这是直流电机的主要缺点[9]。

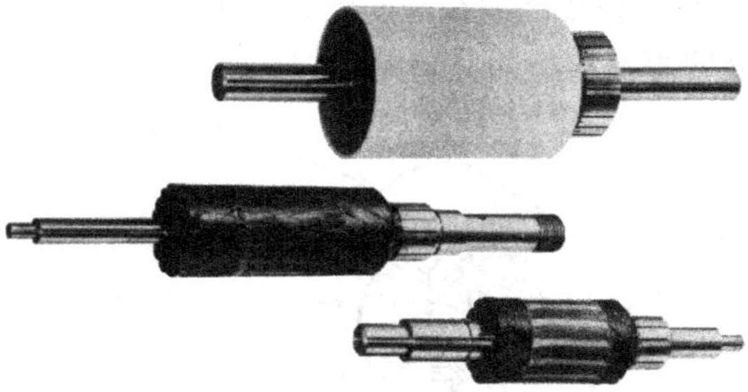

图 4.4　直流电机电枢

4.1.2　直流电机的工作原理

控制稳定电磁转矩产生的基本原理已在 3.2 节中介绍。在由定子建立的均匀径向磁场中，向转子线圈提供电流，每旋转半周把电流反向。线圈中的感应电动势也每半个周期交替一次。

实际上，这种电流的逆转可以在如图 4.5(a)所示的直流电动机中实现，使用两个换向器片环(S_1 和 S_2)和两个电刷(b_1 和 b_2)。使用直流电机中常用的符号，电枢数量用下标 a 表示，定子建立的磁通密度(穿过两个气隙)称为磁场磁通密度 B_f，其在图 4.5(b)中作为 θ 函数的分布如图 4.5(c)所示。其中，假设气隙中的均匀磁通密度 B_f 在 S 极为正，在 N 极为负。还有一个小的中性区，其中磁感应强度很小，并且从一个极性变化到另一个极性。

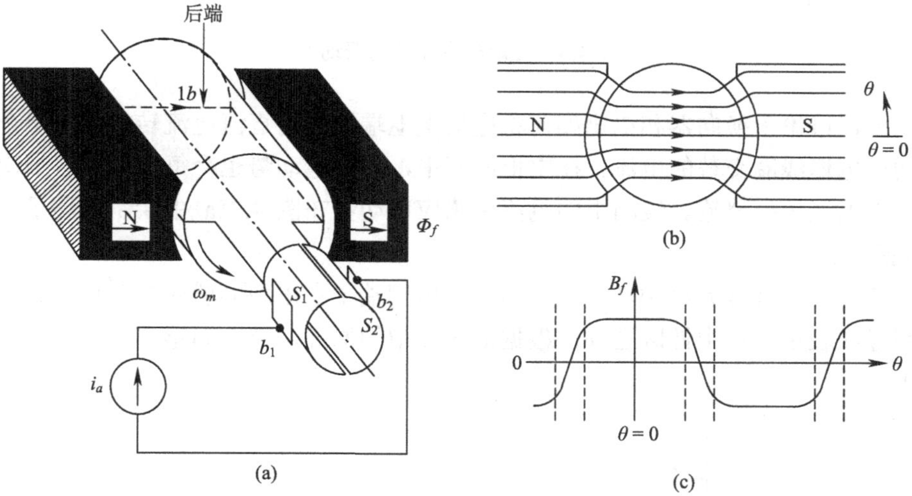

图 4.5　气隙中的磁通密度

在图 4.5(a)中可以看到直流电机模型中的换向器和电刷如何将由直流源提供的直流电 i_a 转换成电枢线圈中的交流电。图 4.6 所示为直流电机模型的正面横截面图。对于图 4.6(a)所示的 $\theta=0°$处的线圈位置，线圈电流 $i_{1\text{-}1'}$为正，并且在每个导体上产生逆时针旋转的力。

图 4.6(b)所示为转子逆时针转动 $\theta=90°$时的横截面。电刷比换向器段之间的绝缘层宽。因此，在这个基本的机器中，电流 i_a 流过整流子段，而没有电流流过导体。在该区域，线圈经历换向，当转子进一步转动时，其电流方向反转。图 4.6(c)所示为转子位置 $\theta=180°$处的横截面。与图 4.6(a)相比，在 $\theta=0°$时，导体 1 和导体 1′的作用发生了互换；因此，在 $\theta=180°$时，$i_{1\text{-}1'}$为负，并产生与 $\theta=0°$时相同的逆时针转矩。

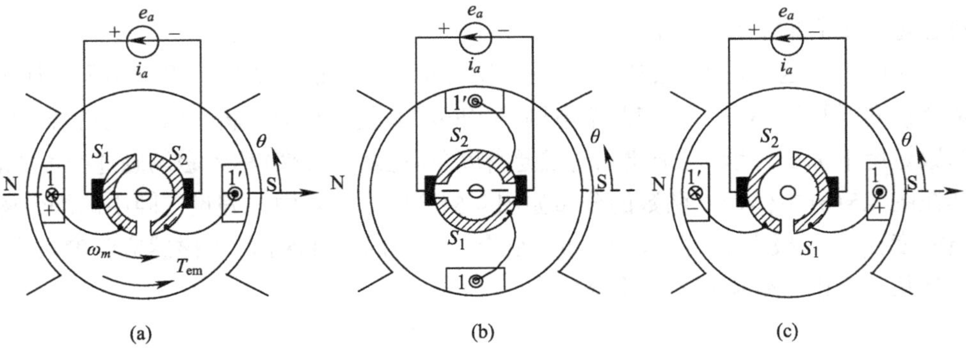

图 4.6　转矩产生和换向器动作

上述讨论了换向器和电刷如何将电机电枢端子处的直流电流转换为每半个周期通过电枢线圈交替的电流。在电枢线圈中，感应电动势也会每半周交替一次，并在电枢端子处整流。线圈中的电流和感应电动势在图 4.7(a)中绘制为转子位置 θ 的函数。

图 4.7(b)和 4.7(c)中转子上的扭矩和电刷端子上出现的感应电动势，其平均值用虚线表示。在中性区之外，根据前面介绍的原理，转矩和感应电动势表达式如下。

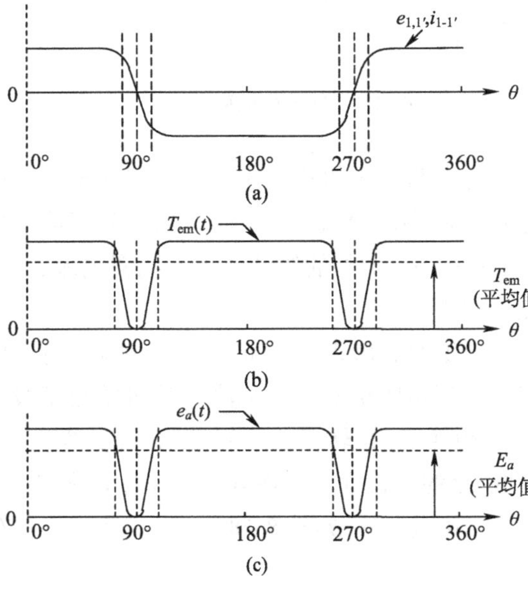

图 4.7　图 4.6 中的电机波形

$$T_{em} = 2B_f lri_a \tag{4.1}$$

$$e_a = 2B_f lr\omega_m \tag{4.2}$$

式中，l 为有效导线长度；r 为半径。可以注意到，转矩和感应电动势波形的明显下降。

实际的直流电机是由电枢绕组中的大量线圈组成的，可以改善这些波形。因此，可以忽略中性区中的线圈进行电流换向的影响，电枢表示如图 4.8 所示。

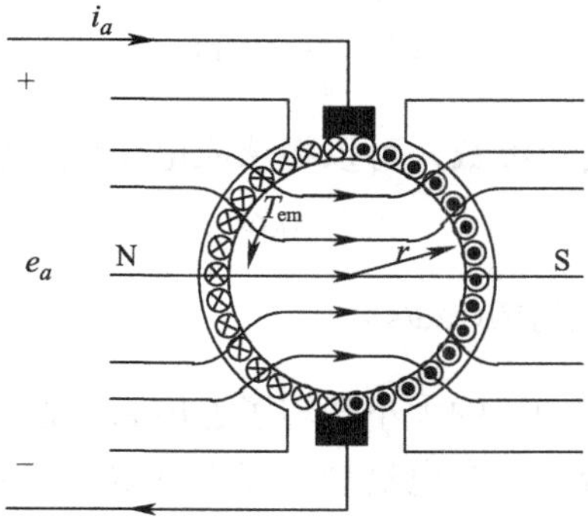

图 4.8　直流电机原理图

综上得出关于换向器作用的结论。

(1)通过电刷提供的电枢电流 i_a 在并联的两个电路之间平均分配。每个电路由总导线的一半组成，这些导线是串联连接的。在一极下的所有导体都有相同方向的电流。施加在每个导体上的力方向相同，加起来就产生了总转矩。电枢电流 i_a 的方向决定了通过导体的电流方向(当前方向与旋转方向无关)。因此，机器产生的电磁转矩的方向也取决于 i_a 的方向。

(2)两个并联电枢电路中的感应电压，以及电刷之间的感应电压，是所有串联导体中感应电压的总和。在一个极下的所有导体都能产生相同极性的电磁场。这些电磁场的极性取决于旋转方向(电动势极性与电流方向无关)。

下面计算产生的净转矩和感应的电动势。在图 4.8 所示的直流电机中，设共有数量为 n_a 的导体，每根长度为 l，置于均匀径向磁通密度 B_f 中。因此，电流 $i_a/2$ 所产生的电磁转矩可以用每根导线所受的力乘以导线数和半径 r 来计算：

$$T_{em} = n_a lrB_f \frac{i_a}{2} \tag{4.3}$$

在电机中，n_a、l 和 r 的值是固定的。磁通强度 B，在永磁电机中也有一个固定值。因此，可以将转矩表达式写成

$$T_{em} = k_T i_a \tag{4.4}$$

式中，$k_T = \frac{n_a}{2} lrB_f$，单位为(N•m)/A。

该表达式表明，产生的电磁转矩的大小与电枢电流 i_a 成正比。常数 k_T 称为电机扭矩常数，在电机规格表中给出。从前面的讨论中可知，可以通过反转 i_a 来反转电磁转矩的方向。

在 ω_m 的速度下，电刷上的感应电动势 e_a 可通过将每个导体的感应电动势乘以 $n_a/2$ 来计算，$n_a/2$ 是两个并联电枢电路中每个串联的导体数量。因此可得

$$e_a = \frac{n_a}{2} lrB_f \omega_m \tag{4.5}$$

使用与之前相同的转矩参数，可以将感应电动势表达式写成

$$e_a = k_E \omega_m \tag{4.6}$$

式中，$k_E = \frac{n_a}{2} lrB_f$，单位为V/(rad/s)。

这表明电刷上感应电动势的大小与转子速度 ω_m 成正比。它还取决于常数 k_E，该常数称为电机电压常数，并在电机规格表中规定。如果转速 ω_m 相反，则感应电动势的极性相反。

综上，在任何直流电机中，电机扭矩常数 k_T 和电机电压常数 k_E 完全相同，如式(4.4)和式(4.6)所示，前提是使用 MKS(米-千克-秒)单位：

$$k_T = k_E = \frac{n_a}{2} lrB_f \tag{4.7}$$

4.2 交 流 电 机

传统的交流电机不外乎是两大类中的一种：同步电机和感应电机。在同步电机中，转子绕组电流是通过旋转滑动接触从静止单元直接获得的。在感应电机中，转子电流是由定子电流随时间的变化和转子相对于定子运动的综合作用，在转子绕组感应出来的[21]。

4.2.1 交流电机和空间矢量简介

通常，三相交流电压和电流为交流电机供电。感应电机和同步电机的定子相似，由三相绕组组成，其中转子结构不同。在这些电机的定子中，每个相绕组(一个绕组由许多串联的线圈组成)在气隙中产生正弦磁场分布。由三相产生的磁场分布在空间中相互位移 120°(2π/3 弧度)，如图 4.9 中 2 极电机(最简单的情况)横截面中的磁轴所示。本节将学习表示气隙中的正弦磁场分布使用空间向量，这将大

大简化分析。

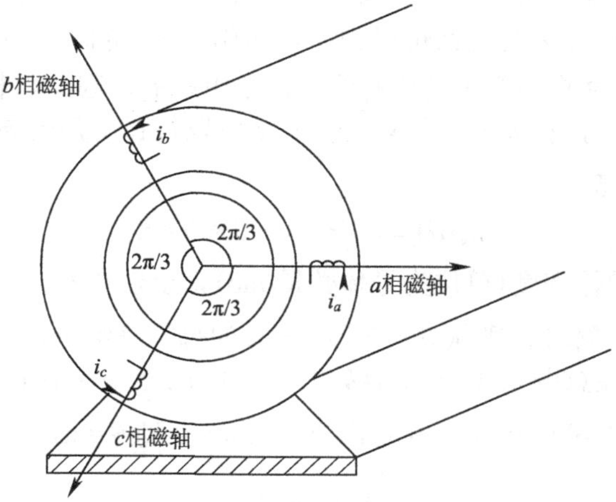

图 4.9　2 极电机中三相的磁轴

1. 正弦分布定子绕组

下面以一台 2 极电机（ $p=2$）为例展开讨论，后续可以推广到多极电机。

在交流电机中，理想情况下，每个相的绕组应在气隙中产生一个正弦分布的径向磁场(F、H 和 B)。理论上，这需要在每一相中都有一个正弦分布的绕组。为了使绕组接近这个正弦分布，考虑 a 相的绕组，如图 4.10(a)所示，在槽中，a 相的每个线圈的匝数在远离磁轴的地方逐渐增加，在 $\theta=90°$时达到最大值。

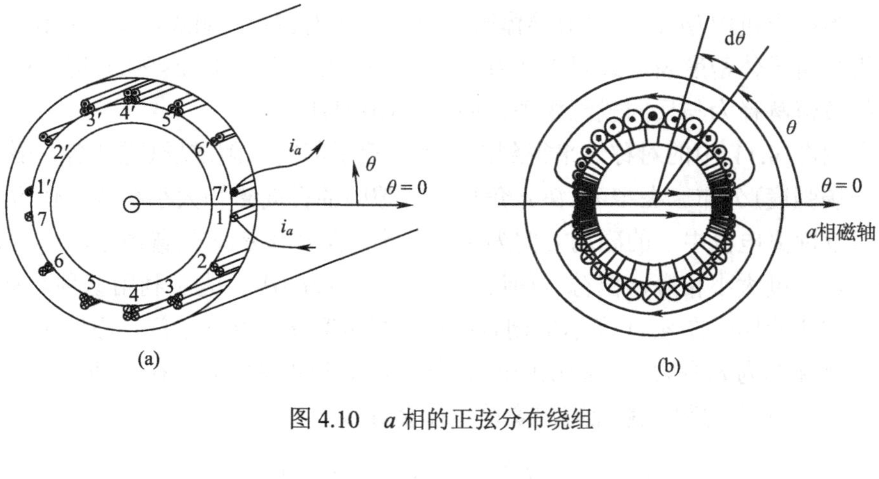

图 4.10　a 相的正弦分布绕组

每个线圈(如侧 1 和 1′ 的线圈)跨越 180°，进入线圈侧 1 的电流以 1′ 的形式通过电机后部的末端匝返回。该线圈(1,1′)串联至下一线圈(2,2′)的线圈侧 2，以此类推。从图形上看，a 相绕组可以如图 4.10(b)所示绘制，其中较大的圆圈表示较高的导体密度，注意绕组中的所有导体都是串联的，因此承载相同的电流。

在图 4.10(b)中，在 a 相，导体密度 $n_s(\theta)$(以每弧度角的导体数量表示)是角 θ 的正弦函数，可表示为

$$n_s(\theta)=\hat{n}_s\sin\theta\,,\quad 0<\theta<\pi \tag{4.8}$$

式中，$\hat{n}_s$ 是最大导体密度(单位为导体数量/rad)，出现在 $\theta=\pi/2$ 处。如果相绕组共有 N_s 匝(即 $2N_s$ 导体)，则从 $\theta=0$ 到 $\theta=\pi$ 的每半绕组包含 N_s 导体。为了确定式(4.8)中的 N_s，注意图 4.10(b)中 θ 处的微分角 $\mathrm{d}\theta$ 包含 $n_s(\theta)\cdot\mathrm{d}\theta$ 导体。

因此，图 4.10(b)中导体密度的积分，从 $\theta=0$ 到 $\theta=\pi$，等于 N_s 导体：

$$\int_0^{\pi} n_s(\theta)\mathrm{d}\theta=N_s \tag{4.9}$$

将式(4.8)中的表达式替换为 $n_s(\theta)$，式(4.9)中的积分得到

$$\int_0^{\pi} n_s(\theta)\mathrm{d}\theta=\int_0^{\pi}\hat{n}_s\sin\theta\mathrm{d}\theta=2\hat{n}_s \tag{4.10}$$

将式(4.9)和式(4.10)的右侧等效可得

$$\hat{n}_s=\frac{N_s}{2} \tag{4.11}$$

将式(4.11)中的 $\hat{n}_s$ 代入式(4.8)，得到 a 相绕组中的正弦电导密度分布如下：

$$n_s(\theta)=\frac{N_s}{2}\sin\theta\,,\qquad 0\leqslant\theta\leqslant\pi \tag{4.12}$$

在多极电机中(p>2)，峰值导体密度保持不变为 $N_s/2$，如式(4.12)所示。与双极电机与将导体密度表达式限制在 $0<\theta<\pi$ 区域不同，可以将 $\pi<\theta<2\pi$ 区域中导体密度的负值解释为与反向载流相关，如图 4.10(b)所示。

利用图 4.11 中的对称性来得到由绕组电流引起的气隙磁场(磁动势、磁通密度和磁场强度)分布。在 θ 和 $\theta+\pi$ 角处，气隙中的径向磁场大小相等，但方向相反。假设远离电机中心的磁场方向为正。因此，在 θ 和 $\theta+\pi$ 位置由电流 i_a 确定的气隙磁场强度大小相等，但符号相反：$H_a(\theta+\pi)=H_a(\theta)$。为了利用这种对称性，将安培定律应用于图 4.11 所示的闭合路径，在角度 θ 和 $\theta+\pi$ 之间。假设转子和定子铁的磁导率为无穷大，因此铁中的 H 场为零。根据 $H_a(\theta)$，在时间 t 的任何时刻，沿图 4.11 中的闭合路径应用安培定律会导致

$$H_a l_g-(-H_a)l_g=\int_0^{\pi} i_a\cdot n_s(\theta+\xi)\cdot\mathrm{d}\xi \tag{4.13}$$

式中，l_g 是每个气隙的长度，负号与向内方向上的积分相关，因为当积分路径向内时，磁场强度是向外测量的。

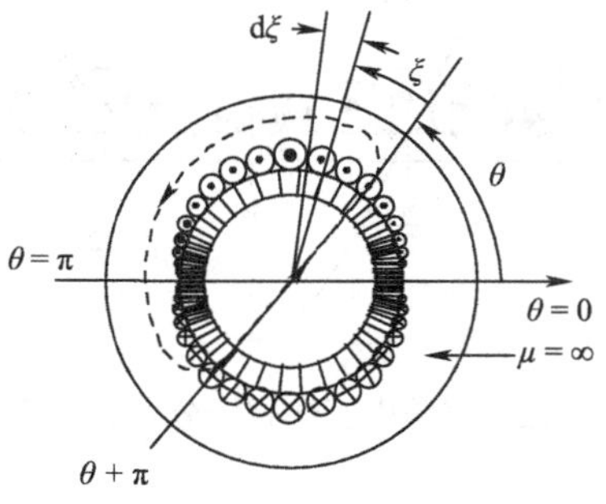

图 4.11　气隙磁场分布的计算

在式(4.13)等号的右侧，$n_s(\theta+\xi)\cdot d\xi$ 是角 ξ 处微分角 $d\xi$ 中包含的匝数，如图 4.11 所示。

在式(4.13)中，0～π 的积分得出所选路径所包围的导体总数，包括反向携带电流的负导体。

将式(4.12)中的导体密度表达式代入式(4.13)，得

$$2H_a(\theta)l_g = \frac{N_s}{2}i_a\int_0^{\pi}\sin(\theta+\xi)\cdot d\xi = N_s i_a\cos\theta$$

或

$$H_a(\theta) = \frac{N_s}{2l_g}i_a\cos\theta \tag{4.14}$$

利用式(4.14)，径向磁通密度 $B_a(\theta)$ 和以 θ 角作用在气隙上的磁动势 $F_a(\theta)$ 可写成

$$B_a(\theta) = \mu_0 H_a(\theta) = \frac{\mu_0 N_s}{2l_g}i_a\cos\theta \tag{4.15}$$

$$F_a(\theta) = l_g H_a(\theta) = \frac{N_s}{2}i_a\cos\theta \tag{4.16}$$

由式(4.14)～式(4.16)给出的 i_a 正值(方向如图 4.10(a)和 4.10(b)所示)产生的气隙中的正弦磁场分布展开图如图 4.12(a)所示。角度 θ 是在相对于 a 相磁轴的逆时针方向上测量的。气隙中的径向磁场分布沿 a 相磁轴峰值，在任何时刻，其振幅与当时 i_a 的值成正比。图 4.12 所示为在不同时间 i_a 的正负值在气隙中的场分布。注意，无论 a 相中的正电流或负电流如何，它在气隙中产生的磁通密度分布始终沿 a 相磁轴具有峰值(正或负)。

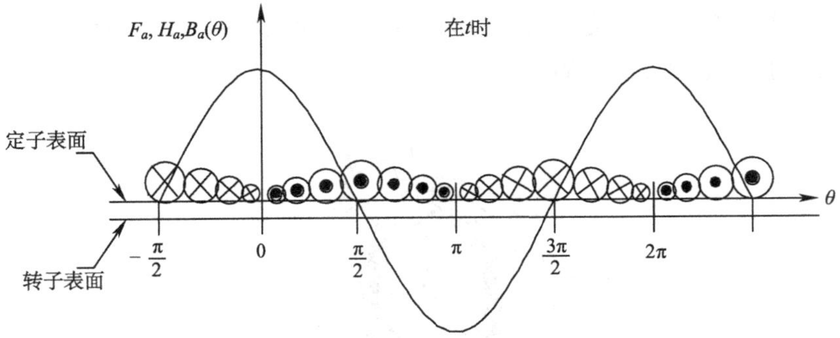

图 4.12　气隙中正弦磁场分布的展开图

在上文中，只关注 a 相，与磁轴夹角 $\theta = 0°$。在三相正弦分布定子绕组中，b 相和 c 相还有两个相同的正弦分布绕组，其磁轴角度分别为 $\theta = 120°$和 $\theta = 240°$，如图 4.13(a)所示。这三个绕组通常通过将端子 a'、b' 和 c' 连接在一起以 Y 形布置连接，如图 4.13(b)所示。

参考 i_a，电流 i_b 和 i_c 在气隙中的磁场分布在形状上是相同的，它们沿着各自的 b 相和 c 相磁轴达到峰值。根据图 4.13(b)中的基尔霍夫电流定律得

$$i_a(t) + i_b(t) + i_c(t) = 0 \tag{4.17}$$

对于给定的三相电流值，将磁通密度分布绘制为 θ 的函数，如图 4.14 所示。注意，B_a 的正峰值在 $\theta = 0°$，B_b 的负峰值在 $\theta = 120°$，B_c 的负峰值在 $\theta = 240°$。在线性磁路前提下应用叠加原理，将每个相位在每个角度 θ 产生的磁通密度分布相加，得到定子产生的组合磁通密度分布 $B_s(\theta)$，如图 4.14 所示。

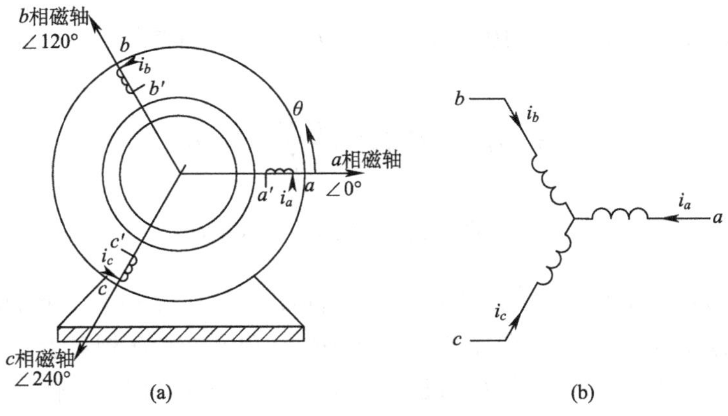

图 4.13　三相绕组

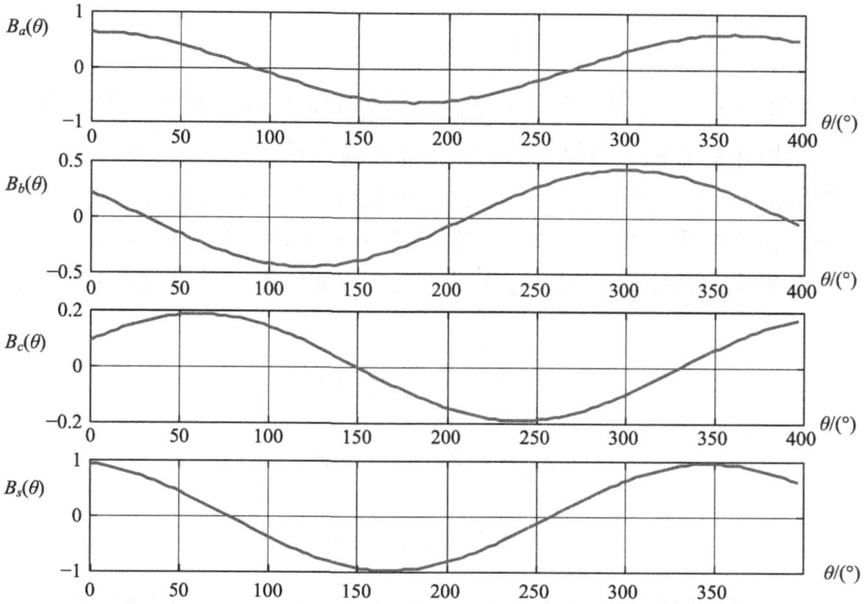

图 4.14　磁通密度波形

2. 使用空间矢量表示气隙中的正弦磁场分布

在正弦稳态的交流电路中，所有电压和电流随时间呈正弦变化。为了便于计算，这些正弦时变电压和电流由相量 $\overline{V}$ 和 $\overline{I}$ 表示，这些相量用复数表示。

类似地，在交流电机中，在时间 t 的任何时刻，气隙中磁场的正弦空间分布 (B、H、F) 可以用空间矢量表示。在时间 t 的任何时刻，用空间矢量表示气隙中的磁场分布时，应注意以下几点：

(1) 磁场分布的峰值由空间矢量的振幅表示。

(2) 当磁场分布有其正峰值时，相对于 a 相磁轴（按惯例选择为参考轴）测量的角度 θ 由空间矢量的方向表示。

与相量类似，空间矢量用复数表述，并用黑斜体字母表示，其时变特性用参数 t 显式表达。

首先考虑 a 相。图 4.15(a) 中，在时间 t 的任意时刻，正弦分布的 a 相绕组产生的磁动势在空间上呈余弦形状（分布）；也就是说，这种分布总是沿着 a 相磁轴达到峰值，而在其他地方，它随着远离磁轴的角度 θ 的余弦而变化。

这种正弦空间分布的振幅取决于相位电流 i_a，它随时间而变化。如图 4.15(a) 所示，在任何时间 t，由 i_a 引起的磁动势分布可用空间矢量 $\boldsymbol{F}_a(t)$ 表示：

$$\boldsymbol{F}_a(t)=\frac{N_s}{2}i_a(t)\angle 0^\circ \tag{4.18}$$

$\boldsymbol{F}_a(t)$ 振幅为 $N_s/2$ 乘以 $i_a(t)$，$\boldsymbol{F}_a(t)$ 始终沿 a 相磁轴方向以 0°方向运动。a 相磁轴总是用作参考轴。类似于磁动势分布的表示法可用来表示磁通密度分布。

以类似的方式，在任何时间 t，其他两相绕组产生的磁动势分布也可以通过沿其各自磁轴在 120°和 240°处定向的空间矢量来表示，如图 4.15(a)中 i_b 和 i_c 负值所示。一般来说，在任何时刻，存在以下三个空间矢量，分别表示各自的磁动势分布：

$$\begin{aligned}\boldsymbol{F}_a(t)&=\frac{N_s}{2}i_a(t)\angle 0^\circ\\ \boldsymbol{F}_b(t)&=\frac{N_s}{2}i_b(t)\angle 120^\circ\\ \boldsymbol{F}_c(t)&=\frac{N_s}{2}i_c(t)\angle 240^\circ\end{aligned} \tag{4.19}$$

注意，在任何时间 t，气隙中磁动势的正弦分布是正弦分布绕组的结果。如图 4.15(a)所示，对于 i_a 的正值和 i_b 与 i_c 的负值(如 $i_a+i_b+i_c=0$)，这些矢量中的每一个都指向其相应的磁轴，其振幅取决于当时的绕组电流。由于有三个定子电流，合成定子磁动势分布由合成空间矢量表示，该矢量由图 4.15(b)中的矢量相加获得：

$$\boldsymbol{F}_s(t)=\boldsymbol{F}_a(t)+\boldsymbol{F}_b(t)+\boldsymbol{F}_c(t)=\hat{F}_s\angle\theta_{F_s} \tag{4.20a}$$

式中，$\hat{F}_s$ 表示该分布的峰值振幅；θ_{F_s} 表示分布正峰值所在的角位置(以 a 相磁轴为基准)，下标 s 指定子所有三相产生的组合磁动势。图 4.15(b)中此时的空间矢量 $\boldsymbol{F}_s$ 表示气隙中的磁动势分布，如图 4.15(c)所示。

对于表示组合定子磁通密度和场强分布的空间矢量，可导出类似于式 4.20(a)中的 $\boldsymbol{F}_s(t)$ 的表达式：

$$\boldsymbol{B}_s(t)=\boldsymbol{B}_a(t)+\boldsymbol{B}_b(t)+\boldsymbol{B}_c(t)=\hat{B}_s\angle\theta_{B_s} \tag{4.20b}$$

和

$$\boldsymbol{H}_s(t)=\boldsymbol{H}_a(t)+\boldsymbol{H}_b(t)+\boldsymbol{H}_c(t)=\hat{H}_s\angle\theta_{H_s} \tag{4.20c}$$

式(4.20b)和式(4.20c)定义的空间矢量表示的这三个磁场相互之间的具体关系见下文分析。

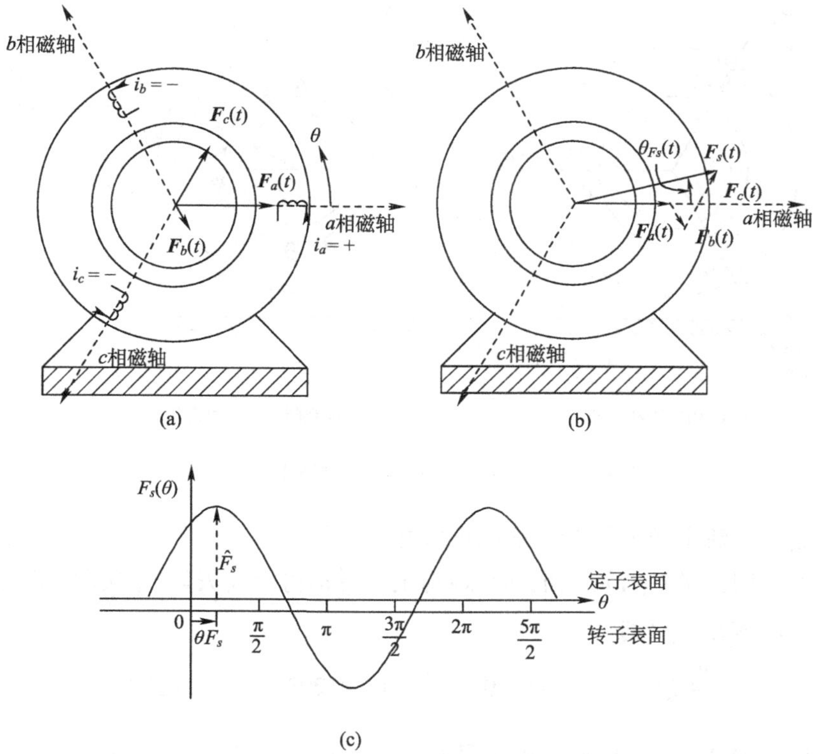

图 4.15　在 t 时磁动势空间向量在电机中的表示

3. 组合端子电流和电压的空间矢量表示

在任何时刻 t，我们都可以测量端子上的相量，如电压 $v_a(t)$ 和电流 $i_a(t)$。由于没有简单的方法显示相电流和相电压在任何给定时间都分布在空间中，因此我们不会指定空间矢量来物理表示这些相量。相反，在任何时刻 t，将定义空间矢量，以数学方式表示相电压和相电流的组合。这些空间矢量定义为其相位分量乘以各自相位轴方向的总和。

因此，在时间 t 的任何时刻，定子电流和定子电压空间矢量根据其相位分量(图 4.16(a))定义为

$$\boldsymbol{i}_s(t) = i_a(t)\angle 0° + i_b(t)\angle 120° + i_c(t)\angle 240° = \hat{I}_s(t)\angle\theta_{i_s}(t) \tag{4.21}$$

$$\boldsymbol{v}_s(t) = v_a(t)\angle 0° + v_b(t)\angle 120° + v_c(t)\angle 240° = \hat{V}_s(t)\angle\theta_{v_s}(t) \tag{4.22}$$

式中，下标 s 指定子的组合数量。将在后面看到，这个数学描述对理解交流电机的操作和控制有巨大的帮助。

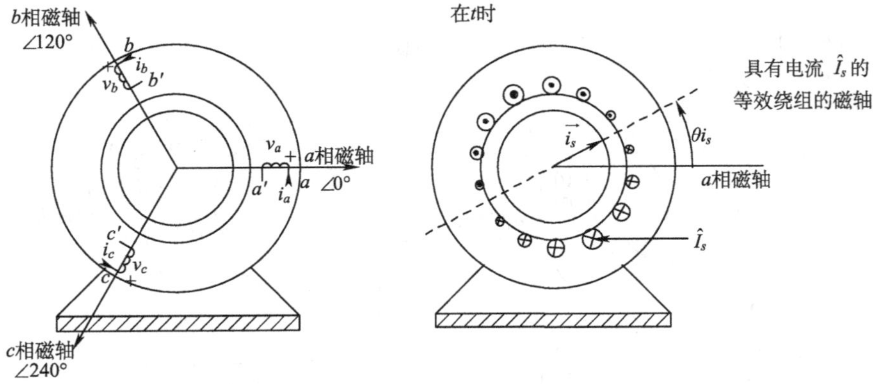

(a) 相电压和电流　　(b) 当前空间矢量的物理解释

图 4.16　组合端子电流和电压的空间矢量表示

1) 定子电流空间矢量 $\boldsymbol{i}_s(t)$ 的物理解释

电流空间矢量 $\boldsymbol{i}_s(t)$ 可以很容易地与定子磁动势空间矢量 $\boldsymbol{F}_s$ 关联。将式(4.21)的两边乘以 $N_s/2$，得到

$$\frac{N_s}{2}\boldsymbol{i}_s(t)=\frac{N_s}{2}i_a(t)\angle 0°+\frac{N_s}{2}i_b(t)\angle 120°+\frac{N_s}{2}i_c(t)\angle 240° \tag{4.23a}$$

使用式(4.20)，三相磁动势空间矢量之和为合成定子空间矢量，即

$$\frac{N_s}{2}\boldsymbol{i}_s(t)=\boldsymbol{F}_s(t) \tag{4.23b}$$

因此

$$\boldsymbol{i}_s(t)=\frac{\boldsymbol{F}_s(t)}{N_s/2} \tag{4.24}$$

可得

$$\hat{I}_s(t)=\frac{F_s(t)}{(N_s/2)}\ \text{和}\ \theta_{i_s}(t)=\theta_{F_s}(t)$$

式(4.24)表明，矢量 $\boldsymbol{i}_s(t)$ 和 $\boldsymbol{F}_s(t)$ 仅由标量常数 $N_s/2$ 关联。因此，它们具有相同的方向，并且它们的振幅与 $N_s/2$ 有关。在任何时刻 t，式(4.24)具有以下解释：

i_a、i_b 和 i_c 流经其各自正弦分布相绕组(各有 N_s 匝)时产生的气隙中的组合磁动势分布与图 4.16(b) 中电流 $\hat{I}_s$ 流经其轴定向为 $\theta_{i_s}(t)$ 的等效正弦分布定子绕组时产生的气隙中的组合磁动势分布相同。该等效绕组也有 N_s 匝。

该结论非常有用，可以通过计算作用于具有电流 $\hat{I}_s$ 的单个等效绕组上的扭矩，在任何时刻获得作用于所有三相绕组上的组合扭矩。

下面使用$\boldsymbol{i}_s(t)$来关联由于三个定子相绕组电流的组合效应而产生的磁场量。式(4.14)～式(4.16)表明，i_a流经 a 相绕组产生的场分布 H_a、B_a和 F_a与标量常数有关。由于假设磁路为非饱和磁路，并适用叠加原理，由 i_a、i_b和 i_c同时流动引起的气隙中的组合磁场也是如此。因此，可以用$\boldsymbol{i}_s(t)$来表示$\boldsymbol{B}_s(t)$和$\boldsymbol{H}_s(t)$，类似于$\boldsymbol{F}_s(t)$的式(4.23b)(下面重复这一点)：

$$
\begin{aligned}
\boldsymbol{F}_s(t) &= \frac{N_s}{2}\boldsymbol{i}_s(t) \\
\boldsymbol{H}_s(t) &= \frac{N_s}{2l_g}\boldsymbol{i}_s(t) \\
\boldsymbol{B}_s(t) &= \frac{\mu_0 N_s}{2l_g}\boldsymbol{i}_s(t)
\end{aligned}
\tag{4.25a}
$$

式(4.25a)中的关系表明，这些定子空间矢量(转子电路电气开路)在任何时刻都是共线的(即它们指向同一方向)。得出了峰值之间的关系为

$$
\hat{F}_s = \frac{N_s}{2}\hat{I}_s, \qquad \hat{H}_s = \frac{N_s}{2l_g}\hat{I}_s, \qquad \hat{B}_s = \frac{\mu_0 N_s}{2l_g}\hat{I}_s \tag{4.25b}
$$

2)空间矢量$\boldsymbol{i}_s(t)$和$\boldsymbol{v}_s(t)$的相位分量

如果图 4.17(a)中的三个定子绕组以 Y 形布置连接，则根据基尔霍夫电流定律，它们的电流之和在任何时刻 t 为零：$i_a(t)+i_b(t)+i_c(t)=0$。

因此，如图 4.17(b)所示，在任何时刻 t，空间矢量由一组独特的相量构成，该相量可通过将空间矢量沿三个轴的投影乘以 2/3 获得(注意，如果不要求相位电流加起来等于零，则会有无限多个相位分量组合)。

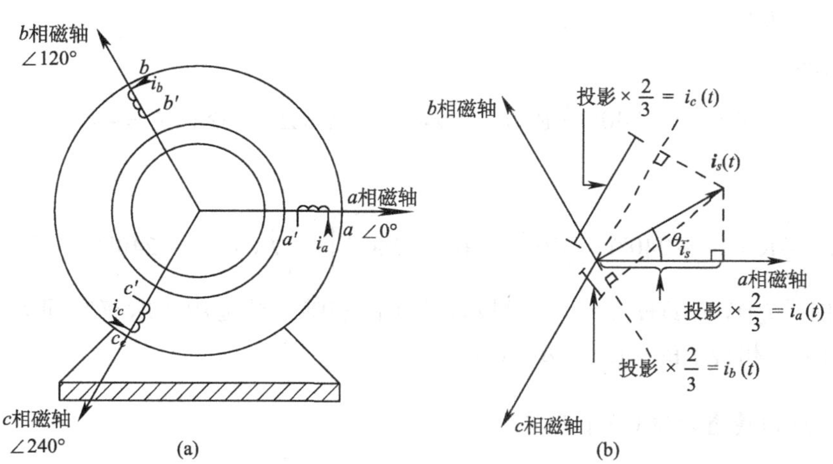

图 4.17　空间矢量的相位分量

此图解法基于下面描述的数学推导。首先，引入以下函数关系。

$$1\angle\theta = \mathrm{e}^{\mathrm{j}\theta} = \cos\theta + \mathrm{j}\sin\theta \tag{4.26}$$

式(4.26)的实部为

$$\mathrm{Re}(1\angle\theta) = \cos\theta \tag{4.27}$$

因此，从数学上讲，可以获得空间矢量(如$\boldsymbol{i}_s(t)$)的相位分量。将式(4.21)中$\boldsymbol{i}_s(t)$表达式的两侧分别乘以$1\angle 0°$、$1\angle -120°$和$1\angle -240°$。将等式两边的实部相等，并采用$i_a(t)+i_b(t)+i_c(t)=0$的条件。

(1)求i_a：

因为

$$\mathrm{Re}(\boldsymbol{i}_s\angle 0°) = i_a + \mathrm{Re}(i_b\angle 120°) + \mathrm{Re}(i_c\angle 240°) = \frac{3}{2}i_a$$

所以

$$i_a = \frac{2}{3}\mathrm{Re}(\boldsymbol{i}_s\angle 0°) = \frac{2}{3}\mathrm{Re}(\hat{I}_s\angle\theta_{i_s}) = \frac{2}{3}\hat{I}_s\cos\theta_{i_s} \tag{4.28a}$$

(2)求i_b：

因为

$$\mathrm{Re}(\boldsymbol{i}_s\angle -120°) = \mathrm{Re}(i_a\angle -120°) + i_b + \mathrm{Re}(i_c\angle 120°) = \frac{3}{2}i_b$$

所以

$$i_b = \frac{2}{3}\mathrm{Re}(\boldsymbol{i}_s\angle -120°) = \frac{2}{3}\mathrm{Re}\left[\hat{I}_s\angle(\theta_{i_s} - 120°)\right] = \frac{2}{3}\hat{I}_s\cos(\theta_{i_s} - 120°) \tag{4.28b}$$

(3)求i_c：

因为

$$\mathrm{Re}(\boldsymbol{i}_s\angle -240°) = \mathrm{Re}(i_a\angle -240°) + \mathrm{Re}(i_b\angle -120°) + i_c = \frac{3}{2}i_c$$

所以

$$i_c = \frac{2}{3}\mathrm{Re}(\boldsymbol{i}_s\angle -240°) = \frac{2}{3}\mathrm{Re}\left[\hat{I}_s\angle(\theta_{i_s} - 240°)\right] = \frac{2}{3}\hat{I}_s\cos(\theta_{i_s} - 240°) \tag{4.28c}$$

由于$i_a(t)+i_b(t)+i_c(t)=0$，可以证明相同的唯一性适用于所有空间矢量的分量，如定子和转子的$\boldsymbol{v}_s(t)$、$\boldsymbol{B}_s(t)$等。

4. 正弦稳态励磁(转子开路)

假定在稳态旋转频率f上对定子施加一组正弦波电压，并假定转子是开路的。首先忽略定子绕组电阻R_s和漏电感L_{ls}。

在稳定状态下，对图 4.18(a)中的绕组施加电压(在转子开路的情况下)会产生磁化电流。这些磁化电流由式(4.29)下标加上 m 表示，并绘制在图 4.18(b)中。

$$i_{ma}=\hat{I}_m\cos\omega t,\quad i_{mb}=\hat{I}_m\cos\left(\omega t-\frac{2\pi}{3}\right),\quad i_{mc}=\hat{I}_m\cos\left(\omega t-\frac{4\pi}{3}\right) \tag{4.29}$$

式中，$\hat{I}_m$ 是磁化电流的峰值，时间原点选择为 $i_{ma}(t)$ 的正峰值。

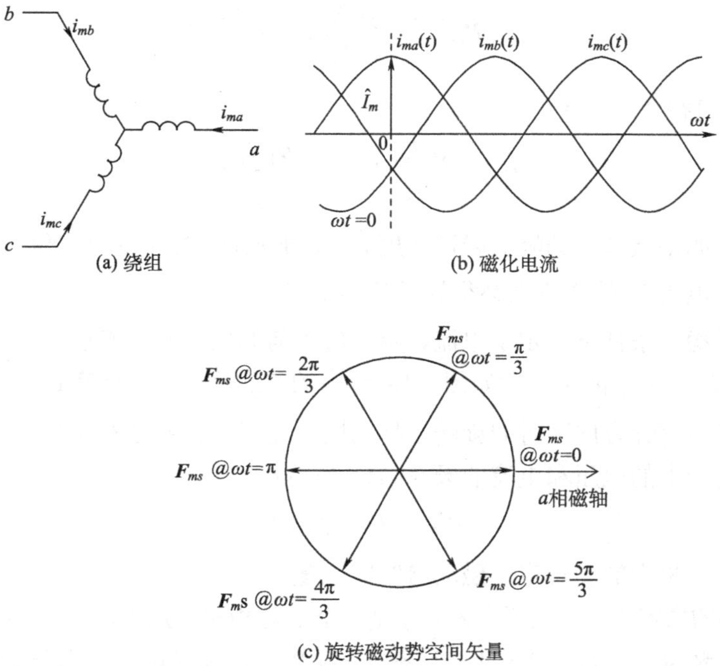

图 4.18　正弦稳态励磁

1) 旋转定子磁动势空间矢量

将励磁电流随时间正弦变化的公式代入式(4.21)，则定子励磁电流空间矢量为

$$\boldsymbol{i}_{ms}(t)=\hat{I}_m\left[\cos\omega t\angle 0^\circ+\cos\left(\omega t-\frac{2\pi}{3}\right)\angle 120^\circ+\cos\left(\omega t-\frac{4\pi}{3}\right)\angle 240^\circ\right] \tag{4.30}$$

式中，方括号内的表达式可以简化为$\frac{3}{2}\angle\omega t$，得到

$$\boldsymbol{i}_{ms}(t)=\frac{3}{2}\hat{I}_m\angle\omega t=\hat{I}_{ms}\angle\omega t \tag{4.31}$$

式中，$\hat{I}_{ms}=\frac{3}{2}\hat{I}_m$。

从式(4.25a)可得

$$\boldsymbol{F}_{ms}(t)=\frac{N_s}{2}\boldsymbol{i}_{ms}(t)=\hat{F}_{ms}\angle\omega t \tag{4.32}$$

式中，$\hat{F}_{ms}=\frac{N_s}{2}\hat{I}_{ms}=\frac{3}{2}\frac{N_s}{2}\hat{I}_m$。

同样地，再次使用式(4.25a)，有

$$\boldsymbol{B}_{ms}(t)=\frac{\mu_0 N_s}{2l_g}\boldsymbol{i}_{ms}(t) \tag{4.33}$$

由式(4.33)可得

$$\hat{B}_{ms}=\frac{\mu_0 N_s}{2l_g}\hat{I}_{ms}=\frac{3}{2}\frac{\mu_0 N_s}{2l_g}\hat{I}_m$$

注意，如果气隙中的峰值磁通密度 $\hat{B}_{ms}$ 处于式(4.33)中的额定值，则 $\hat{I}_{ms}$ 以及各相中磁化电流 $\hat{I}_m$ 的峰值也必须处于其额定值。

在正弦稳态条件下，定子电流、定子磁动势和气隙磁通密度空间矢量具有恒定的振幅（$\hat{I}_{ms}$、$\hat{F}_{ms}$ 和 $\hat{B}_{ms}$）。如图 4.18(c)中的 $\boldsymbol{F}_{ms}(t)$ 所示，所有这些空间矢量都以恒定速度逆时针方向随时间旋转，称为同步速度 ω_{syn} 在 2 极电机中，该速度等于施加在定子上的电压和电流的频率 $\omega(=2\pi f)$：

$$\omega_{\text{syn}}=\omega,\quad p=2 \tag{4.34}$$

2) 多极电机中的旋转定子磁动势空间矢量

在前面的内容中，主要研究的对象是一个 2 极电机。通常，在 p 极电机中，电流和电压频率为 $f(=\omega/(2\pi))$ 的正弦稳态会产生以一定速度旋转的磁动势空间矢量：

$$\omega_{\text{syn}}=\frac{\omega}{p/2},\quad \frac{p}{2}=\text{极对数} \tag{4.35}$$

在多极电机的空间矢量中，可以像在 2 极电机中一样绘制三个磁轴，但现在这些轴被分离 120°。因此，一个完整的电激励循环会导致空间矢量以式(4.35)中给出的同步速度旋转 360°；也就是说，在空间矢量图中，空间矢量返回到它开始的位置。这相当于电机内部 360/(p/2)度的旋转。

3) 平衡三相正弦稳态（$\boldsymbol{v}_s(t)|_{t=0}\Leftrightarrow\bar{V}_a$ 和 $\boldsymbol{i}_{ms}|_{t=0}\Leftrightarrow\bar{I}_{ma}$）中空间矢量与相量的关系

在图 4.18(b)中，注意，在 $\omega t=0$ 处，a 相的磁化电流 i_{ma} 处于其正峰值。对应于该时间 $\omega t=0$，空间向量 $\boldsymbol{i}_{ms}$、$\boldsymbol{F}_{ms}$ 和 $\boldsymbol{B}_{ms}$ 沿图 4.18(c)中的 a 相磁轴方向。类似地，在 $\omega t=2\pi/3$ rad 或 120°时，b 相的 i_{mb} 达到其正峰值。相应地，空间矢量 $\boldsymbol{i}_{ms}$、$\boldsymbol{F}_{ms}$ 和 $\boldsymbol{B}_{ms}$ 沿着 b 相磁轴方向，在 a 相磁轴之前 120°。因此，可以得出结论，在

平衡三相正弦稳态下，当相电压(或相电流)处于其正峰值时，组合定子电压(或电流)空间矢量将沿该相磁轴方向重合。

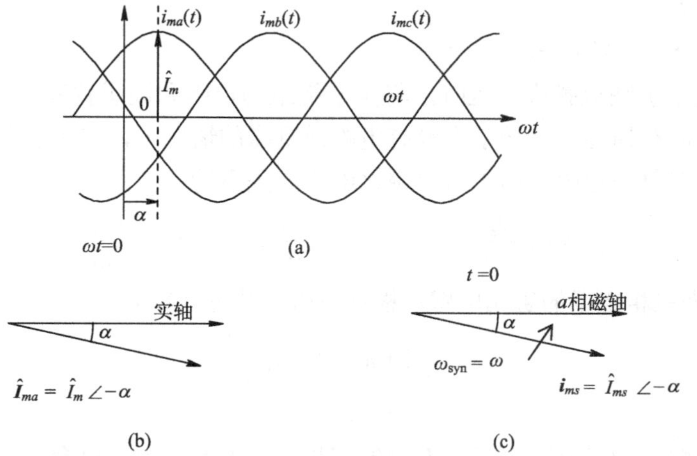

图 4.19　平衡三相正弦稳态下空间矢量和相量之间的关系

综上，在平衡三相正弦稳态下，任意选择一些时间作为图 4.19(a)中的原点 $t=0$，以便电流 i_{ma} 在稍后的时间 $\omega t=\alpha$ 达到其正峰值。a 相电流可表示为

$$i_{ma} = \hat{I}_m \cos(\omega t - \alpha) \tag{4.36}$$

并由下面的相量表示，如图 4.19(b)的相量图所示。

$$\overline{I}_{ma} = \hat{I}_m \angle -\alpha \tag{4.37a}$$

a 相电流 $i_{ma}(t)$ 在 $\omega t=\alpha$ 处达到其正峰值。因此，在 $t=0$ 时，空间矢量 $\boldsymbol{i}_{ms}$ 将如图 4.19(c)所示，位于 a 相磁轴后面一个角度 α 处，因此，当 $t=0$ 时，有

$$\boldsymbol{i}_{ms}\big|_{t=0} = \hat{I}_{ms} \angle -\alpha \tag{4.37b}$$

式中，$\hat{I}_{ms} = \dfrac{2}{3}\hat{I}_m$。

结合式(4.37a)和式(4.37b)，有

$$\boldsymbol{i}_{ms}\big|_{t=0} = \frac{3}{2}\overline{I}_{ma} \tag{4.38}$$

式中，等号左侧数学上表示时间 $t=0$ 时的组合电流空间矢量；等号右侧 $\overline{I}_{ma}$ 为相位 a 电流相量表示。

在正弦稳态下，式(4.38)说明了空间矢量和相量之间的重要关系：

(1) a 相电压(或电流)的相量方向与 $t=0$ 时组合定子电压(或电流)空间矢量的方向相同。

(2) 组合定子电压（或电流）空间矢量的幅值比相量幅值大 1.5 倍。

注意，知道相位 a 的相量就足够了，因为其他的相量相对于彼此位移 120°并且有相等的大小。

4) 定子绕组感应电压

在讨论定子绕组感应电压时，将定子绕组的电阻和漏感置零，如图 4.20(a) 所示。忽略所有损耗，在转子中没有电路或励磁的情况下，定子绕组表现为纯电感。因此，在每一相中，相电压与磁化电流的关系为

$$e_{ma}=L_m\frac{\mathrm{d}i_{ma}}{\mathrm{d}t},\quad e_{mb}=L_m\frac{\mathrm{d}i_{mb}}{\mathrm{d}t},\quad e_{mc}=L_m\frac{\mathrm{d}i_{mc}}{\mathrm{d}t} \tag{4.39}$$

式中，L_m 为三相定子的磁化电感，根据电机参数可计算为

$$L_m=\frac{3}{2}\left[\frac{\pi\mu_0 rl}{l_g}\left(\frac{N_s}{2}\right)^2\right] \tag{4.40}$$

式中，r 为半径；l 为转子长度；l_g 为气隙长度。方括号内的组合为 2 极电机中每个定子相绕组的单相自感 $L_{m,单相}$，即

$$L_{m,单相}=\frac{\pi\mu_0 rl}{l_g}\left(\frac{N_s}{2}\right)^2 \tag{4.41}$$

由于三相之间的相互耦合，式(4.40)中的 L_m 比 $L_{m,单相}$ 大 1.5 倍：

$$L_m=\frac{3}{2}L_{m,单相} \tag{4.42}$$

在平衡正弦稳态下，假设 i_{ma} 在 $\omega t=90°$处达到峰值，画出如图 4.20(b) 所示的三相相量图，其中

$$\overline{E}_{ma}=(\mathrm{j}\omega L_m)\overline{I}_{ma} \tag{4.43}$$

a 相的相量电路图如图 4.20(c) 所示，$t=0$ 时 $\boldsymbol{e}_{ms}$ 和 $\boldsymbol{i}_{ms}$ 的相应组合空间矢量图，如图 4.20(d) 所示。一般来说，在任何时刻 t，有

$$\boldsymbol{e}_{ms}(t)=(\mathrm{j}\omega L_m)\boldsymbol{i}_{ms}(t) \tag{4.44}$$

由式(4.44)可得

$$\hat{E}_{ms}=(\omega L_m)\hat{I}_{ms}=\frac{3}{2}(\omega L_m)\hat{I}_m$$

在式(4.44)中，由式(4.25a)中的 $\boldsymbol{B}_{ms}(t)$ 代入 $\boldsymbol{i}_{ms}(t)$，由式(4.40)代入 L_m 得

$$\boldsymbol{e}_{ms}(t)=\mathrm{j}\omega\left(\frac{3}{2}\pi rl\frac{N_s}{2}\right)\boldsymbol{B}_{ms}(t) \tag{4.45}$$

式(4.45)显示了一个重要的关系：定子绕组中的感应电压可以解释为由旋转磁通

密度分布引起的反向电动势。这个用 $\boldsymbol{B}_{ms}(t)$ 表示的磁通密度分布，以 ω_{syn} 的速度（在 2 极电机中等于 ω）旋转，并切割定子相绕组的静止导体。对于具有 $p>2$ 的多极电机也可以推导出类似的表达式。

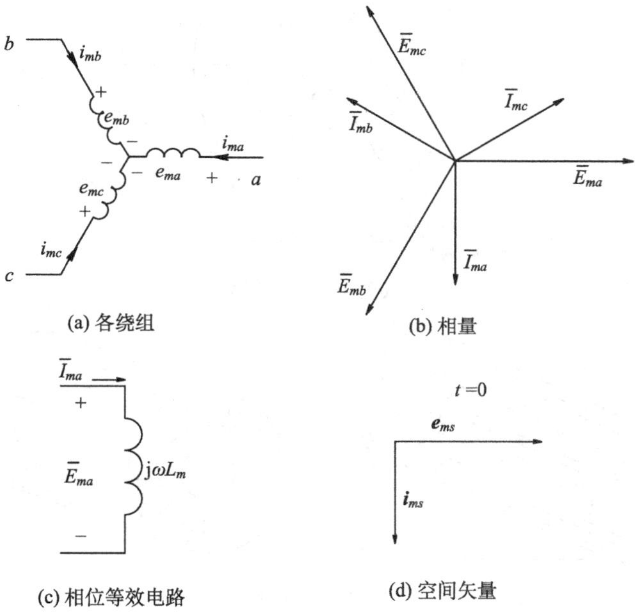

图 4.20　绕组电流和感应电动势

4.2.2　感应电机

感应电机称为工业的主力，是特斯拉的伟大发明。它在工业经济中发挥着重要作用。最近，美国产生的电力有一半是由风扇、压缩机、泵和其他设备中的感应电动机消耗的。在电动汽车(EV)的开发中，感应电机是通用汽车 EV1 和特斯拉 Model S 的首选机器。

1. 三相笼型感应电机的结构

感应电机的定子由三相绕组组成，在定子槽中呈正弦分布。如图 4.21(a)中的轴线所示，这三个绕组在空间上相互位移 120°。转子由一堆绝缘叠片组成，靠近转子铁心外表面均匀开槽，槽里嵌放导条，导条一般用铜条或铸铝制成，导条的两端用端环连接，从而产生笼型结构，如图 4.21(b)所示。这种转子称为笼型转子，结构简单，成本低，坚固耐用。

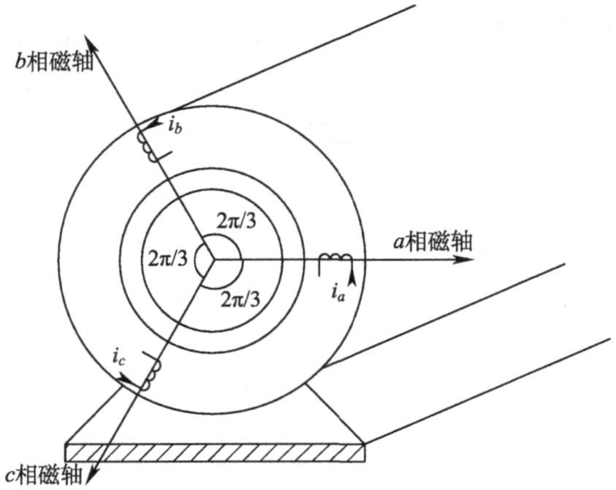

(a) 三相定子绕组轴

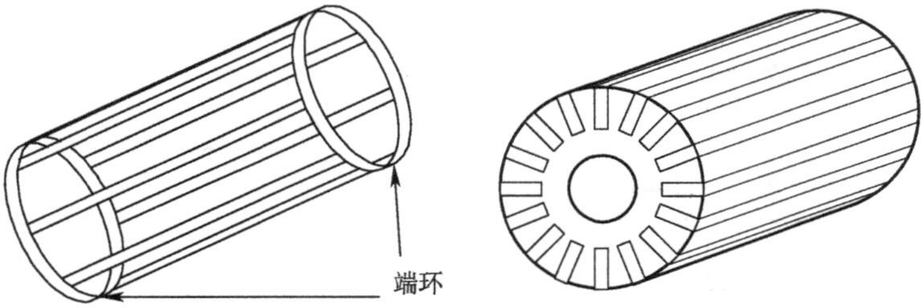

(b) 笼型转子

图 4.21　　三相定子绕组轴及笼型转子

2. 感应电机的工作原理

首先给定子绕组施加一组额定振幅和频率的正弦电压。以一个 2 极电机结构为模型，后续可以扩展到 $p>2$ 的多极电机。

图 4.22 为定子绕组等效电路。在正弦稳态条件下，电机中性点 n 电源中性点的电势相同。因此，电源电压 v_a 等出现在各相绕组上，如图 4.22(a)所示。这些相电压如图 4.22(b)的相量图所示，其中

$$\overline{V}_a=\hat{V}\angle 0°,\quad \overline{V}_b=\hat{V}\angle -120°,\quad \overline{V}_c=\hat{V}\angle -240° \tag{4.46}$$

$f(=\omega/2\pi)$为施加到电机的线电压的频率。

为了简化分析，首先设定子绕组的电阻为零($R_s=0$)，磁通为零($L_{ls}=0$)。每个定子绕组产生的所有磁通穿过气隙，并与其他两个定子绕组和转子相连。

1)转子开路

首先，设转子具有磁性，转子电路以某种方式开路，因此没有电流流动。因此，根据 4.2.1 节的分析，式(4.46)中给出的定子电压仅产生以下磁化电流，从而

确定气隙中的旋转磁通密度分布：

$$\overline{I}_{ma}=\hat{I}_m\angle-90^\circ,\quad \overline{I}_{mb}=\hat{I}_m\angle-210^\circ,\quad \overline{I}_{mc}=\hat{I}_m\angle-330^\circ \tag{4.47}$$

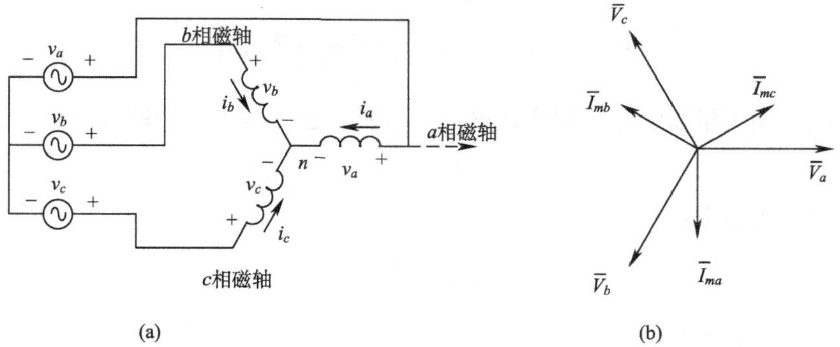

图 4.22　定子绕线等效电路

这些相量如图 4.22(b)所示，其中，就每相磁化电感 L_m 而言，磁化电流的幅值为

$$\hat{I}_m=\frac{\hat{V}}{\omega L_m} \tag{4.48}$$

$t=0$ 时的空间矢量如图 4.23(a)所示，其中，根据 4.2.1 节的分析可得

$$\boldsymbol{v}_s(t)=\frac{3}{2}\hat{V}\angle\omega t \tag{4.49}$$

$$\boldsymbol{i}_{ms}(t)=\frac{3}{2}\hat{I}_m\angle\left(\omega t-\frac{\pi}{2}\right) \tag{4.50}$$

$$\boldsymbol{B}_{ms}(t)=\frac{\mu_0 N_s}{2l_g}\hat{I}_{ms}\angle\left(\omega t-\frac{\pi}{2}\right) \tag{4.51}$$

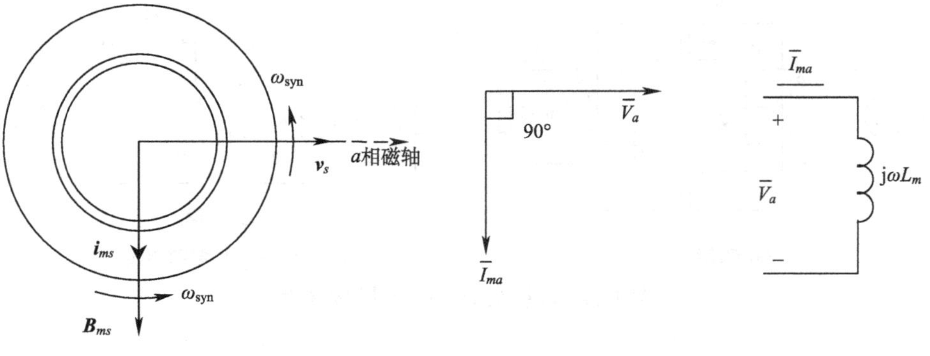

(a) $t=0$时刻的空间矢量表示　(b) a相的电压和电流相量　(c) a相等效电路

图 4.23　转子开路

由式(4.51)得

$$\hat{B}_{ms}=\frac{3}{2}\frac{\mu_0 N_s}{2l_g}\hat{I}_m$$

$$\boldsymbol{v}_s(t)=\boldsymbol{e}_{ms}(t)=\mathrm{j}\omega\left(\frac{3}{2}\pi rl\frac{N_s}{2}\right)\boldsymbol{B}_{ms}(t) \tag{4.52}$$

这些空间矢量以恒定的同步速度 ω_{syn} 旋转，在 2 极电机中的转速表达式为

$$\omega_{\mathrm{syn}}=\omega \tag{4.53}$$

对于 p 极电机：

$$\omega_{\mathrm{syn}}=\frac{\omega}{p/2}$$

2)转子短路

施加在定子上的电压决定了磁化电流(见式(4.47)和式(4.48))和磁通密度分布，在式(4.51)中用 $\boldsymbol{B}_{ms}(t)$ 表示，并切割定子绕组。假设定子绕组电阻和漏感为零，该磁通密度分布不受转子电路中电流的影响，可以用下面的变压器等效。

变压器等效：图 4.24(a)所示为双绕组变压器，其中引入了两个气隙，使等效模型更接近感应电机的情况，磁通线必须穿过气隙两次的。忽略初级绕组电阻和漏感(类似于忽略定子绕组电阻和漏感)。变压器等效电路如图 4.24(b)所示。根据法拉第定律，电压 $v_1(t)$ 和连接初级绕组的磁通 $\Phi_m(t)$ 建立以下关系：

$$v_1=N_1\frac{\mathrm{d}\Phi_m}{\mathrm{d}t} \tag{4.54}$$

或者，以积分形式表达：

$$\Phi_m(t)=\frac{1}{N_1}\int v_1\cdot\mathrm{d}t \tag{4.55}$$

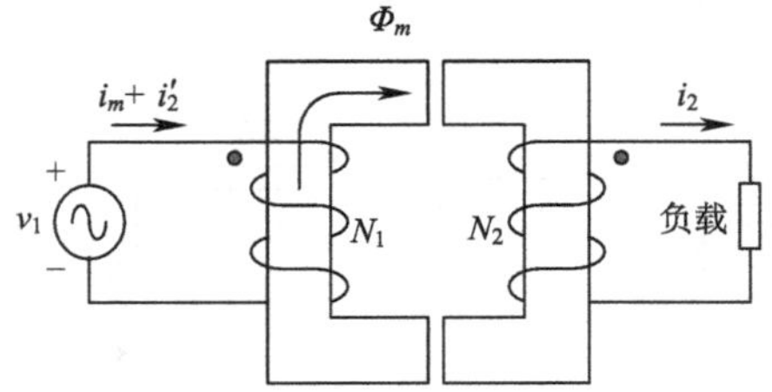

(a) 双绕组变压器

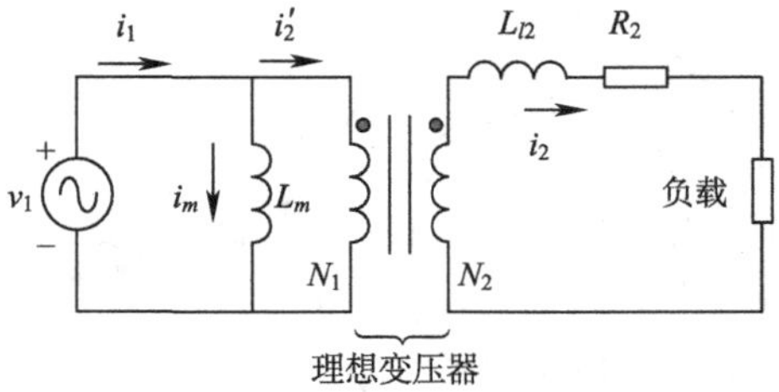

(b) 双绕组变压器等效电路

图 4.24　双绕组变压器及其等效电路

这表明，在该变压器中，连接一次绕组的磁通 $\Phi_m(t)$ 完全由 $v_1(t)$ 的时间积分决定，与二次绕组中的电流 i_2 无关。

图 4.24(b)中的变压器等效电路证实了这一结果，其中磁化电流 i_m 完全由 $v_1(t)$ 的时间积分决定，与电流 i_2 和 i_2' 无关：

$$i_m(t) = \frac{1}{L_m}\int v_1 \cdot \mathrm{d}t \tag{4.56}$$

图4.24(b)的理想变压器部分中，负载电流 $i_2(t)$ 产生的安匝数被一次绕组产生的附加电流 $i_2'(t)$ 抵消，从而有

$$N_1 i_2'(t) = N_2 i_2(t), \quad i_2'(t) = \frac{N_2}{N_1} i_2(t) \tag{4.57}$$

因此，一次绕组的总电流为

$$i_1(t) = i_m(t) + \frac{N_2}{N_1} i_2(t) \tag{4.58}$$

回到对感应电机的讨论，转子由短路笼组成，短路笼由转子导条和两个端环组成。无论转子电路中发生什么情况，切割定子绕组的磁通密度分布必须保持与假设转子开路时相同，如式(4.51)中的 $\boldsymbol{B}_{ms}(t)$ 所示。

假设转子以与空间矢量旋转方向相同的速度 ω_m 转动(其中产生的电磁转矩，稍后将讨论)，空间矢量表示定子电压和气隙磁通密度分布。假设 $\omega_m < \omega_{\text{syn}}$，时间 $t = 0$ 的空间矢量如图 4.25(a)的横截面所示。

在以 ω_{syn} 旋转的定子磁场和以 ω_m 旋转的转子导体磁场之间存在相对速度。该相对速度即转子相对于定子旋转的速度差称为转差速度：

$$\omega_{\text{slip}} = \omega_{\text{syn}} - \omega_m \tag{4.59}$$

根据法拉第定律($e = Blu$)，由于磁通密度分布和转子之间的相对运动，转子回路中会产生电压。此时 $t = 0$，位于图 4.25(a)中与 $\boldsymbol{B}_{ms}$ 夹角 θ 处的导体棒切割了磁感应强度 $B_{ms}(\theta)$。定子磁场中，在 θ 角位置以 ω_{slip} 转差速度或 $u = r\omega_{\text{slip}}$ 转差速度向前移动，其中 r 为半径。为了确定该转子导条中感应的电压，设磁通密度分布是固定的，并且导条(在角度 θ)在速度 u 的相反方向上移动，如图 4.25(b)所示。因此，导条中感应的电动势可以表示为

$$e_{\text{bar}}(\theta) = B_{ms}(\theta) l r \omega_{\text{slip}} \tag{4.60}$$

式中，l 为导条的长度；r 为半径。感应电压的方向可以通过可视化的方式来确定，在导条中的正电荷 q 上，力 $\boldsymbol{f}_q$ 等于 $\boldsymbol{u}\times\boldsymbol{B}$，其中 $\boldsymbol{u}$ 和 $\boldsymbol{B}$ 是图 4.25(b)所示的矢量。该力将导致正电荷向棒的前端移动，从而确定棒的前端相对于后端具有正电势，如图 4.25(a)所示。

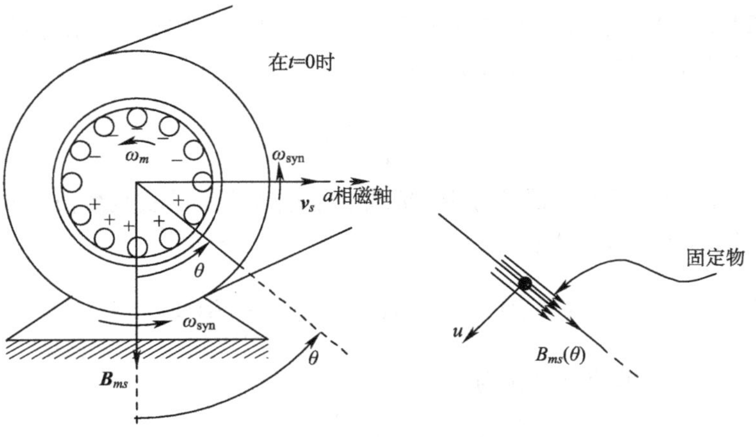

(a) 转子导条感应电压　(b) 转子导体相对于磁场的运动

图 4.25　转子导条感应电压和转子导体相对于磁场的运动

在任何时候，定子磁场分布都随角度 θ 与其正峰值的余弦而变化。因此，式(4.60)中，$B_{ms}(\theta)=\hat{B}_{ms}\cos\theta$，所以

$$e_{\text{bar}}(\theta)=lr\omega_{\text{slip}}\hat{B}_{ms}\cos\theta \tag{4.61}$$

(1)转子漏感为零。

假设转子笼无漏感，也就是 $L'_{lr}=0$，即转子没有漏磁，转子导条中电流产生的所有磁通穿过气隙并连接(或切割)定子绕组。在任何时候，两端短路的导电端环在每个笼型转子导条中的电流与导条电阻 R_{bar} 成反比。

在图 4.26(a)中，$t=0$ 时，转子感应电动势在导条的顶部和底部中为最大值，切割峰值磁通密度。在其他地方，转子导条中的感应电动势取决于 $\cos\theta$，如式(4.61)所示。图 4.26(a)显示了导条近端感应电压的极性。图 4.26(b)显示了图 4.26(a)所示转子横截面相对应的电气等效电路。电压源的大小表示感应电动势的大小。由于该电路的对称性，很容易想象两个端环(假设其自身电阻可以忽略不计)处于相同的电位。因此，与正磁通密度峰值位置成 θ 角的转子导条的电流等于感应电压除以导条电阻：

$$i_{\text{bar}}(\theta)=\frac{e_{\text{bar}}(\theta)}{R_{\text{bar}}}=\frac{lr\omega_{\text{slip}}\hat{B}_{ms}\cos\theta}{R_{\text{bar}}} \tag{4.62}$$

其中，每根导条都有一个电阻 R_{bar}。

根据式(4.62)，此时顶部和底部导条的电流最大，如图 4.27(a)中的最大圆圈所示；在其他地方，电流的大小取决于 $\cos\theta$，其中 θ 是图 4.26(a)中定义的任何导条的角位置。

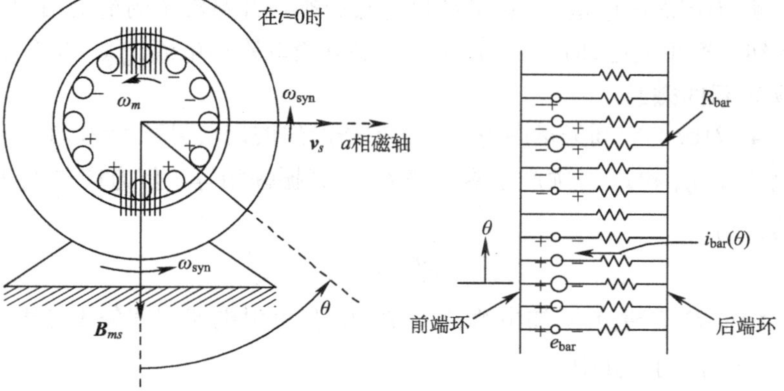

(a) 感应电压的极性　　　　(b) 转子等效电路

图 4.26　感应电压的极性和转子等效电路

注意，转子周围具有均匀的导条密度，如图 4.26(a)所示。图 4.27(a)中圆圈的大小表示相对电流大小。正弦转子电流分布不同于定子各相绕组中的电流分布，定子各相绕组具有正弦分布的导体密度，但流过每个导体的电流相同。尽管存在这一关键差异，但结果是相同的：为了在气隙中产生正弦磁场分布，安匝数也需要正弦分布。在具有均匀导条密度的转子中，由于各种转子导条中的电流在任何时刻都随位置呈正弦分布，所以实现了正弦安匝数分布。

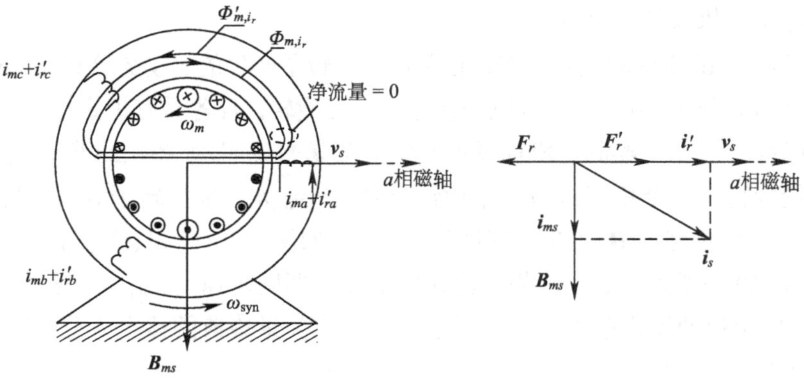

(a) 转子产生的磁通 Φ_{m,i_r} 和磁通 $\Phi_{m,i_r'}$　　　　(b) 短路转子的空间矢量图 L'_{lr}

图 4.27　在 t=0 时转子产生的磁通和短路转子的空间矢量图

转子导体电流的综合效应是产生作用于气隙的正弦分布磁动势。该磁动势可由空间矢量 $\boldsymbol{F}_r(t)$ 表示，如图 4.27(b)在 $t=0$ 时所示。转子产生磁动势，由此产生的磁通切割定子绕组，如图 4.27(a)中的 Φ_{m,i_r} 所示。正如前面通过变压器类比所论证的，切断定子绕组电压的净磁通密度分布必须与开路转子的情况相同。因此，为了消除转子产生的磁通 Φ_{m,i_r} ，定子绕组必须吸取附加电流 i'_{ra} 、 i'_{rb} 和 i'_{rc} ，以产生 Φ_{m,i'_r} 所表示的磁通。

在图 4.27(b)的空间矢量图中，转子导条产生的磁动势在 $t=0$ 时表示为 $\boldsymbol{F}_r$ 。定子电流 i'_{ra} 、 i'_{rb} 和 i'_{rc} 必须产生磁动势 $\boldsymbol{F}'_r$ ，其振幅相等，但方向与 $\boldsymbol{F}_r$ 相反，以便抵消其影响：

$$\boldsymbol{F}'_r = -\boldsymbol{F}_r \tag{4.63}$$

定子绕组 $\boldsymbol{F}'_r$ 产生的附加电流 i'_{ra} 、 i'_{rb} 和 i'_{rc} 可用电流空间矢量 $\boldsymbol{i}'_{\mathrm{r}}$ 表示，如图 4.27(b)所示，$t=0$，其中

$$\boldsymbol{i}'_r = \frac{\boldsymbol{F}'_r}{N_s/2}, \quad I'_r = i'_r \text{ 的振幅} \tag{4.64}$$

定子总电流 $\boldsymbol{i}_{\mathrm{s}}$ 是两个分量的矢量和：$\boldsymbol{i}_{ms}$ 用于建立磁化场，$\boldsymbol{i}'_r$ 用于中和转子产生的磁动势：

$$\boldsymbol{i}_s = \boldsymbol{i}_{ms} + \boldsymbol{i}'_r \tag{4.65}$$

这些空间矢量如图 4.27(b)中 $t = 0$ 处所示。式(4.62)表明转子导体电流与磁通密度峰值和转差速度成正比。因此，抵消磁动势峰值和峰值电流 $\hat{I}'_r$ 也必须与 $\hat{B}_{ms}$ 和 ω_{slip} 转差速度成正比。这种关系可以表示为

$$\hat{I}'_r = k_i \hat{B}_{ms} \omega_{\mathrm{slip}}, \quad k_i = \text{常数} \tag{4.66}$$

式中， k_i 是电机设计的常数。

在图 4.27(b)所示的正弦稳态运行条件下，转子产生的磁动势分布(由 $\boldsymbol{F}_r$ 表示)和补偿磁动势分布(由 $\boldsymbol{F}'_r$ 表示)以同步速度 ω_{syn} 旋转，且各具有恒定振幅。这可以通过在任意时间 $t_1>0$ 绘制电机横截面和空间矢量来说明，如图 4.28 所示，其中 $\boldsymbol{B}_{ms}$ 空间矢量旋转了一个角度 $\omega_{\mathrm{syn}}t_1$ ，因为 $\boldsymbol{v}_s$ 旋转了 $\omega_{\mathrm{syn}}t_1$ 。根据转子导条中感应的电压和电流， $\boldsymbol{F}_r$ 仍然比 $\boldsymbol{B}_{ms}$ 空间矢量落后 90° ，如图 4.27(a)和(b)所示。这意味着 $\boldsymbol{F}_r(t)$ 和 $\boldsymbol{F}'_r(t)$ 矢量以与 $\boldsymbol{B}_{ms}(t)$ 相同的速度旋转，即同步速度 ω_{syn} 。在给定的 ω 滑移和 $\boldsymbol{B}_{ms}$ 恒定值的操作条件下，相对于磁通密度矢量峰值的棒电流分布在图 4.28 中与图 4.27 中相同。

在给定的 ω_{slip} 转差速度和 $\hat{B}_{ms}$ 值的工作条件下，图 4.28 和图 4.27 中的导条电流相对于磁感应强度矢量峰值的分布是相同的。因此， $\boldsymbol{F}_r(t)$ 和 $\boldsymbol{F}'_r(t)$ 的振幅在以同步速度旋转时保持不变。

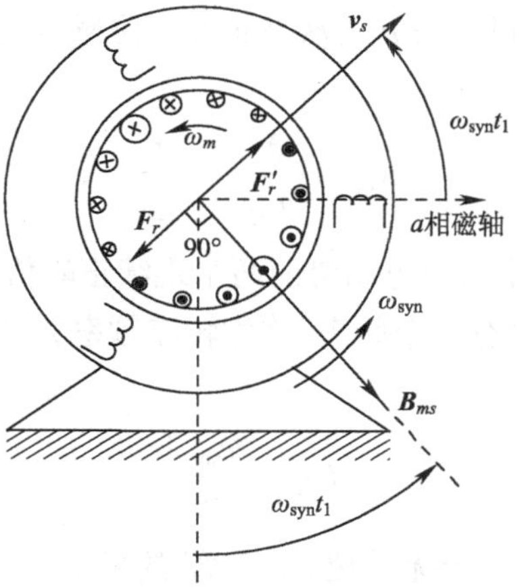

图 4.28　在 $t=t_1$ 时转子产生的磁动势和补偿磁动势

(2) 在转子电路中的转差频率 f_{slip}。

转子导条中感应电压(和电流)的频率可通过图 4.29(a)获得。在 $t=0$ 时，标记为 p 的最底部导条被正峰值磁通密度“切割”，前端有正感应电压。$\boldsymbol{B}_{ms}(t)$ 空间矢量以 ω_{syn} 的速度旋转，以 ω_m 旋转的转子导条 p 相当于被“向前拉动”。因此，如图 4.29(b)所示，在 $t_1>0$ 时，$\boldsymbol{B}_{ms}(t)$ 与转子导条 p 之间的角度为

$$\xi=\omega_{slip}t_1 \tag{4.67}$$

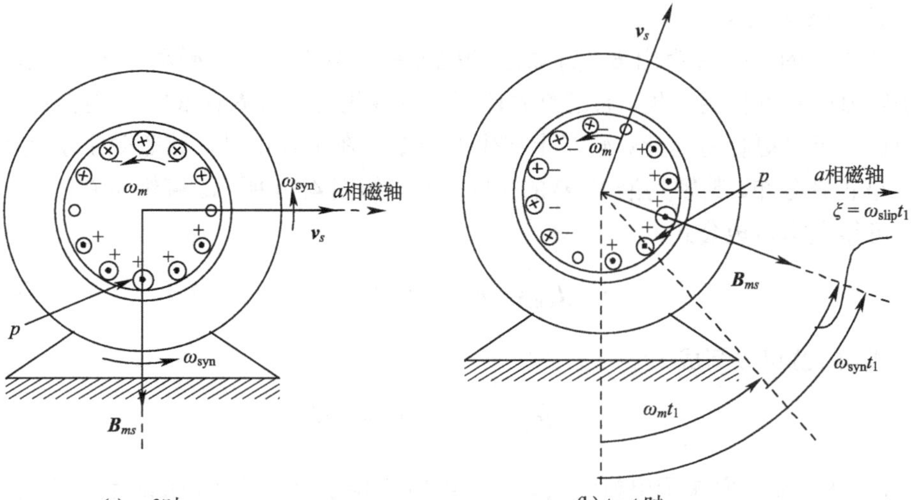

(a) $t=0$时　　　(b) $t=t_1$时

图 4.29　导条 p 处的感应电压

因此，当$\xi = 2\pi$时，设导条p再次被正峰值磁感应强度“切割”为第一次（称为$T_{2\pi}$）。根据式(4.67)得

$$T_{2\pi} = \frac{\xi}{\omega_{\text{slip}}} = \frac{2\pi}{\omega_{\text{slip}}} \tag{4.68}$$

式中，$T_{2\pi}$是转子导条p中感应电动势的两个连续正峰值之间的时间段，因此，转子导条中的感应电动势具有一个频率（称为转差频率f_{slip}），该频率与式(4.68)中的$T_{2\pi}$互为倒数：

$$f_{\text{slip}} = \frac{\omega_{\text{slip}}}{2\pi} \tag{4.69}$$

为方便起见，将定义一个无单位（无量纲）的量称为转差率s，作为转差速度与同步速度的比值：

$$s = \frac{\omega_{\text{slip}}}{\omega_{\text{syn}}} \tag{4.70}$$

将ω_{slip}从式(4.70)代入式(4.69)，并注意$\omega_{\text{syn}} = 2\pi f$（在2极电机中），得

$$f_{\text{slip}} = sf \tag{4.71}$$

在稳态下，感应电机以ω_m运行，非常接近其同步速度，转差率通常小于0.03（或3%）。因此，在稳态下，转子电路中电压和电流的频率f_{slip}通常小于几赫兹(Hz)。

(3) 电磁转矩。

转子上的电磁转矩由$\boldsymbol{B}_{ms}(t)$表示的磁通密度分布和产生磁动势$\boldsymbol{F}_r(t)$的转子导条电流的相互作用产生。通过首先计算产生零化磁动势$\boldsymbol{F}_r(t)$的定子等效绕组上的扭矩，可以更容易地计算转子上产生的扭矩。在$t = 0$时，该等效定子绕组以N_s匝呈正弦分布，其轴为沿$\boldsymbol{F}_r'(t)$的空间矢量，如图4.30所示。绕组也有电流$\boldsymbol{i}_r'$流过。可得电磁转矩公式：

$$T_{em} = \pi r l \frac{N_s}{2} \hat{B}_{ms} \hat{I}_r' \tag{4.72}$$

式(4.72)可以写成

$$T_{em} = k_t \hat{B}_{ms} \hat{I}_r', \qquad k_t = \pi r l \frac{N_s}{2} \tag{4.73}$$

式中，k_t为常数，取决于电机的设计。图4.30中定子上的扭矩以顺时针方向作用，转子上的扭矩大小相等，并以逆时针方向作用。

电流峰值$\hat{I}_r'$与磁通密度峰值$\hat{B}_{ms}$和转差速度ω_{slip}呈线性关系，如式(4.66)所示，因此，替换式(4.73)中的$\boldsymbol{I}_r'$，得

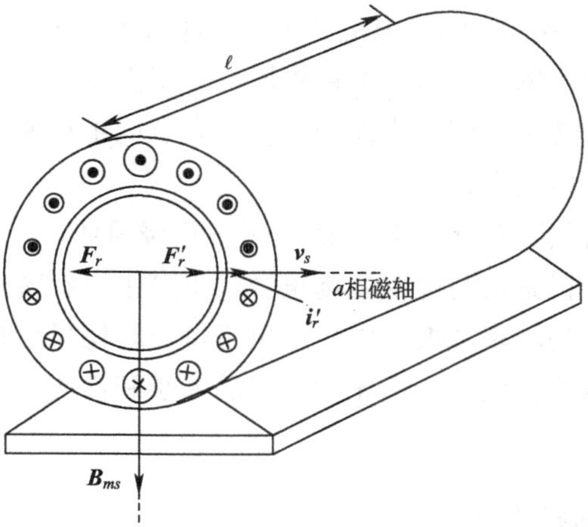

图 4.30　在 t=0 时电磁转矩计算

$$T_{em} = k_{t\omega}\hat{B}_{ms}^2\omega_{\text{slip}}\,,\quad k_{t\omega} = k_t k_i \tag{4.74}$$

式中，$k_{t\omega}$ 为电机扭矩常数。如果磁感应强度峰值保持在式(4.74)中的额定值，则有

$$T_{em} = k_{T\omega}\omega_{\text{slip}}\,,\quad k_{T\omega} = k_{t\omega}\hat{B}_{ms}^2 \tag{4.75}$$

式中，$k_{T\omega}$ 是机器的另一个扭矩常数。

4.2.3　永磁同步电机

1. 同步电机概述

同步电机和感应电机的工作原理与运行特点不同，但是它们有一些共性问题。例如，通常的同步电机和感应电机的定子绕组都是三相交流绕组，在三相交流绕组中产生感应电动势和磁动势分析与计算的方法也是相同的。

电机的磁极对数力一定时，转子的转速 n_s 和定子绕组感应电动势的频率 f 之间满足严格的关系 $n_s = 60f/p$，p 为多极电机的极对数；n_s 与定子旋转磁场的转速一致，称为同步转速。电机转子的转速恒为同步转速的电机称为同步电机[23]。同步电机有发电机、电动机和补偿机三种运行状态。

(1) 发电机运行状态。同步电机的转子由原动机拖动以同步速旋转，转子加入直流励磁，定子绕组中感应电动势，并进一步形成电枢磁场。此时转子主极磁场超前于电枢磁场，转子上将受到一个与其旋转方向相反的制动性质的电磁转矩。原动机输入的机械功率将通过电机内部的电磁作用转换为电功率并由定子绕组送入电网或负载。

(2) 电动机运行状态。同步电机的定子三相绕组通入三相对称电流，转子加入直流励磁，转子主极磁场滞后于电枢磁场，转子上将受到一个与其旋转方向相同的驱动性质的电磁转矩。转子将拖动机械负载以同步转速运行，由定子绕组输入的电功率转换为机械功率输出。

(3) 补偿机运行状态。同步电机的定子三相绕组通入三相对称电流，转子加入直流励磁，转子主极磁场与电枢磁场重合，不产生电磁转矩。转子上不带机械负载，电机内没有有功功率转换，同步电机工作在补偿机运行状态。此时，调节转子励磁电流，可以改变电机输出无功功率的大小和性质，补偿机有时又称作同步调相机[23]。

2. 永磁同步电机概述

永磁同步电机可按其感应电动势的波形分类：正弦波时称为永磁交流(Permanent Magnet Alternating Current，PMAC) 电机，梯形波时称为永磁无刷直流(Permanent Magnet Brushless Direct Current，PMBLDC) 电机。

1) PMAC 电机

永磁交流电机具有三相正弦分布的交流定子绕组，转子具有永磁体形式的直流励磁。在这种驱动器中，机器的定子绕组由受控电流提供，这需要闭环操作。

这些驱动器也与直流电机驱动器有关。不同之处在于定子绕组的正弦分布特性是由正弦波形电流提供的。此外，转子上的永磁体的形状是为了诱导(在定子绕组中) 反向电磁场，理想情况下是随时间正弦变化的。与 ECM 驱动器不同，PMAC 驱动器能够产生平稳的扭矩，它们不存在与有刷直流电机相关的维护问题。因此它们适合于高性能应用。

在低功率额定值下使用的 PMAC 驱动器与在非常大的功率额定值(超过 1MW) 下使用的同步电机驱动器相类似，如在电力设施的中央发电厂控制引风机和锅炉给水泵的速度。对 PMAC 驱动器的讨论也有助于对线连接同步电机的分析，这些同步电机在公用事业的中央发电厂中使用非常大的额定功率。

2) PMBLDC 电机

20 世纪 50 年代，随着高磁能积永磁体的出现，以永磁体作为励磁源的直流电机得到了快速发展。用永磁体代替电励磁磁极使得直流电机的体积大大减小。

同样地，在同步电机中，转子上传统的电励磁磁极也被永磁体取代，从而省却了集电环和电刷。在 20 世纪 50 年代后期，随着功率变换器件和晶闸管整流器件的出现，机械式换流器被电子换流器取代。这两大进步促进了永磁同步电机和无刷直流电机的发展。采用电子换流器后，直流电机的电枢不必安装在转子上。因此，电机的电枢可以固定在定子上，这样既便于冷却，又由于定子可以提供更多的空间用于绝缘，从而提高了电压等级。过去由定子提供的励磁磁场如今由转子永磁体提供。实际上，与电励磁直流电机相比，永磁直流电机只是将电枢和励磁磁极对调，原先的定子变为转子，原先的转子变为定子，原理上是一样的，并无特别之处[22]。

3. 永磁交流电机的基本结构

如图 4.31(a)所示，首先考虑 2 极电机，然后推广到 $p>2$ 的多极电机。定子包含三相 Y 形连接的正弦分布绕组，如图 4.31(a)的横截面所示。这些正弦分布的绕组在气隙中产生正弦分布的磁动势。

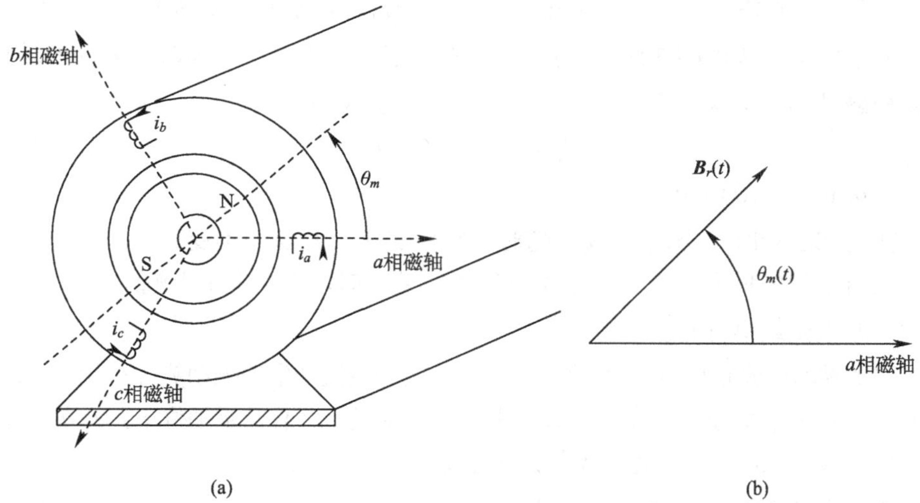

图 4.31　2 级 PMAC 电机

4. 工作原理

1)转子产生的磁感应强度分布

安装在转子表面的永磁极片的形状可在气隙中产生理想的正弦分布的磁通密度。图 4.31(a)简单示意了一个双极转子。磁力线离开转子的 N 极，重新进入 S 极的气隙。

转子在气隙中产生的磁场分布(由于磁力线完全穿过两个气隙)具有沿北极轴定向的正峰值 $\hat{B}_r$ 。由于该磁感应强度呈正弦分布，如图 4.31(b)所示，可用长度为 $\hat{B}_r$ 的空间矢量表示，其方向可通过磁感应强度分布正峰值的位置而确定。当转子转动时，整个转子产生的磁场在气隙中随转子转动。因此，以静止定子 a 相磁轴为

基准，可以将 t 时刻转子产生的磁通密度空间矢量表示为

$$\boldsymbol{B}_r(t)=\hat{B}_r\angle\theta_m(t) \tag{4.76}$$

式中，$\theta_m(t)$ 为转子磁场分布轴与 a 相磁轴的角度。在式(4.76)中，永磁体产生一个常数 $\hat{B}_r$ ，但 $\theta_m(t)$ 是随转子转动的时间函数。

2) 转矩的产生

下面考虑计算转子产生的电磁转矩。转子由永磁体组成，没有直接的方法来计算这个转矩。因此，首先计算施加在定子上的转矩，施加在转子上的转矩与定子转矩大小相等，但作用方向相反。

定子电流由电源处理单元提供。在任何时刻 t，三个定子电流 $i_a(t)$、$i_b(t)$ 和 $i_c(t)$ 组合在一起产生一个定子电流空间矢量 $\boldsymbol{i}_s(t)$，控制其在旋转方向上领先空间矢量 $\boldsymbol{B}_r(t)$ 90°，如图 4.32(a) 所示。这就在转子上产生了一个逆时针方向的转矩。以 a 相磁轴为参考轴，定子电流空间矢量可表示为

$$\boldsymbol{i}_s(t)=\hat{I}_s(t)\angle\theta_{i_s}(t) \tag{4.77}$$

式中，$\theta_{i_s}(t)=\theta_m(t)+90°$ 。

在稳态运行时，当 $\theta_m(=\omega_m t)$ 随时间线性变化，$\hat{I}_s$ 保持不变。

当前空间矢量为 $\boldsymbol{i}_s(t)$ 。在图 4.32(a) 中，在 t 时，三个定子电流结合在一起在气隙中产生磁动势分布。

这个磁动势分布与图 4.32(b) 中单个等效定子绕组产生的磁动势分布相同，该等效定子绕组具有 N_s 正弦分布的匝数，由电流 $\hat{I}_s$ 提供，并且其磁轴位于 $\boldsymbol{i}_s(t)$ 矢量上。

如图 4.32(b) 所示，通过控制定子电流空间矢量 $\boldsymbol{i}_s(t)$ 比 $\boldsymbol{B}_r(t)$ 超前 90°，等效定子绕组中的所有导体将承受作用在相同方向上的力，在这种情况下，该力作用在定子上为顺时针方向(因此在转子上产生逆时针转矩)。

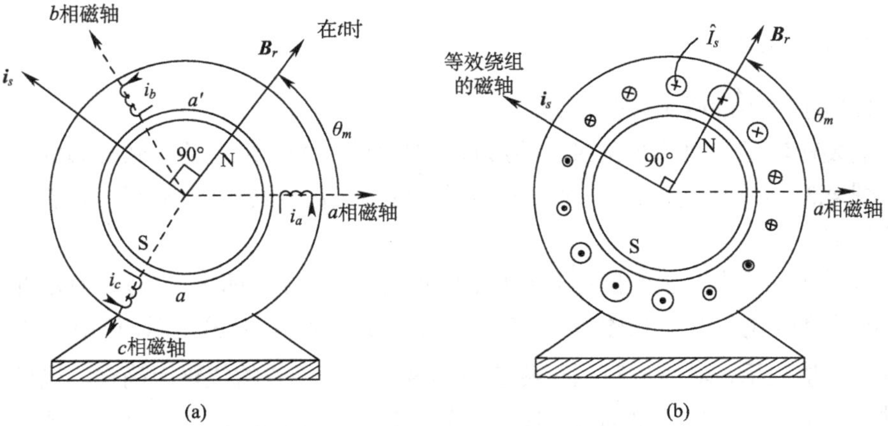

图 4.32　PMAC 驱动器中的定子电流和转子磁场空间矢量

这证明了选择 90°是合理的：它会产生定子电流的最大转矩，因为在任何其他角度，一些导体将会受到与其他导体方向相反的力，这种情况将导致更小的净转矩。当 $\boldsymbol{B}_r(t)$ 随转子旋转时，使空间矢量 $\boldsymbol{i}_s(t)$ 以相同的速度旋转，保持 90°的超前。因此，图 4.32 中电机产生的转矩仅与 $\hat{B}_r$ 和 $\hat{I}_s$ 有关，且与 θ_m 无关。因此，为了简化这个转矩的计算，将图 4.32(b) 重新绘制为图 4.33，假设 $\theta_m = 0°$。

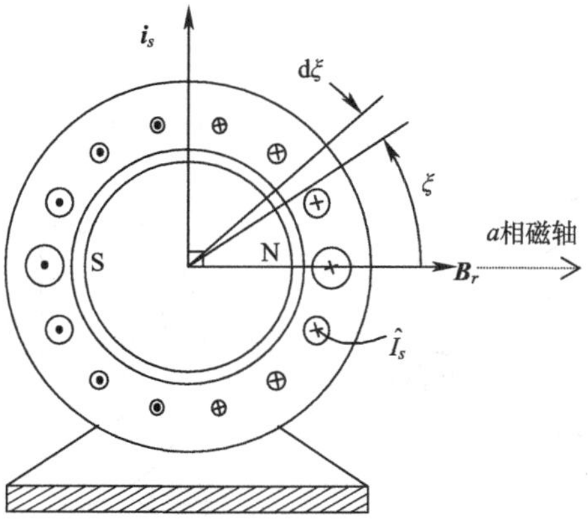

图 4.33　定子上的转矩计算

利用力的表达式($f_{em}=Bli$)可以计算作用在定子上的顺时针转矩：在图 4.33 所示的等效定子绕组中，在角度 ξ 处，差角 $\mathrm{d}\xi$ 包含 $n_s(\xi)\cdot\mathrm{d}\xi$ 导体。使用式(4.12)，并注意角度 ξ 是在这里从峰值导体密度位置测量的，导体密度 $n_s(\xi)=(N_s/2)\cdot\cos\xi$。因此，在不同角度下的导体数：

$$\mathrm{d}\xi = \frac{N_s}{2}\cos\xi\cdot\mathrm{d}\xi \tag{4.78}$$

转子在角度 ξ 上产生的磁通密度为 $\hat{B}_r\cos\xi$ 。位于角度 ξ、半径 r、长度 l 的这些导体(流过它们的电流为 $\hat{I}_s$)产生的转矩 $\mathrm{d}T_{em}(\xi)$ 为

$$\mathrm{d}T_{em}(\xi) = r\hat{B}_r\cos\xi\cdot l\cdot\hat{I}_s\cdot\frac{N_s}{2}\cos\xi\cdot\mathrm{d}\xi \tag{4.79}$$

为了考虑所有定子导体产生的转矩，将式(4.79)进行积分，从 $\xi=-\pi/2$ 到 $\xi=\pi/2$，然后利用对称性，乘以系数 2：

$$T_{em} = 2\times\int_{\xi=-\pi/2}^{\xi=\pi/2}\mathrm{d}T_{em}(\xi) = 2\frac{N_s}{2}rl\hat{B}_r\hat{I}_s\int_{-\pi/2}^{\pi/2}\cos^2\xi\cdot\mathrm{d}\xi = \left(\pi\frac{N_s}{2}rl\hat{B}_r\right)\hat{I}_s \tag{4.80}$$

式中，等号右边括号内的所有量，包括永磁体电机中的 $\hat{B}_r$，都取决于电机的设计参数，均为常数。如前所述，转子产生的电磁转矩在相反方向上等于式(4.80)中

的电磁转矩(在这种情况下为逆时针方向)。2 极电机($p=2$)中的扭矩可表示为

$$T_{em}=k_T\hat{I}_s,\quad k_T=\pi\frac{N_s}{2}rl\hat{B}_r \tag{4.81}$$

式中，k_T 是机器转矩常数，单位为(N·m)/A。式(4.81)表明，通过控制定子相电流，使相应的定子电流空间矢量领先转子产生的磁通密度空间矢量90°，产生的转矩仅与 $\hat{I}_s$ 成正比例。有刷直流电机驱动与永磁交流电机驱动之间的相似性如图 4.34 所示。

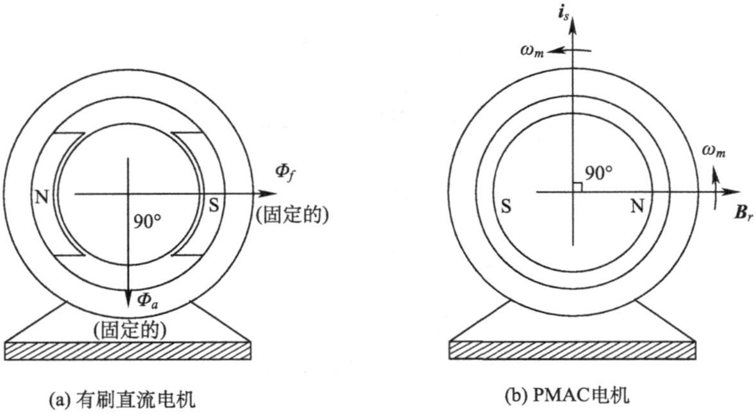

图 4.34　有刷直流电机和 PMAC 电机驱动器之间的相似性

在有刷直流电机中，定子产生的磁通 Φ_f 和电枢绕组产生的电枢磁通 Φ_a 保持相互正交，如图 4.34(a)所示。即使转子在转动，定子磁通 Φ_f 和 Φ_a(由于换向器的作用)也是静止的。产生的转矩由电枢电流 $i_a(t)$ 控制。在 PMAC 电机驱动中，定子产生的磁通密度 $\boldsymbol{B}_{s,i_s}(t)$ 由于 $\boldsymbol{i}_s(t)$ 被控制为与转子磁通密度 $\boldsymbol{B}_r(t)$ 正交(在旋转方向上为 90°)，如图 4.34(b)所示。这两个空间矢量以转子的速度 ω_m 旋转，保持两者之间的 90°角。转矩由定子电流空间矢量的幅值 $\hat{I}_s(t)$ 控制。

在这一点上可以看到，PMAC 驱动器构成了自同步电机驱动器的一类，其中定子产生的磁动势分布的速度同步至等于转子的机械速度。此功能将电机描述为同步电机。

3) PMAC 驱动器的机械系统

电磁转矩作用在与转子相连的机械系统上，如图 4.35 所示，由此产生的速度 ω_m 可由式(4.82)得出：

$$\frac{\mathrm{d}\omega_m}{\mathrm{d}t}=\frac{T_{em}-T_L}{J_{eq}} \tag{4.82}$$

式中，J_{eq} 是组合电机负载惯性；T_L 是负载扭矩，其中可能包括摩擦力。转子位置 $\theta_m(t)$ 为

$$\theta_m(t)=\theta_m(0)+\int_0^t \omega_m(\tau)\cdot \mathrm{d}\tau,\quad \tau=\text{积分变量} \tag{4.83}$$

式中，$\theta_m(0)$ 是 $t=0$ 时的转子位置。

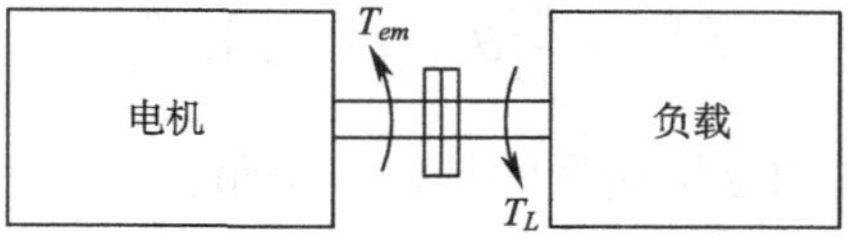

图 4.35　转子负载机械系统

4) 定子电流参考值 $i^*_a(t)$、$i^*_b(t)$ 和 $i^*_c(t)$ 的计算

根据式(4.81)，$\hat{I}^*_s(t)$，定子电流空间矢量振幅的参考值可计算为

$$\hat{I}^*_s(t)=\frac{T^*_{em}(t)}{k_T} \tag{4.84}$$

式中，k_T 是式(4.81)中给出的电机转矩常数。

将 $\theta_m(t)$ 作为输入之一，并根据式(4.84)计算 $\hat{I}^*_s(t)$，定子电流空间矢量的瞬时参考值变为

$$\boldsymbol{i}^*_s(t)=\hat{I}^*_s(t)\angle\theta^*_{i_s}(t) \tag{4.85}$$

式中，$\theta^*_{i_s}(t)=\theta_m(t)+\frac{\pi}{2}$ (2 极)。

式(4.85)假设一台 2 极电机，且所需旋转方向为逆时针方向。对于顺时针旋转，式(4.85)中的角度 $\theta^*_{i_s}(t)$ 将是 $\theta_m(t)-\frac{\pi}{2}$。在具有 $p\geqslant 2$ 的多极电机中，电角度 $\theta^*_{i_s}(t)$ 为

$$\theta^*_{i_s}(t)=\frac{p}{2}\theta_m(t)\pm\frac{\pi}{2},\quad p\geqslant 2 \tag{4.86}$$

式中，$\theta_m(t)$ 是机械角。根据式(4.85)中的 $\boldsymbol{i}^*_s(t)$，可使用前面章节中的分析(式(4.28a)～式(4.28c))计算定子相电流的瞬时参考值 $i^*_a(t)$、$i^*_b(t)$ 和 $i^*_c(t)$：

$$\boldsymbol{i}^*_a(t)=\frac{2}{3}\mathrm{Re}\left[\boldsymbol{i}^*_s(t)\right]=\frac{2}{3}\hat{I}^*_s(t)\cos\theta^*_{i_s}(t) \tag{4.87a}$$

$$\boldsymbol{i}^*_b(t)=\frac{2}{3}\mathrm{Re}\left[\boldsymbol{i}^*_s(t)\angle-\frac{2\pi}{3}\right]=\frac{2}{3}\hat{I}^*_s(t)\cos\left[\theta^*_{i_s}(t)-\frac{2\pi}{3}\right] \tag{4.87b}$$

$$i_c^*(t)=\frac{2}{3}\mathrm{Re}\left[i_s^*(t)\angle-\frac{4\pi}{3}\right]=\frac{2}{3}\hat{I}_s^*(t)\cos\left[\theta_{i_s}^*(t)-\frac{4\pi}{3}\right] \tag{4.87c}$$

式(4.87a)～式(4.87c)表明，在平衡正弦稳态下，电流具有恒定振幅 $\hat{I}_s^*$，当式(4.85)或式(4.86)中的角度 $\theta_{i_s}^*(t)$ 以恒定速度 ω_m 随时间连续变化时，它们随时间呈正弦变化

$$\theta_{i_s}^*(t)=\frac{p}{2}[\theta_m(0)+\omega_m t]\pm\frac{\pi}{2} \tag{4.88}$$

式中，$\theta_m(0)$ 是相对于 a 相磁轴测量的初始转子角。

5) 正弦稳态定子绕组中的感应电动势

在定子绕组中，感应电动势是由两种磁通密度分布引起的：

(1) 当转子以 $\omega_m(t)$ 的瞬时速度旋转时，图 4.32(a) 中所示的空间矢量 $\boldsymbol{B}_r(t)$ 也是如此。这种旋转磁通密度分布切割定子绕组，从而在其中产生感应电动势。

(2) 由于旋转的空间矢量 $\boldsymbol{i}_s(t)$，平衡正弦稳态下的定子相绕组电流产生旋转磁通密度分布。这种旋转磁通密度分布会在定子绕组中产生感应电动势，类似于前面的由磁化电流产生的感应电动势。

忽略磁路中的饱和，由于上述两个原因而产生的感应电动势可以叠加，以计算定子绕组中的合成感应电动势。下面将假设一台 2 极电机处于平衡正弦稳态，逆时针方向的转子速度为 ω_m。在 $t=0$ 时，转子位于 $\theta_m=90°$，以便于绘制空间矢量。

(1) 旋转 $\boldsymbol{B}_r(t)$ 引起的定子绕组感应电动势。

转子磁通密度空间矢量 $\boldsymbol{B}_r(t)$ 相对于定子绕组以 ω_m 的瞬时速度旋转。在式(4.45)中，用 $\boldsymbol{B}_r(t)$ 代替 $\boldsymbol{B}_{ms}(t)$，用 ω_m 代替 ω_{syn} 得

$$\boldsymbol{e}_{ms,\boldsymbol{B}_r}(t)=\mathrm{j}\omega_m\frac{3}{2}\left(\pi rl\frac{N_s}{2}\right)\boldsymbol{B}_r(t) \tag{4.89}$$

设一个电压常数 k_E，等于式(4.81)中 2 极电机的转矩常数 k_T:

$$k_E=k_T=\pi rl\frac{N_s}{2}\boldsymbol{B}_r \tag{4.90}$$

式中，$\boldsymbol{B}_r$（转子产生的磁通密度峰值）是永磁同步电机中的常数。根据电压常数 k_E，式(4.89)中的感应电压空间矢量可写成

$$\boldsymbol{e}_{ms,\boldsymbol{B}_r}(t)=\mathrm{j}\frac{3}{2}k_E\omega_m\angle\theta_m(t)=\frac{3}{2}k_E\omega_m\angle[\theta_m(t)+90°] \tag{4.91}$$

转子磁通密度空间矢量 $\boldsymbol{B}_r(t)$ 和感应电动势空间矢量 $\boldsymbol{e}_{ms,\boldsymbol{B}_r}(t)$ 在图 4.36(a) 中以 $t=0$ 时绘制。

(2) 旋转 $\boldsymbol{i}_s(t)$ 引起的定子绕组感应电动势：电枢反应。

除了转子磁体产生的气隙磁通密度分布外，定子相电流还建立了另一种磁通密度分布。如图 4.36(b) 所示，在 $t=0$ 时的定子电流空间矢量 $\boldsymbol{i}_s(t)$ 使转子位置领先 90°。因为在平衡正弦稳态下运行，所以可以利用前面的分析，其中式(4.44)显示了感应电动势空间矢量和定子电流空间矢量之间的关系。

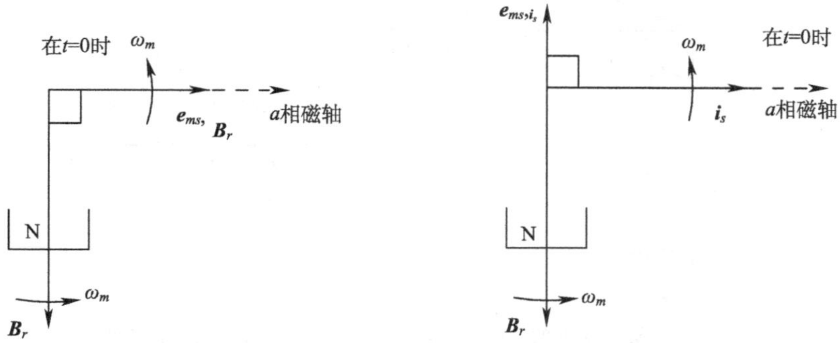

(a) 旋转转子磁通密度空间矢量引起的感应电动势　　(b) 旋转定子电流空间矢量产生的感应电动势

图 4.36　旋转转子磁通密度空间矢量引起的感应电动势及旋转定子电流空间矢量产生的感应电动势

在本例中，由于 $\boldsymbol{i}_s(t)$ 的旋转，定子相绕组中的感应电压可表示为

$$\boldsymbol{e}_{ms,\boldsymbol{i}_s}(t)=\mathrm{j}\omega_m L_m \boldsymbol{i}_s(t) \tag{4.92}$$

空间向量 $\boldsymbol{e}_{ms,\boldsymbol{i}_s}$ 和 $\boldsymbol{i}_s$ 在时间 $t=0$ 时，如图 4.36(b) 所示。

注意，PMAC 电机中的磁化电感 L_m 与通用交流电机中的磁化电感 L_m 具有相同的含义。但是，在 PMAC 电机中，其表面上的转子具有永久磁铁(带有内部永久磁铁的电机除外)，其磁导率实际上等于气隙的磁导率。因此，PMAC 电机具有较大的等效气隙，从而产生较小的 L_m 值(式(4.40))。

(3) 定子绕组中感应电动势的叠加。

在 PMAC 电机中，旋转的 $\boldsymbol{B}_r(t)$ 和 $\boldsymbol{i}_s(t)$ 同时存在。因此，每一个电动势可以叠加(假设没有磁饱和)，得到合成电动势(不包括定子绕组的漏磁)：

$$\boldsymbol{e}_{ms}(t)=\boldsymbol{e}_{ms,\boldsymbol{B}_r}(t)+\boldsymbol{e}_{ms,\boldsymbol{i}_s}(t) \tag{4.93}$$

将式(4.91)和式(4.92)代入式(4.93)，所得感应电动势 $\boldsymbol{e}_{ms}(t)$ 为

$$\boldsymbol{e}_{ms}(t)=\frac{3}{2}k_E\omega_m\angle\left[\theta_m(t)+90°\right]+\mathrm{j}\omega_m L_m \boldsymbol{i}_s(t) \tag{4.94}$$

在 $t=0$ 时，空间矢量图如图 4.37(a) 所示。可以写出与上述空间矢量方程相对应的相位 a 相量方程，注意相量振幅为空间矢量振幅的 3/2 倍，但相量和相应

的空间矢量具有相同的方向：

$$\overline{E}_{ma} = k_E\omega_m\angle\left[\theta_m(t)+90°\right]+\mathrm{j}\omega_m L_m\overline{I}_a \tag{4.95}$$

图 4.37(b) 所示为式(4.95)中 a 相的相量图。

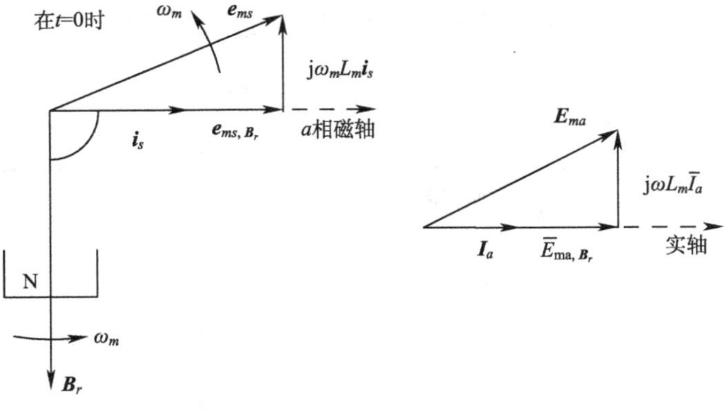

(a) 感应电磁场的空间矢量图　　(b) a相的相量图

图 4.37　感应电磁场的空间矢量图和 a 相的相量图

(4) 每相等效电路。

对应于式(4.95)中的相量表示和图 4.37(b)中的相量图，可绘制 a 相的每相等效电路，如图 4.38(a)所示。由于转子磁场分布 $\boldsymbol{B}_r$ 旋转而感应的电压 $\overline{E}_{ma,\boldsymbol{B}_r}$ 表示为感应反电动势。式(4.95)等号右侧的第二项表示为磁化电感 L_m 上的压降。为了完成每相等效电路，定子绕组漏感 L_{ls} 和电阻 R_s 串联添加。磁化电感 L_m 和漏感 L_{ls} 称为同步电感 L_s：

$$L_s = L_{ls} + L_m \tag{4.96}$$

如图 4.38(b)所示，可以通过忽略电阻和用两个电感之和 L_s 表示两个电感，从而简化图 4.38(a)的等效电路。

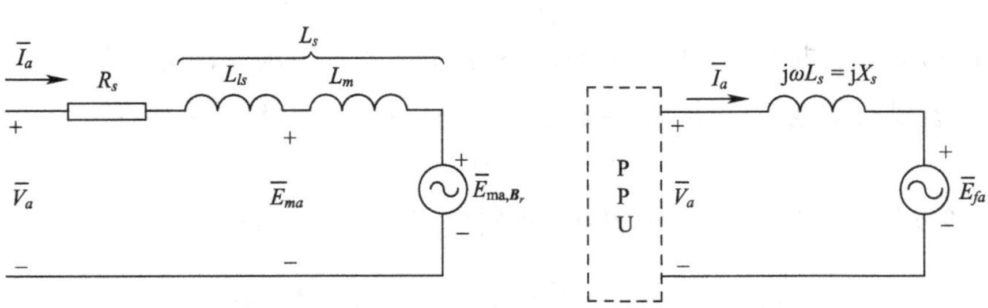

(a) 每相等效电路　　(b) 简化等效电路

图 4.38　每相等效电路及简化等效电路

为了简化表示法，感应反电动势在 a 相中称为场感应反电动势 $\overline{E}_{fa}$，根据式(4.95)，每个相中该电动势的峰值为

$$\hat{E}_f = k_E \omega_m \tag{4.97}$$

注意，在 PMAC 驱动器中，功率处理单元是受控电流源，因此 $\overline{I}_a$ 与磁场感应反电动势 $\overline{E}_{fa}$ 同相，如图 4.37(b)的相量图所示。功率处理单元通过产生一个电压来提供该电流，对于图 4.38(b)中的 a 相，该电压为

$$\overline{V}_a = \overline{E}_{fa} + \mathrm{j}\omega_m L_s \overline{I}_a \tag{4.98}$$

第 5 章　新能源汽车电机控制

本章讲解反馈控制原理，并以直流电机为例，说明了控制环带宽的选择以及比例积分(Proportional Integral，PI)控制的参数设定问题；在这基础上，重点介绍交流电机矢量控制的策略，并详细讲述矢量控制实现过程中的电压空间矢量脉宽调制原理、坐标变换原理；最后以永磁同步电机的控制为例，在 Matlab Simulink 中进行仿真实现。

5.1　电机驱动反馈控制

5.1.1　反馈控制性能

在新能源汽车电机的驱动控制中，需要对速度、转矩等进行精确控制，设计时往往采用反馈控制来实现，如图 5.1 所示。反馈控制驱动系统包括功率处理单元、驱动电机和负载。输出的电流、速度、角度等测量后反馈到输入端和输入参考值进行比较，两者间的误差被控制部分放大，通过控制功率处理单元来消除或缩小误差。本节以相对简单的直流电机为例，说明基本的反馈控制原理与设计方法，无刷直流电机、永磁同步电机等的反馈控制原理类似[8]。

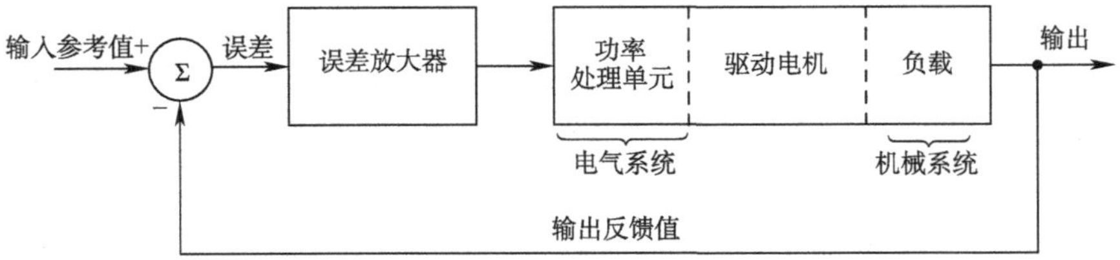

图 5.1　反馈控制驱动系统

1. 控制目标

反馈控制驱动系统可以分为控制器和受控对象两个部分，其中控制器包含反馈的比较、放大和控制策略的实现，受控对象包含功率处理单元、驱动电机和负载等。为方便说明，采用传输函数表述各个系统的功能，如图 5.2 所示。

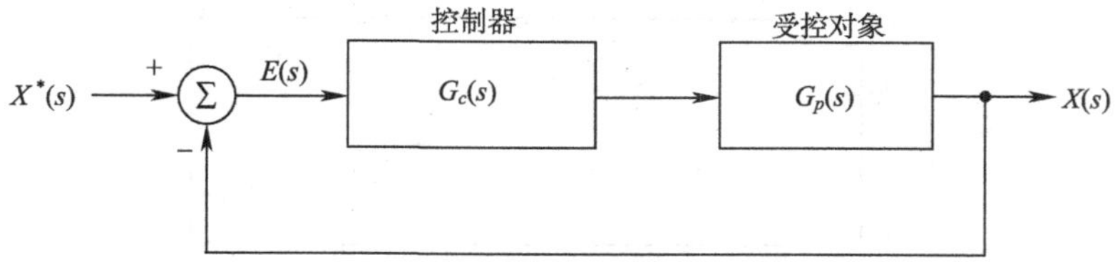

图 5.2　控制系统的传输函数

图 5.2 中，$G_p(s)$ 表示功率处理单元、驱动电机、负载等部分总的传输函数，$G_c(s)$ 是控制器的传输函数；对于指定的输入 $X^*(s)$，系统的输出为 $X(s)$，理想情况下 $X(s)$ 和 $X^*(s)$ 相一致。为简化分析，图 5.2 中假设了反馈是原信号直接反馈。

控制器 $G_c(s)$ 设计的总体目标是：

(1)无稳态误差，稳态时系统能够跟随输入参考值。

(2)具有较好的动态响应，控制器在输入阶跃变化时，能够在短时间内快速稳定，而且产生的过冲较小。

2. 相位裕度和交越频率

控制系统的开环增益可表示为

$$G_{\mathrm{OL}}(s)=G_c(s)G_p(s) \tag{5.1}$$

而闭环增益 $\dfrac{X(s)}{X^*(s)}$ 表示为

$$G_{\mathrm{CL}}(s)=\frac{G_{\mathrm{OL}}(s)}{1+G_{\mathrm{OL}}(s)} \tag{5.2}$$

为有效设计控制器，图 5.3 所示为一个典型的开环增益 $G_{\mathrm{OL}}(s)$ 的幅度和相位的波特图，我们称单位增益(0dB)时的频率为交越频率(Crossover Frequency)，用 f_c 或 ω_c 表示。为保证闭环系统稳定，在频率 f_c 或 ω_c 处，开环增益函数的相位必须小于 180°。常用相位裕度来表示一个系统的稳定性，相位裕度定义为相对于 −180°的差值，具体表示为 $\phi_{\mathrm{OL}}|f_c-(-180°)=\phi_{\mathrm{OL}}|f_c+180°$，其中频率 f_c 处的相位角 $\phi_{\mathrm{OL}}|f_c$ 为负数。一个比较好设计，相位裕度往往大于 45°，实际设计中一般取接近于 60°的值。

在工程设计中，需要设计一个具有快速瞬态反应的系统，输出能够及时跟上输入的阶跃跳变，这时系统的带宽要求比较高。带宽可近似用交越频率表示，交越频率的值反映了系统的响应速度。

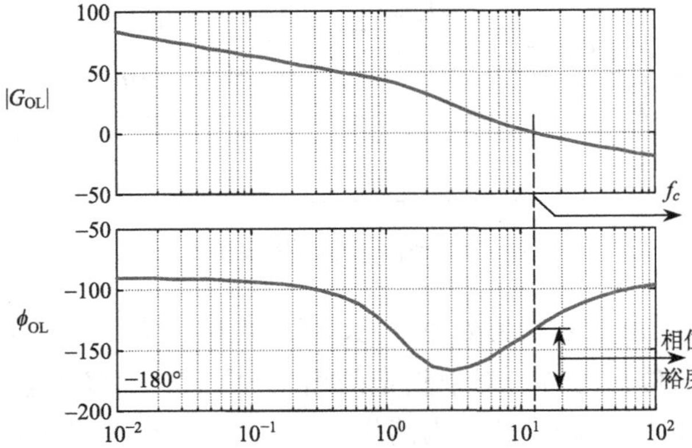

图 5.3　开环增益函数的波特图

5.1.2　电机驱动反馈控制结构

新能源汽车电机驱动控制中，可采用比较通用的闭环控制系统，如图 5.4 所示。其包含两个控制环，里面的是转矩(电流)控制环，外面是速度控制环。二者形成级联控制，这种级联结构要求越靠近内侧的控制环的带宽越高，图中的转矩控制环带宽相对速度控制环要高，响应速度快。

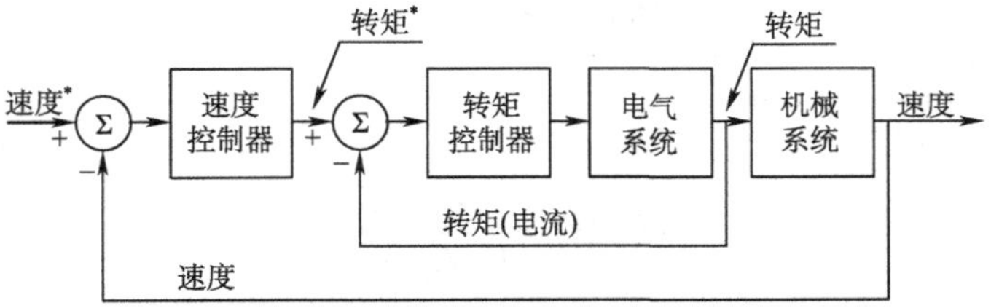

图 5.4　电机驱动闭环控制

电机驱动控制系统要求能够处理较大幅度的转矩、速度变化，并能够抑制无关的干扰。控制结构中，负载往往是非线性的，而且功率处理单元又会限定电压和电流的最大值，这些导致实际系统是非线性的。在实际设计中，可按照以下步骤来设计控制器。

(1) 假设系统工作在稳态工作点附近，输入的参考值和负载的变化相对较小，在这种小信号工作情况下，可将系统当成一个在稳态工作点附近的线性系统，从而采用线性系统理论来进行分析。

(2) 按照线性系统理论完成系统的设计后，总体系统可以利用计算机进行仿真，仿真在大信号条件下系统的适用性，并根据仿真结果做合适的调制。

5.1.3　电机驱动反馈控制设计

以直流电机控制器设计分析为例，简单说明控制器的设计过程。在图 5.4 的系统设计中，转矩内环具有最高带宽，设计时可将带宽选定在比功率控制单元的开关频率 f_s 低 1～2 个数量级。此时，一个开关周期内的量相对稳定，系统中的量可以用开关周期平均量来等效处理，不需要考虑开关频率的细节，简化了分析设计，下面对每个模块进行分析设计。

1. 功率处理单元模型

直流电机的功率处理单元采用图 2.22 所示的 H 桥式电路，将电机的等效电路和 PWM 电路表示出来，如图 5.5 所示，其中直流母线电压为恒定的 V_d，用于产生 PWM 的三角频率波的幅度为 V_{tri}，平均输出电压为 $\overline{v}_a(t)$。根据第 2 章的 PWM 的知识，变流器的输出平均电压正比于控制电压：

$$\overline{v}_a(t) = k_{\text{PWM}} v_c(t), \quad k_{\text{PWM}} = \frac{V_d}{V_{\text{tri}}} \tag{5.3}$$

式中，k_{PWM} 是 PWM 变换器的增益常数，$-V_{\text{tri}} \leqslant v_c \leqslant V_{\text{tri}}$。

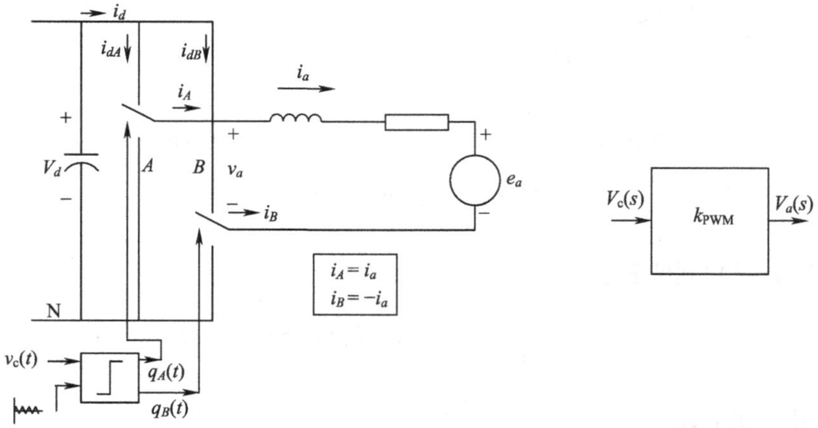

(a) 原理框图　　(b) 复频域框图

图 5.5　电机驱动的开关变换器

复频域中，PWM 控制器的直流变换器可表示为

$$V_a(s) = k_{\text{PWM}} v_c(s) \tag{5.4}$$

2. 电机和负载模型

直流电机和负载可用图 5.6 所示的等效电路表示，其中速度 ω_m 和反电动势 e_a 中不含开关频率量。图 5.6(a)所示的电路方程和转矩方程为

$$\overline{v}_a(t)=e_a(t)+R_a\overline{i}_a(t)+L_a\frac{\mathrm{d}}{\mathrm{d}t}\overline{i}_a(t),\quad e_a(t)=k_E\omega_m(t) \tag{5.5}$$

$$\frac{\mathrm{d}}{\mathrm{d}t}\omega_m(t)=\frac{\overline{T}_{em}(t)-T_L}{J_{\mathrm{eq}}},\quad T_{em}(t)=k_T\overline{i}_a(t) \tag{5.6}$$

式中，$J_{eq}=J_M+J_L$ 表示电机和负载总的等效转动惯量；k_E 和 k_T 分别是直流电机的反电压常数和扭矩常数。

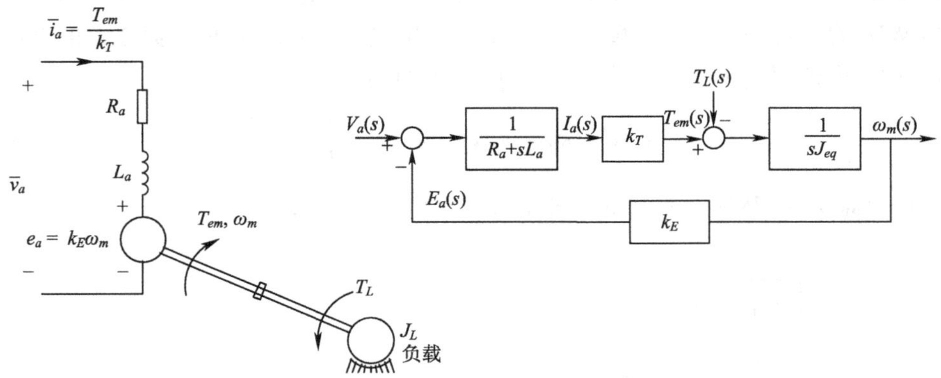

(a) 等效电路　　(b) 控制框图

图 5.6　直流电机和负载

电路方程复频域表示为

$$I_a(s)=\frac{V_a(s)-E_a(s)}{R_a+sL_a},\quad E_a(s)=k_E\omega_m(s) \tag{5.7}$$

定义时间常数 $\tau_e=\frac{L_a}{R_a}$，则

$$I_a(s)=\frac{\frac{1}{R_a}}{1+\frac{s}{\tau_e}}\left[V_a(s)-E_a(s)\right],\quad E_a(s)=k_E\omega_m(s) \tag{5.8}$$

控制器设计时主要让其能够跟随转矩、速度的设定值变化，可暂时不考虑负载转矩，此时有

$$\omega_m(s)=\frac{T_{em}(s)}{sJ_{eq}},\quad T_{em}(s)=k_T I_a(s) \tag{5.9}$$

综合式(5.7)和式(5.9)，控制器复频域的框图表示如图 5.6(b)所示。

3. 比例积分控制器

有了受控对象的物理模型后，开始设计控制器，PI 控制是常用的一种简单控制方法，主要根据输入和输出测量值的误差来产生正比于误差的控制信号，控制框图如图 5.7 所示。

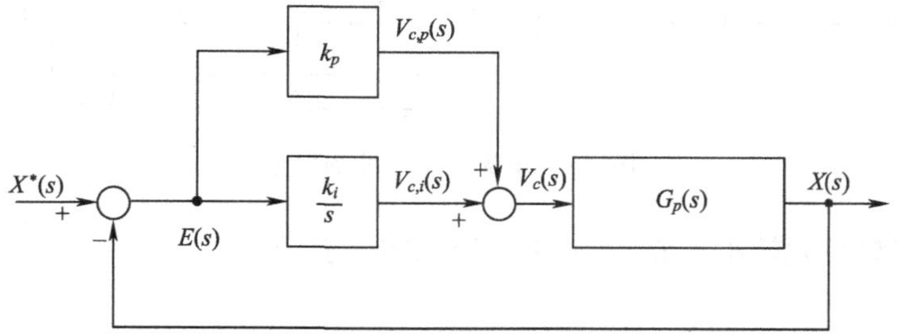

图 5.7 PI 控制器

框图中 $X^*(s)$ 是输入参考值，$E(s)=X^*(s)-X(s)$ 为误差信号；k_p 是比例控制器的比例系数，比例控制信号为 $V_{c,p}(s)=k_pE(s)$；k_i 是积分控制器的比例系数，积分控制信号为 $V_{c,i}(s)=k_i/sE(s)$。控制器根据输入参考值和实际测量值的误差信号 $E(s)$，产生完整的比例积分控制输出为 $V_c(s)$，控制受控对象 $G_p(s)$ 产生动作。在转矩和速度控制中，只使用比例控制会形成一个稳态误差，因此需要和积分控制组合使用。积分控制中，输出正比于误差的积分，积分控制器对误差进行时间积分，从而进行积分控制，使得最终稳态误差为零。比例积分控制器在复频域中的表示为

$$\frac{V_c(s)}{E(s)}=k_p+\frac{k_i}{s}=\frac{k_i}{s}\left(1+\frac{s}{k_i/k_p}\right) \tag{5.10}$$

5.1.4 直流电机反馈控制环设计

直流电机因为其气隙磁场和转矩可解耦分开控制，所以控制相对比较直观，直流电机的驱动控制已经成为各种电机控制的原型模型，可为后续的永磁同步电机的控制建立基础。

1. 电流控制环

直流电机中，气隙磁通是恒定的，转矩与电枢电流成正比，两者通过转矩系数 k_T 相关联。电流控制环是控制系统最里面的控制环，其框图如图 5.8 所示，其中电流作为一个容易受控的控制变量，电机模型模块中有个速度反馈，表示电机的反电动势 $E_a(s)$。

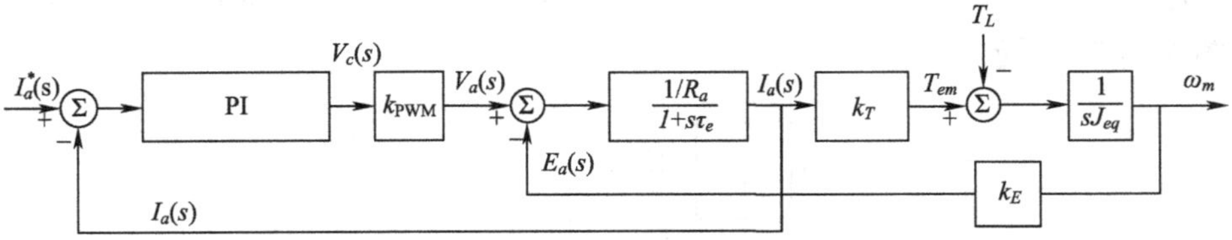

图 5.8　电流控制环控制框图

如果忽略负载转矩，$E_a(s)$ 可由电流确定，表示为

$$E_a(s)=\frac{k_T k_E}{sJ_{eq}}I_a(s) \tag{5.11}$$

此时控制框图可简化为图 5.9。

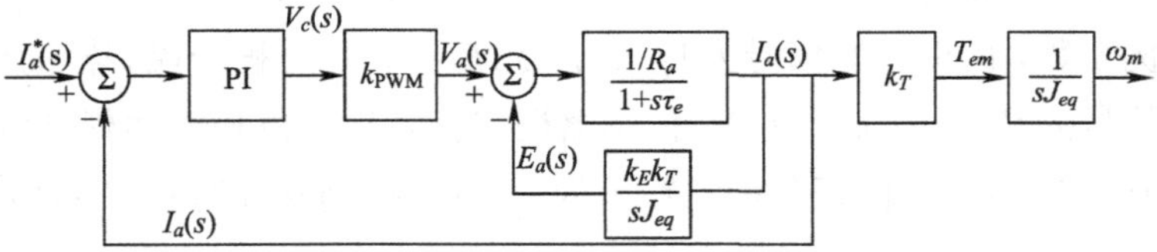

图 5.9　忽略负载力矩的控制框图

从图 5.9 中可以看出，反电动势的反馈项反比于 J_{eq}，当等效转动惯量足够大时，可忽略反馈的影响，框图简化为图 5.10。

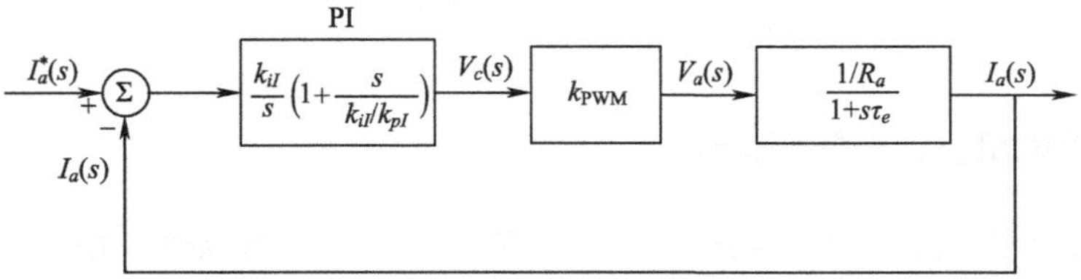

图 5.10　忽略反电动势的电流控制环控制框图

图 5.10 中的电流控制器是 PI 控制器，其中误差放大器的比例增益为 k_{pI}，积分增益为 k_{iI}，下标 I 表示电流环。此时开环传输函数为

$$G_{I,\mathrm{OL}}(s)=\frac{k_{iI}}{s}\left(1+\frac{s}{k_{iI}/k_{pI}}\right)\cdot k_{\mathrm{PWM}}\cdot\frac{\frac{1}{R_a}}{1+\frac{s}{1/\tau_e}} \tag{5.12}$$

为选择合适的 PI 控制器的增益常数，可采用一个简化的设计流程，其中相位裕度设计为 90°。

(1) 选择 PI 控制器的零点 $\frac{k_{iI}}{k_{pI}}$，使其抵消电机的极点 $\frac{1}{\tau_e}$，此时

$$\frac{k_{iI}}{k_{pI}}=\frac{1}{\tau_e},\quad k_{pI}=\tau_e k_{iI} \tag{5.13}$$

关系满足 $k_{pI}=\tau_e k_{iI}$；消除电机传递函数中的极点后，开环传输函数转换为

$$G_{I,\mathrm{OL}}(s)=\frac{k_{I,\mathrm{OL}}}{s},\quad K_{I,\mathrm{OL}}=\frac{k_{iI}k_{\mathrm{PWM}}}{R_a} \tag{5.14}$$

(2) 在式 (5.14) 的开环传递函数中，交越频率 $\omega_{cI}=k_{I,\mathrm{OL}}$；为避免开关频率对控制环路的影响，可选择电流开环交越频率比开关频率低 1～2 个数量级，根据式 (5.14)，有

$$k_{iI}=\frac{\omega_{cI}R_a}{k_{\mathrm{PWM}}} \tag{5.15}$$

根据式 (5.13)，k_{pI} 也可轻易求得。

2. 速度控制环

速度控制环的带宽常选为比电流环带宽低一个数量级，在设计速度控制环时，电流闭环可认为是理想的，此时可用单位增益表示，如图 5.11 所示。速度环的开环传递函数的 $G_{\Omega,\mathrm{OL}}(s)$ 为

$$G_{\Omega,\mathrm{OL}}(s)=\frac{k_{i\Omega}}{s}\left(1+\frac{s}{k_{i\Omega}/k_{p\Omega}}\right)\times 1\times\frac{k_T}{sJ_{eq}} \tag{5.16}$$

式 (5.16) 可进一步化简成

$$G_{\Omega,\mathrm{OL}}(s)=\frac{k_{i\Omega}k_T}{J_{eq}}\left[\left(1+\frac{s}{k_{i\Omega}/k_{p\Omega}}\right)\Big/s^2\right] \tag{5.17}$$

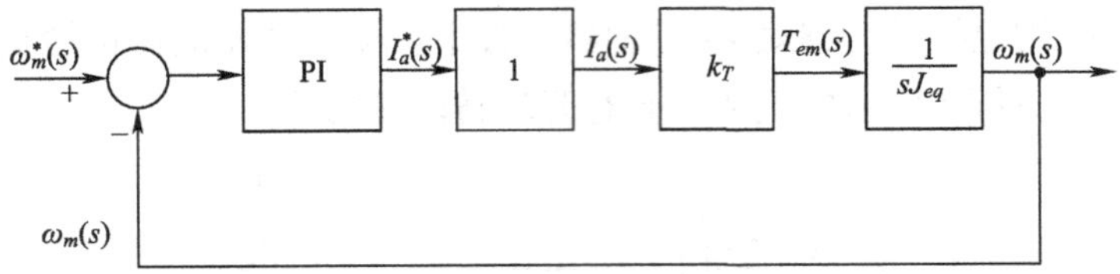

图 5.11　速度控制环框图

可以看出，开环传递函数在原点处有二阶极点，波特图中表现为每十倍频 –40dB 的下降，选择交越频率 $\omega_{c\Omega}$ 比电流控制环中的交越频率低一个数量级，同时选择合理的相位裕度 $\Phi_{pm,\Omega}$。在交越频率处有等式：

$$\left|\frac{k_{i\Omega}k_T}{J_{eq}}\frac{1+\dfrac{s}{k_{i\Omega}/k_{p\Omega}}}{s^2}\right|_{s=\mathrm{j}\omega_{c\Omega}}=1 \tag{5.18}$$

$$\angle\left|\frac{k_{i\Omega}k_T}{J_{eq}}\frac{1+\dfrac{s}{k_{i\Omega}/k_{p\Omega}}}{s^2}\right|_{s=\mathrm{j}\omega_{c\Omega}}=-180^\circ+\Phi_{pm,\Omega} \tag{5.19}$$

取定交越频率 $\omega_{c\Omega}$ 后，PI 控制器的增益常数可从式(5.18)和(5.19)中求得，从而可完成控制器的设计。

以上给出了直流电机 PI 控制参数的设计流程，主要采用了串联的控制环设计方式，这种方式设计概念比较清晰，不同速度的控制环可独立设计。但串联控制环存在着控制速度慢的问题，在一些速度要求高的控制中，可采用一些前馈回路来提高控制速度。

5.2　交流电机矢量控制

5.2.1　交流电机控制策略

随着电力电子技术和微处理器技术的发展，交流电机也成为市场上的主流应用产品。新能源汽车中，广泛应用了交流电机，包括永磁同步电机、感应电机等，其中永磁同步电机具有较好性能，更是得到了广泛应用。目前矢量控制(Field Oriented Control，FOC)和直接转矩控制(Direct Torque Control，DTC)是实现高动态性能交流电机电动控制的两种主流控制策略[24]，矢量控制也称为磁场定向控制，它在 1971 年由德国西门子公司 Blaschke 提出，其主要思想是参考直流电机控制中励磁电流和转矩电流完全解耦分别控制的形式，基于磁场等效原则，通过矢量变换将交流电机数学模型重构为一台他励直流电机，在同步旋转的参考坐标内将交流电机定子交变电流变换为两个直流量，即励磁（d 轴）分量和转矩（q 轴）分量，且两者在空间上相互垂直，从而实现解耦控制，以获得与直流电机一样的动态调速性能。最初，由于矢量控制计算繁杂，故只是停留于理论上。电力电子技术和微处理器技术的发展为矢量控制方法的实现奠定了基础，使其由理论研究走向工程应用。

矢量控制从理论上解决了交流调速系统的静、动态性能问题，其动态性能好，调速范围宽。实际应用过程中，因电机转子磁链难以准确观测或者测量，交流调速系统的特性受电动机参数（主要是转子电阻和电感）的影响较大，模拟直流电机控制过程（矢量控制的核心思想）中所用矢量旋转坐标变换很复杂，使得实际控制效果难以达到理论分析的结果，工程设计中需要在理论分析设计基础上进一步优化参数设计。

鉴于电气机车等具有大惯量负载的运动系统在启动、制动时需要快速瞬态转矩响应，1985 年德国波鸿鲁尔大学的 Depenbrock 教授研制了直接自控制系统，并提出了直接转矩控制（DTC）理论。直接采用转矩模型和电压型磁链模型，以及电压空间矢量控制 PWM 逆变器，实现转速和磁链的砰-砰控制（Bang-Bang Control）。这在很大程度上解决了矢量控制中计算控制复杂、特性易受电动机参数影响的问题。

DTC 系统中转矩和磁链的控制采用砰-砰控制器，也称为滞环控制器。这是一个离散控制器，在逆变器中直接用这两个控制信号产生电压的控制波形，从而避开了将定子电流分解成转矩和磁链分量，省去了矢量旋转变换和电流控制，简化了控制器的结构；由于转矩和磁链直接采用了转矩反馈的砰-砰控制，理论上在加减速或负载变化的动态过程中，可以获得快速的转矩响应。实际应用时 DTC 控制会产生较大转矩脉动，需注意限制过大的冲击电流，以免损坏功率开关器件，因此实际的转矩响应受到了一定限制。DTC 系统选择定子磁链作为被控量，而不像 FOC 系统那样选择转子磁链，计算磁链的电压模型不受转子参数变化的影响，某种程度上提高了控制系统的鲁棒性。

直接转矩控制系统分别直接控制电动机的转矩（转速）和磁链，而矢量控制系统借助于对定子电流矢量的控制，将其分解成转矩分量和磁链分量两部分，故称为间接转矩控制。从总体控制结构上看，直接转矩控制系统和矢量控制系统是一致的，都能获得较高的静、动态性能。

5.2.2　高性能交流电机控制

典型的新能源汽车电机控制系统是一个包含电流控制环、速度控制环的控制系统，传统速度控制环和电流控制环的调节控制器都是采用比例积分(PI)控制器。PI控制器是一种线性控制器，它根据给定值与实际输出值构成控制偏差，将偏差的比例和积分通过线性组合构成控制量，对被控对象进行控制。PI控制是经典的控制方法，方法简单，既能提高系统静态精度，又能提高系统稳定性和改善系统动态品质，故广泛应用于电机控制，成为工业控制的主要方法之一。

交流电机在本质上是非线性的控制对象，在实际应用过程中，电机的参数往往会实时发生变化，并且外部干扰可能会比较严重。经典的控制方法无法克服非线性、参数变化、负载扰动因素的影响，这就导致经典的控制系统性能会受到影响。于是，想要获得高性能的交流控制系统，就必须采用现代先进的控制策略来弥补经典控制的缺陷。随着现代控制理论和智能控制理论的发展，上述想法成为可能。现代控制理论考虑了控制对象的参数变化以及各种非线性因素的影响；智能控制理论具有不依赖对象数学模型、鲁棒性强的特点，很大程度上消除了控制系统中模型参数变化和非线性等不确定因素的影响。基于此，越来越多的先进控制方法应用到了交流控制系统中。

永磁同步电机是具有强耦合的非线性对象，并且电机运行过程中往往会存在各种不可预见的干扰，同时电机参数也会发生变化。而PI控制器属于线性控制器的一种，它的鲁棒性不够强，适应负载变化能力差，抗干扰能力差，控制性能不够稳定，容易受很多因素影响。由于上述的一些缺点，PI控制器在交流电机调速控制系统中会出现许多不足，例如，PI控制器参数控制范围不够大，在某一状态下整定为最优的PI参数运用到另一种状态下效果可能打折扣；对于不同的电机转速，同一个PI参数一般难以适用，PI参数需要分别调节，这就增加了现场调试的难度。为此，国内外学者为了弥补PID经典控制理论对非线性系统调节能力不足的问题，从不同角度提出了各种基于PI控制的改进方法，将滑模控制、自适应控制、模糊控制、神经网络控制等算法引入电机控制领域中，形成模糊PI控制、自适应PI控制、神经网络PI控制算法，并与矢量控制和直接转矩控制理论结合，以满足系统的动、静态性能指标，实现交流电机的高性能控制。

5.3　电压空间矢量调制

5.3.1　电机正弦磁场的空间矢量表示

1)气隙磁场的空间矢量表述[8-9]

正弦电路中，随时间做正弦变化的电压和电流，可以用有效值、频率和初相三个要素来决定。在正弦稳态电路中，电压、电流等都是同频率的正弦量，频率是给定的，知道了有效值和初相就可以完全确定正弦量。常用相量来表示这些随时间正弦变化电压和电流，例如，一个余弦信号，$v(t)=\sqrt{2}V\cos\omega t$，可用相量表示为$\dot{V}=V\angle 0$，$V$ 代表有效值；同样，$i(t)=\sqrt{2}I\cos(\omega t-\phi)$，可用相量表示为$\dot{I}=I\angle -\phi$。

交流电机中，气隙中的磁场在空间按照正弦规律分布，类似于随时间变化的相量表示，随空间做正弦分布的磁场等量可以用空间矢量来表示。空间矢量的幅度表示磁场分布的峰值，角度θ表示空间矢量与电机中 a 相磁轴的夹角。

类似于相量，空间矢量也可用复数来表示，本书中用黑斜体字母来表示。如图 5.12 所示，考虑 a 相绕组产生磁场的情况，假设 a 相绕组有 N_s 匝线圈，线圈正弦分布，设线圈导体条的分布密度为$n(\theta)=N\sin\theta$，则以 a 相磁轴线为参考点，在 0～π 共有 N_s 根线圈导体条，即 $\int_0^{\pi} n_s(\theta)\mathrm{d}\theta=N_s$，从而线圈导体条的分布密度为$n(\theta)=\dfrac{N_s}{2}\sin\theta$。若线圈中通有随时间变化的电流$i_a(t)$，则在任意时刻$t$，其产生的磁动势如式(5.20)所示。$\boldsymbol{F}_a(t)$ 表示总是沿着 a 相的磁轴方向，a 相磁轴通常作为参考轴，幅度采用幅值，其他两相绕组产生的磁动势可类似表示。

$$\begin{cases}\boldsymbol{F}_a(t)=\dfrac{N_s}{2}i_a(t)\angle 0^\circ\\ \boldsymbol{F}_b(t)=\dfrac{N_s}{2}i_b(t)\angle 120^\circ\\ \boldsymbol{F}_c(t)=\dfrac{N_s}{2}i_c(t)\angle 240^\circ\end{cases}\tag{5.20}$$

从图 5.12(a)中可以看出，对于给定的三相的电流值$i_a(t)$、$i_b(t)$、$i_c(t)$，总有$i_a(t)+i_b(t)+i_c(t)=0$，其中，各相电流产生的磁动势沿着各自的磁轴。图 5.12 中表示的$i_a(t)$为正值，$i_b(t)$、$i_c(t)$为负值。由这三相电流构成的合成磁动势的分布如图 5.12(b)所示，可表示为

$$\boldsymbol{F}_s(t)=\boldsymbol{F}_a(t)+\boldsymbol{F}_b(t)+\boldsymbol{F}_c(t)=F_s\angle\theta_{Fs}\tag{5.21}$$

式中，F_s 为空间矢量的幅度；θ_{F_s} 为空间矢量 a 相磁轴的夹角；下标 s 表示定子绕组合成的磁动势。图 5.12(b)中的$\boldsymbol{F}_s(t)$表示磁动势的空间分布，其与角度θ的关系如图 5.12(c)所示。

除了磁动势，其他的电压、电流等量也可以用空间矢量表示。在任意时刻，可直接在端口测量电压、电流的值，但是电压和电流的空间分布情况不易得出。实际工程中，常用合成矢量来表示空间分布，如用相电压乘以对应的磁轴方向之后的组合。在某一时刻t，可定义定子电流和电压的空间矢量如下：

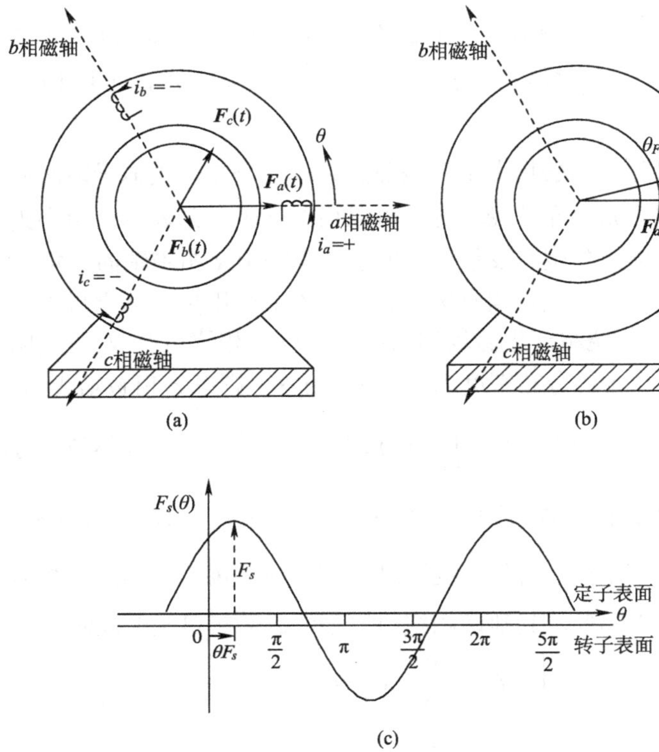

图 5.12　t 时刻电机中磁动势的空间矢量表示

$$\boldsymbol{i}_s(t)=i_a(t)\angle 0°+i_b(t)\angle 120°+i_c(t)\angle 240°=I_s(t)\angle\theta_{i_s}(t) \tag{5.22}$$

$$\boldsymbol{v}_s(t)=v_a(t)\angle 0°+v_b(t)\angle 120°+v_c(t)\angle 240°=V_s(t)\angle\theta_{v_s}(t) \tag{5.23}$$

2) 定子电流空间矢量的物理解释

定子电流空间矢量可产生相应的磁动势，由式(5.20)和式(5.21)可知

$$\frac{N_s}{2}\boldsymbol{i}_s(t)=\frac{N_s}{2}i_a(t)\angle 0°+\frac{N_s}{2}i_b(t)\angle 120°+\frac{N_s}{2}i_c(t)\angle 240° \tag{5.24}$$

所以，可进一步表示为

$$\frac{N_s}{2}\boldsymbol{i}_s(t)=\boldsymbol{F}_s(t) \tag{5.25}$$

从而有

$$\boldsymbol{i}_s(t)=\boldsymbol{F}_s(t)\bigg/\left(\frac{N_s}{2}\right),\quad I_s(t)=F_s(t)\bigg/\left(\frac{N_s}{2}\right),\quad \theta_{i_s}(t)=\theta_{F_s}(t) \tag{5.26}$$

式(5.26)表示，$\boldsymbol{i}_s(t)$ 和 $\boldsymbol{F}_s(t)$ 通过 $N_s/2$ 相联系，它们的方向相同。从中也可以看出，在电机的正弦分布绕组中(每相有 N_s 个绕组)分别施加 $i_a(t)$、$i_b(t)$、$i_c(t)$ 电

流，产生的合成磁动势相当于在具有 N_s 个绕组的单相线圈中施加 $I_s(t)$ 电流，其中磁轴方向为 $\theta_{i_s}(t)$，见图 5.13。

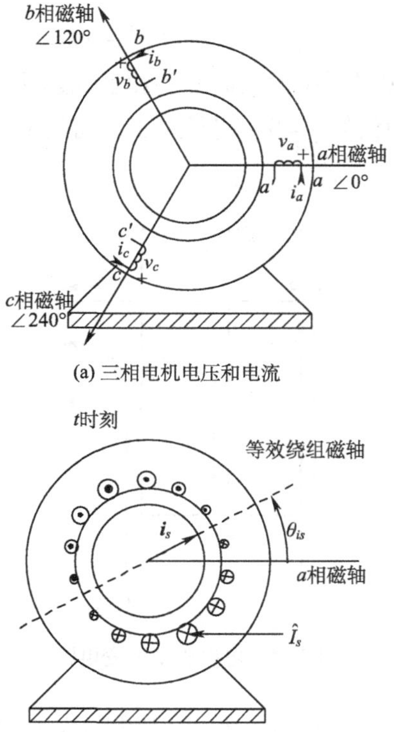

(a) 三相电机电压和电流

(b) 电流空间矢量的物理解释

图 5.13　电流电压空间矢量及物理解释

5.3.2　空间矢量控制脉宽调制

交流电机控制中，关键在于根据控制目标值产生合适的旋转磁场，通常可通过控制逆变器各个开关的通断时间完成控制。随着微控制器的数字信号处理功能的成熟，常用空间矢量控制脉宽调制(SVPWM)技术代替传统的正弦波脉宽控制(SPWM)技术，从而电机驱动具有更好的调速控制性能[25]。

根据某一时刻的定子中的相电压，可以得出定子电压空间矢量的表达式：

$$\boldsymbol{v}_s(t) = v_a(t)\mathrm{e}^{\mathrm{j}0} + v_b(t)\mathrm{e}^{\mathrm{j}2\pi/3} + v_c(t)\mathrm{e}^{\mathrm{j}4\pi/3} \tag{5.27}$$

图 5.14 电机驱动逆变电路中，以定子的中性连接点作为参考地电位，绕组的两端电压和直流母线电压的关系如下：

$$v_a = v_{aN} + v_N, \quad v_b = v_{bN} + v_N, \quad v_c = v_{cN} + v_N \tag{5.28}$$

由于 $e^{j0} + e^{j2\pi/3} + e^{j4\pi/3} = 0$，定子电压空间矢量的表达式可转化为逆变器输出电压的表达式：

$$\boldsymbol{v}_s(t) = v_{aN}e^{j0} + v_{bN}e^{j2\pi/3} + v_{cN}e^{j4\pi/3} \tag{5.29}$$

在图 5.14 中，逆变器模型中的双向开关和上部连接时，控制信号 $q=1$；双向开关和下部连接时，控制信号 $q=0$。定子电压空间矢量可转化为与控制信号相关的表达式：

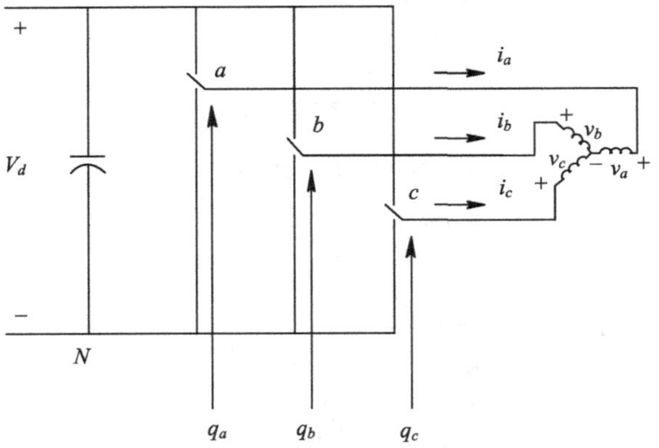

图 5.14　电机驱动逆变电路

$$\boldsymbol{v}_s(t) = V_d\left(q_a e^{j0} + q_b e^{j2\pi/3} + q_c e^{j4\pi/3}\right) \tag{5.30}$$

逆变器有 3 个双向开关，有 8 种组合方式，共有 7 种可能的输出矢量。每种组合方式可以用 3 位的控制信号组合表示，最高有效位表示 c 相，最低有效位表示 a 相，从而有如下的矢量表示。

$$\begin{cases} \boldsymbol{v}_s(000) = \boldsymbol{v}_0 = 0 \\ \boldsymbol{v}_s(001) = \boldsymbol{v}_1 = V_d e^{j0} \\ \boldsymbol{v}_s(010) = \boldsymbol{v}_2 = V_d e^{j2\pi/3} \\ \boldsymbol{v}_s(011) = \boldsymbol{v}_3 = V_d e^{j\pi/3} \\ \boldsymbol{v}_s(100) = \boldsymbol{v}_4 = V_d e^{j4\pi/3} \\ \boldsymbol{v}_s(101) = \boldsymbol{v}_5 = V_d e^{j5\pi/3} \\ \boldsymbol{v}_s(110) = \boldsymbol{v}_6 = V_d e^{j\pi} \\ \boldsymbol{v}_s(111) = \boldsymbol{v}_7 = 0 \end{cases} \tag{5.31}$$

式中，$\boldsymbol{v}_0$ 和 $\boldsymbol{v}_7$ 表示零矢量，其余的矢量称为基本空间矢量，如图 5.15 所示。逆变器的开关采用 SVPWM 控制的目标是利用最优的方法生成定子所需要的空间电压矢量。要求控制具有以下特点。

(1)具有恒定的开关频率 f_s。

(2)和参考值的偏差最小。

(3)保持直流母线电压的最高利用率。

(4)电机电流的纹波最小。

(5)具有少的开关次数，使得开关损耗最小。

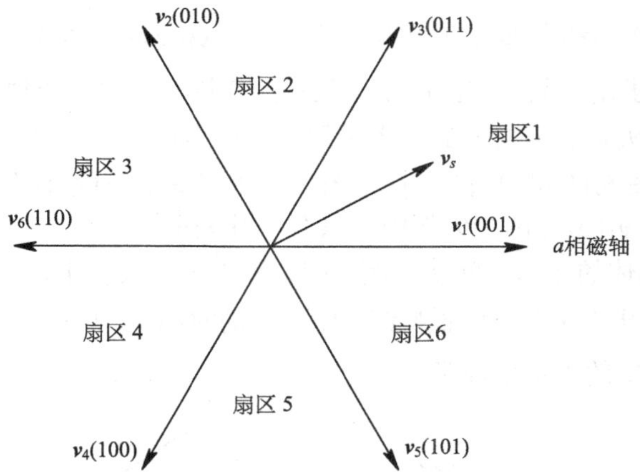

图 5.15　基本 SVPWM 矢量

SVPWM 的控制本质是在一个开关周期内，控制基本空间矢量的持续时间，生成期望的定子电压空间矢量。例如，期望的电压空间矢量在扇区 1 中，可以采用扇区中最相邻的基本矢量 $\boldsymbol{v}_1$、$\boldsymbol{v}_3$，以及两个零矢量 $\boldsymbol{v}_0$、$\boldsymbol{v}_7$ 分别作用不同的时间，最终通过平均得出 $\boldsymbol{v}_s$ 矢量；零矢量可以选择 $\boldsymbol{v}_0$ 或 $\boldsymbol{v}_7$，选择的依据是使得逆变器的开关变化次数相对较少。

下面求各个基本 SVPWM 矢量的作用时间，假设 $\boldsymbol{v}_1$、$\boldsymbol{v}_3$ 分别持续 xT_s、yT_s；$\boldsymbol{v}_0$ 或 $\boldsymbol{v}_7$ 共持续 zT_s，T_s 是开关周期，此时平均电压可表示为

$$\boldsymbol{v}_s = \frac{1}{T_s}(xT_s\boldsymbol{v}_1 + yT_s\boldsymbol{v}_3 + zT_s \times 0) \tag{5.32}$$

也可写成

$$\boldsymbol{v}_s = xT_s\boldsymbol{v}_1 + yT_s\boldsymbol{v}_3, \quad x + y + z = 1 \tag{5.33}$$

相关的矢量表示如图 5.16 所示。矢量也可用幅度相角表示，可写成

$$V_s e^{j\theta_s} = xV_d e^{j0} + yV_d e^{j\pi/3} \tag{5.34}$$

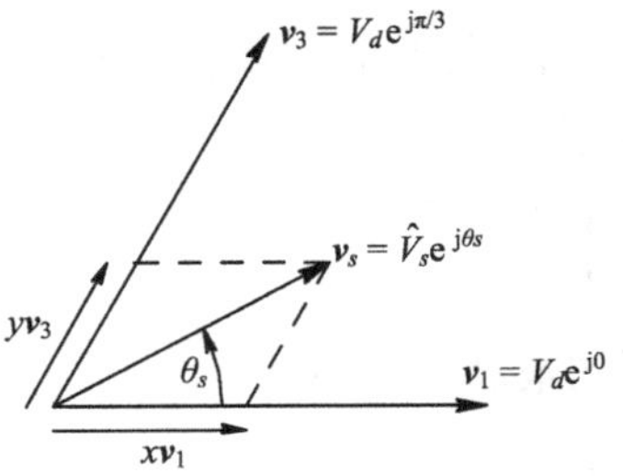

图 5.16　扇区 1 中的矢量表示

式(5.34)中实部和虚部分别相等，可以求出 x 和 y 的表达式，从而零矢量的作用时间 z 可相应求出，其他扇区的电压矢量的作用时间也可类似求出。

确定了基本矢量和零矢量的作用时间，具体实现中还要进一步确定每个开关的作用情况。从图 5.15 可以看出，每个扇区的相邻基本矢量只相差一个开关变化。例如，$\boldsymbol{v}_1(001)$、$\boldsymbol{v}_3(011)$ 两个矢量中，只有 b 开关不同。

图 5.17 是具体的作用时间实现图，可以看出，a 开关在上部位置持续 xT_s、yT_s 和 zT_s 的时间，b 开关在上部位置持续 xT_s 和 zT_s 的时间，c 开关在上部位置持续 zT_s 时间。其他扇区中的矢量生成类似。

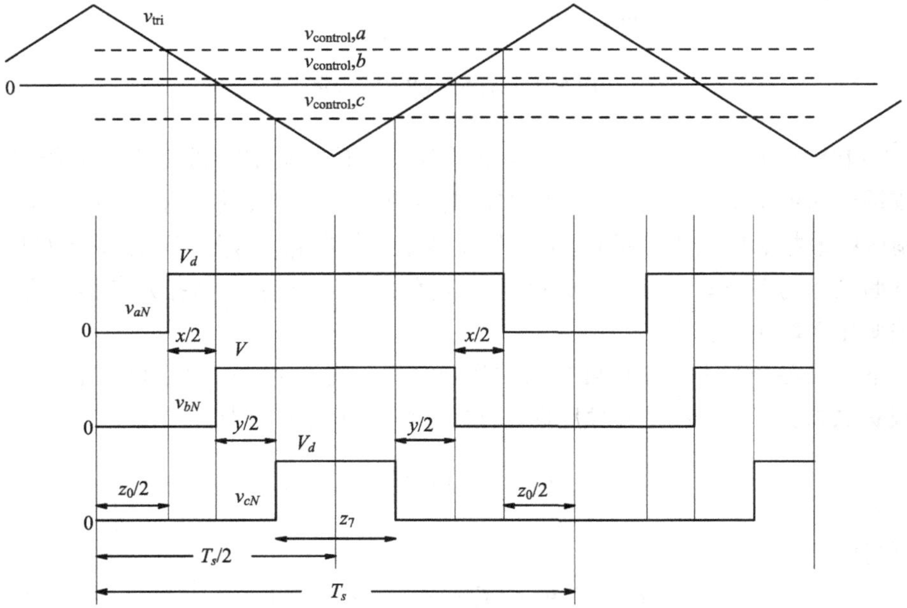

图 5.17　扇区 1 中矢量生成波形

5.3.3　SVPWM 的 Matlab Simulink 仿真

定子电压的 SVPWM 实现时可通过比较控制信号和开关频率重复的三角波信号来确定开关时间，假设直流母线电压为 V_d，各相线圈的相电压为 v_a、v_b、v_c，为综合生成平均空间矢量 $\boldsymbol{v}_s$，控制电压由所要生成的各相电压确定，控制电压的值和三角波幅度值之比为

$$\frac{v_{\text{control},a}}{V_{\text{tri}}}=\frac{v_a-v_k}{V_d/2}$$
$$\frac{v_{\text{control},b}}{V_{\text{tri}}}=\frac{v_b-v_k}{V_d/2} \tag{5.35}$$
$$\frac{v_{\text{control},c}}{V_{\text{tri}}}=\frac{v_c-v_k}{V_d/2}$$

$$v_k=\frac{\max(v_a,v_b,v_c)+\min(v_a,v_b,v_c)}{2} \tag{5.36}$$

根据上述原理，利用 Matlab Simulink 进行仿真，图 5.18 给出了控制电压生成的仿真框图，通过预期产生的相电压可以得出所需要的 SVPWM 控制电压。

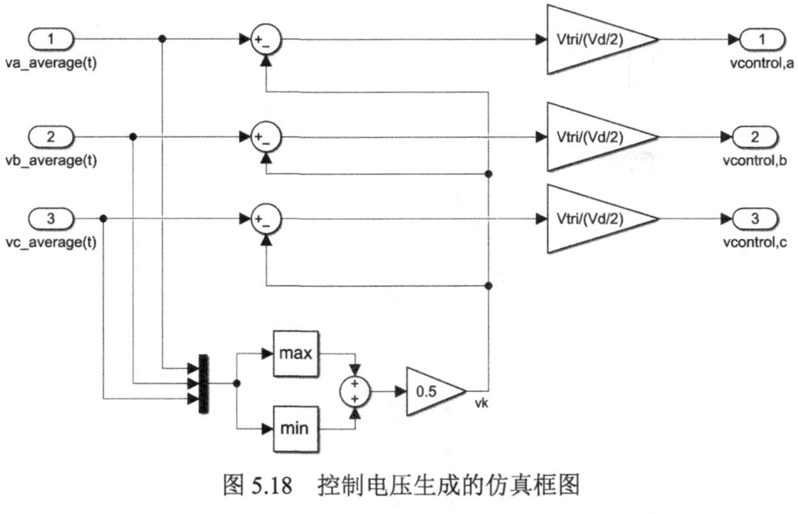

图 5.18　控制电压生成的仿真框图

图 5.19 给出了 SVPWM 的整体仿真框图，其中直流电压参数为 $V_d=700\text{V}$，采用 10kHz 的开关频率，三角波幅度为 5V。为能产生稳定的 60Hz、460V 线电压，其三相控制电压波形如图 5.20 所示，生成的相电压瞬时波形如图 5.21 所示。和 SPWM 的控制类似，SVPWM 也可使用三角波产生合适的控制电压。但和正弦波调制(SPWM)不同的是，SVPWM 的控制信号不是一个完全的正弦波。

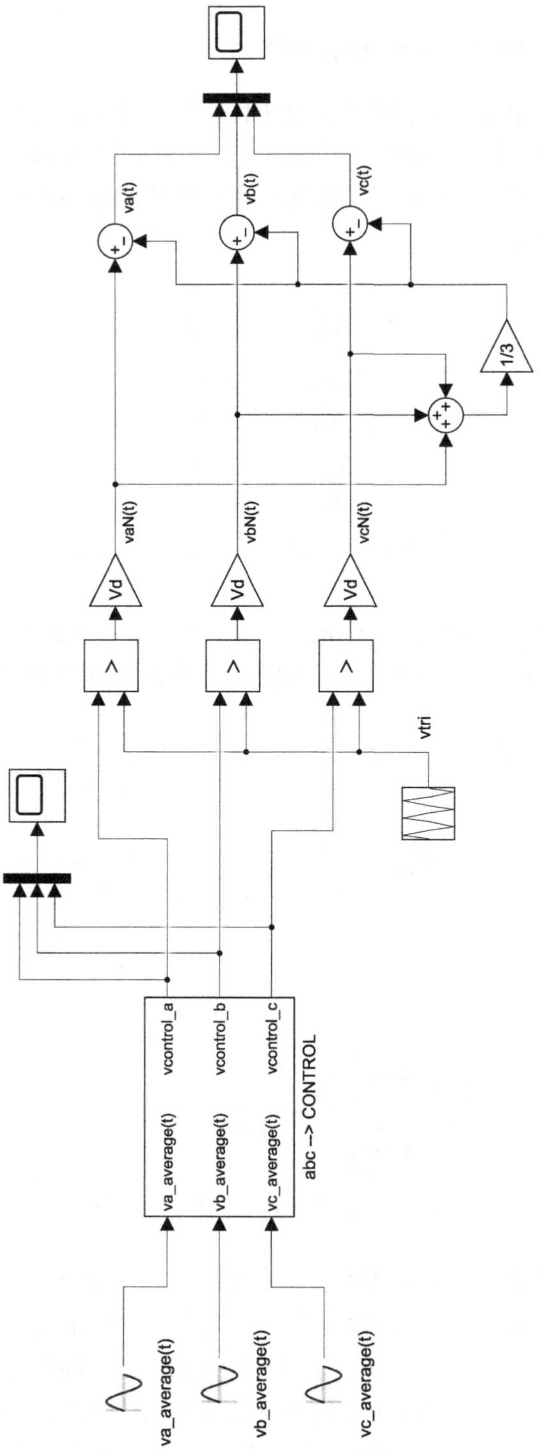
va_average(t)
vb_average(t)
vc_average(t)
va_average(t)
vb_average(t)
vc_average(t)
vcontrol_a
vcontrol_b
vcontrol_c
abc --> CONTROL
vtri
Vd
Vd
Vd
vaN(t)
vbN(t)
vcN(t)
1/3
va(t)
vb(t)
vc(t)

图 5.19　总体仿真框图

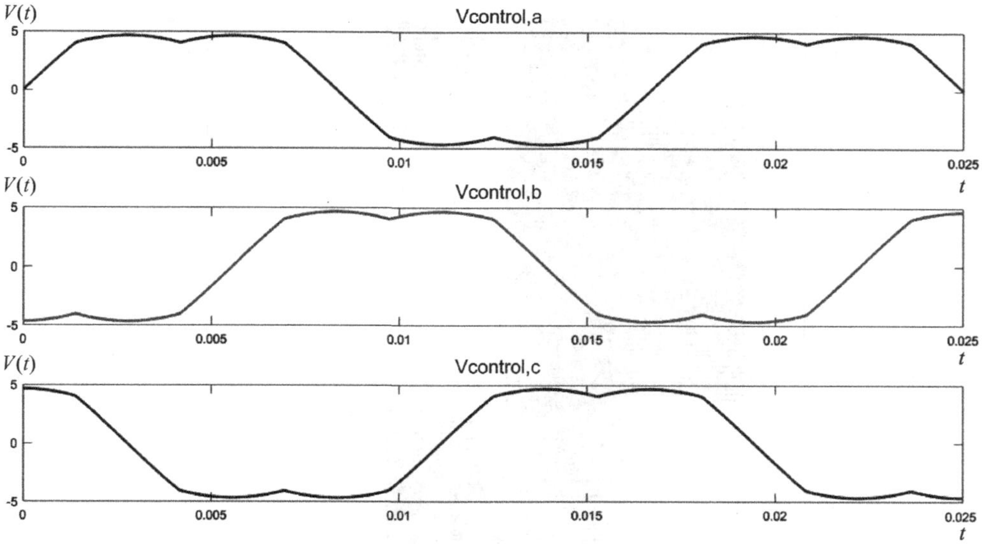

图 5.20　SVPWM 控制电压波形

5.4　坐标等效变换原理

直流电机中的磁链和转矩相互独立，主磁通基本上由励磁绕组的励磁电流决定，而电枢磁动势的轴线和主磁通垂直。其模型和控制系统比较直观，简化了相关的分析和控制，且具有较好的控制性能。

交流电机的控制涉及三相电压或电流的控制，直接控制相对复杂。但若利用适当的坐标变换，使得三相坐标下的电机模型转换为直流电机模型，这样可将交流电机的控制等效成直流电机控制，有效解决交流电机的控制问题[26-27]。

对交流电机的磁动势进行分析可知，任意对称的多相绕组，当通入平衡的多相电流，会产生旋转磁动势。具体来说，在三相电机中，当在三相对称交流绕组中的 A、B、C 中通过三相平衡的正弦电流 i_A、i_B、i_C 时，其合成磁动势是一个旋转磁动势 F，并以同步转速(电流的角频率)顺着 ABC 相序旋转；在两相电机中，两相对称绕组 α、β 中通过平衡的正弦电流 i_α、i_β 时，合成磁动势 F 也是旋转磁动势，如图 5.22 所示。

多相电机中，两相电机最为简单。而三相电机中，三相变量中只有两相为独立变量，三相绕组可以用两相正交对称绕组等效代替，这样可简化分析。

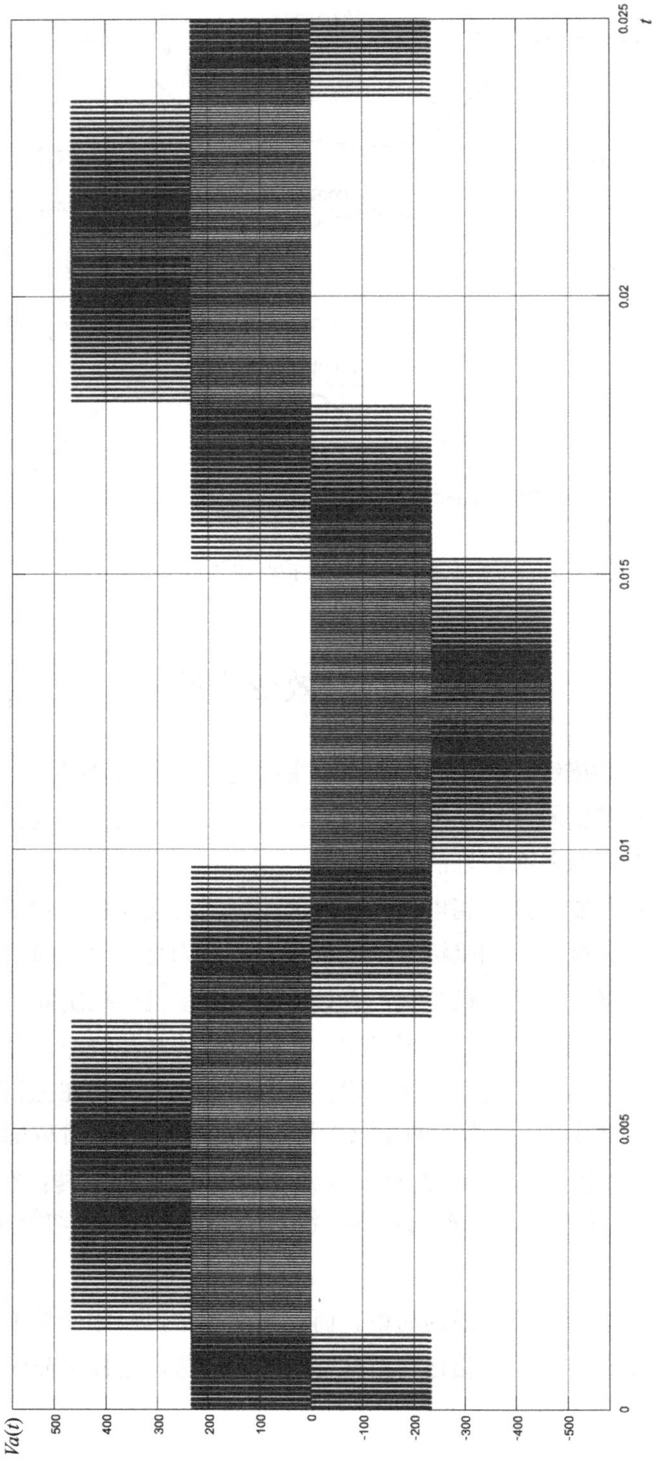

图 5.21　相电压瞬时波形

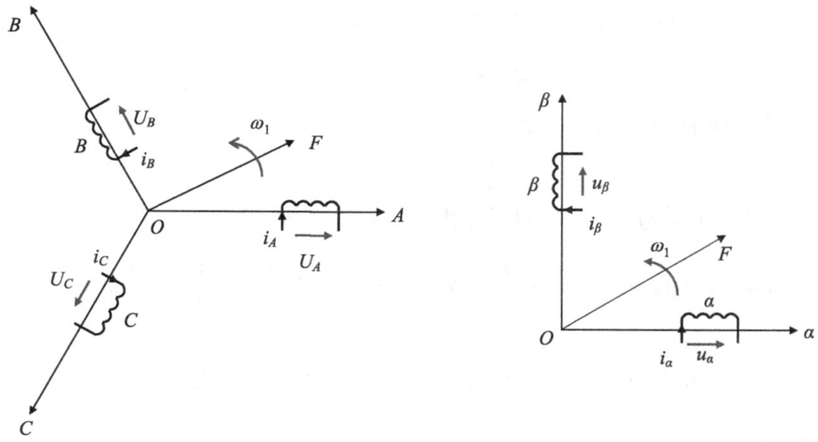

图 5.22　三相绕组和两相绕组等效变换

5.4.1　Clarke 变换

当三相绕组和两相绕组产生的两个旋转磁动势大小与转速都相等时，三相绕组和两相绕组等效，其中做的变换称为 Clarke 变换（ABC 到 $\alpha\beta$），也成为 3/2 变换。Clarke 变换根据变换条件不同可以采用等功率或等幅值变换的形式，下述分别对两种变换形式进行说明。

1. 等功率变换

根据图 5.23，空间矢量 $\boldsymbol{i}_{ABC}$ 可分解为

$$\boldsymbol{i}_{ABC} = k(i_A + a i_B + a^2 i_C) \tag{5.37}$$

式中，$a = \mathrm{e}^{\mathrm{j}\frac{2}{3}\pi}$，$a^2 = \mathrm{e}^{\mathrm{j}\frac{4}{3}\pi}$，$k$ 在等功率变换和幅值变换中取不同的值。

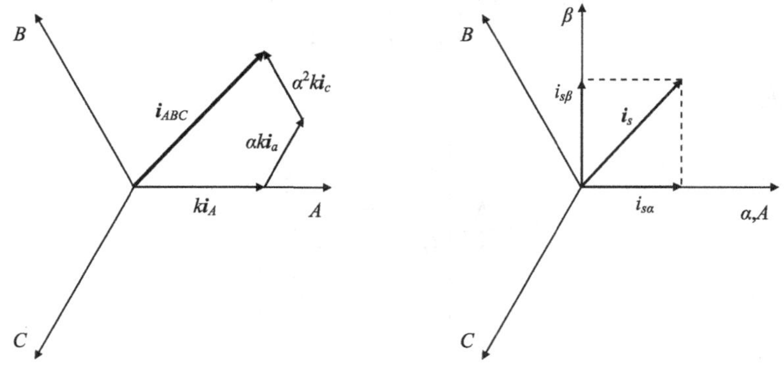

(a)　　　　(b)

图 5.23　三相和两相坐标系中的空间矢量

根据图 5.23(b)所示，空间矢量 $\boldsymbol{i}_{\alpha\beta}$ 可分解为

$$\boldsymbol{i}_{\alpha\beta} = i_\alpha + \mathrm{j} i_\beta \tag{5.38}$$

为使得变换前后磁动势一致，要求有

$$N_3 i_{ABC} = N_2 i_{\alpha\beta} \tag{5.39}$$

式中，N_3、N_2 分别为三相和两相绕组的匝数。从而有

$$N_2 i_\alpha = N_3 i_A + N_3 i_B \cos\frac{2\pi}{3} + N_3 i_C \cos\frac{4\pi}{3} = N_3\left(i_A - \frac{1}{2}i_B - \frac{1}{2}i_C\right) \tag{5.40}$$

$$N_2 i_\beta = N_3 i_B \sin\frac{2\pi}{3} + N_3 i_C \sin\frac{4\pi}{3} = \frac{\sqrt{3}}{2} N_3 (i_B - i_C) \tag{5.41}$$

写成矩阵形式

$$\begin{bmatrix} i_\alpha \\ i_\beta \end{bmatrix} = \frac{N_3}{N_2}\begin{bmatrix} 1 & -\frac{1}{2} & -\frac{1}{2} \\ 0 & \frac{\sqrt{3}}{2} & -\frac{\sqrt{3}}{2} \end{bmatrix}\begin{bmatrix} i_A \\ i_B \\ i_C \end{bmatrix} \tag{5.42}$$

对于三相对称模型，有

$$i_A + i_B + i_C = 0 \tag{5.43}$$

引入零轴，垂直于 α 和 β 轴，此时零序变量为

$$i_0 = \frac{N_3}{N_2}(k i_A + k i_B + k i_C) \tag{5.44}$$

对应变换关系为

$$\begin{bmatrix} i_\alpha \\ i_\beta \\ i_0 \end{bmatrix} = \sqrt{\frac{2}{3}}\begin{bmatrix} 1 & -\frac{1}{2} & -\frac{1}{2} \\ 0 & \frac{\sqrt{3}}{2} & -\frac{\sqrt{3}}{2} \\ k & k & k \end{bmatrix}\begin{bmatrix} i_A \\ i_B \\ i_C \end{bmatrix} \tag{5.45}$$

变换矩阵为

$$\boldsymbol{C} = \frac{N_3}{N_2}\begin{bmatrix} 1 & -\frac{1}{2} & -\frac{1}{2} \\ 0 & \frac{\sqrt{3}}{2} & -\frac{\sqrt{3}}{2} \\ k & k & k \end{bmatrix} \tag{5.46}$$

其逆矩阵为

$$
\boldsymbol{C}^{-1}=\frac{2N_2}{3N_3}\begin{bmatrix} 1 & 0 & \frac{1}{2k} \\ -\frac{1}{2} & \frac{\sqrt{3}}{2} & \frac{1}{2k} \\ -\frac{1}{2} & -\frac{\sqrt{3}}{2} & \frac{1}{2k} \end{bmatrix} \tag{5.47}
$$

其转置矩阵为

$$
\boldsymbol{C}^{\mathrm{T}}=\frac{N_3}{N_2}\begin{bmatrix} 1 & 0 & k \\ -\frac{1}{2} & \frac{\sqrt{3}}{2} & k \\ -\frac{1}{2} & -\frac{\sqrt{3}}{2} & k \end{bmatrix} \tag{5.48}
$$

对于等功率变换，满足变换前后不同坐标系统中电机功率不变。经过变换，原来坐标下的电压 $\boldsymbol{u}$ 和电流 $\boldsymbol{i}$ 变换为新坐标下的 $\boldsymbol{u}'$ 和电流 $\boldsymbol{i}'$，存在如下关系：

$$
\begin{aligned} u &= Cu' \\ i &= Ci' \end{aligned} \tag{5.49}
$$

为满足形式上功率不变的原则，在一个坐标下的功率 $\boldsymbol{i}^{\mathrm{T}}\boldsymbol{u}$ 应等于变换后坐标下的功率 $\boldsymbol{i}^{\mathrm{T}'}\boldsymbol{u}'$，故

$$
\boldsymbol{i}^{\mathrm{T}}\boldsymbol{u}=(\boldsymbol{C}\boldsymbol{i}')^{\mathrm{T}}\boldsymbol{C}\boldsymbol{u}'=\boldsymbol{i}^{\mathrm{T}'}\boldsymbol{C}^{\mathrm{T}}\boldsymbol{C}\boldsymbol{u}'=\boldsymbol{i}^{\mathrm{T}'}\boldsymbol{u}' \tag{5.50}
$$

从而，必有 $\boldsymbol{C}^{\mathrm{T}}\boldsymbol{C}=\boldsymbol{E}$，这里 $\boldsymbol{E}$ 为单位矩阵。因此为满足功率不变的变换原则，有 $\boldsymbol{C}^{-1}=\boldsymbol{C}^{\mathrm{T}}$，将前述变换矩阵代入，可得

$$
\frac{2N_2}{3N_3}=\frac{N_3}{N_2},\quad \frac{1}{2k}=k \tag{5.51}
$$

因此，有

$$
\frac{N_3}{N_2}=\sqrt{\frac{2}{3}},\quad k=\frac{1}{\sqrt{2}} \tag{5.52}
$$

Clarke 变换式为

$$
\begin{bmatrix} i_\alpha \\ i_\beta \\ i_0 \end{bmatrix}=\sqrt{\frac{2}{3}}\begin{bmatrix} 1 & -\frac{1}{2} & -\frac{1}{2} \\ 0 & \frac{\sqrt{3}}{2} & -\frac{\sqrt{3}}{2} \\ \frac{1}{\sqrt{2}} & \frac{1}{\sqrt{2}} & \frac{1}{\sqrt{2}} \end{bmatrix}\begin{bmatrix} i_A \\ i_B \\ i_C \end{bmatrix} \tag{5.53}
$$

功率不变情况下，Clarke 变换矩阵为

$$\boldsymbol{C}_{P\text{-Clarke}}=\sqrt{\frac{2}{3}}\begin{bmatrix}1 & -\frac{1}{2} & -\frac{1}{2}\\ 0 & \frac{\sqrt{3}}{2} & -\frac{\sqrt{3}}{2}\\ \frac{1}{\sqrt{2}} & \frac{1}{\sqrt{2}} & \frac{1}{\sqrt{2}}\end{bmatrix} \tag{5.54}$$

其逆矩阵为

$$\boldsymbol{C}_{P\text{-Clarke}}^{-1}=\sqrt{\frac{2}{3}}\begin{bmatrix}1 & 0 & \frac{1}{\sqrt{2}}\\ -\frac{1}{2} & \frac{\sqrt{3}}{2} & \frac{1}{\sqrt{2}}\\ -\frac{1}{2} & -\frac{\sqrt{3}}{2} & \frac{1}{\sqrt{2}}\end{bmatrix} \tag{5.55}$$

2. 等幅值变换

在复平面上的矢量 $\boldsymbol{i}$ 总能够用互差 120° 的 ABC 坐标系的分量 i_A、i_B、i_C 等效表示，其中 A 轴与复平面的实轴重合。

$$\boldsymbol{i}=k(i_A+ai_B+a^2 i_C) \tag{5.56}$$

式中，$a=\mathrm{e}^{\mathrm{j}\frac{2}{3}\pi}$，$a^2=\mathrm{e}^{\mathrm{j}\frac{4}{3}\pi}$。

零序分量：

$$\boldsymbol{i}_0=k_0(i_A+i_B+i_C) \tag{5.57}$$

$\boldsymbol{i}_0$ 的方向与复平面的实轴方向一致：

$$\boldsymbol{i}_0=k_0(i_A+i_B+i_C) \tag{5.58}$$

即

$$i_B+i_C=\frac{i_0}{k_0}-i_A \tag{5.59}$$

$$\mathrm{Re}(\boldsymbol{i})=k\left(i_A-\frac{1}{2}i_B-\frac{1}{2}i_C\right)=k\left[i_A-\frac{1}{2}(i_B+i_C)\right]=k\left[i_A-\frac{1}{2}\left(\frac{i_0}{k_0}-i_A\right)\right]=\frac{3}{2}ki_A-\frac{1}{2}\cdot\frac{ki_0}{k_0} \tag{5.60}$$

$$\mathrm{Im}(\boldsymbol{i})=k\frac{\sqrt{3}}{2}(i_B-i_C) \tag{5.61}$$

等幅值变换时，规定：

$$\mathrm{Re}(\boldsymbol{i}) = i_A - i_0 \tag{5.62}$$

$$\frac{3}{2}ki_A - \frac{1}{2}\frac{ki_0}{k_0} = i_A - i_0 \tag{5.63}$$

可解得

$$k = \frac{2}{3}\text{，}\quad k_0 = \frac{1}{3}$$

所以 Clarke 变换的等幅值变换形式为

$$\begin{cases} i_\alpha = \dfrac{2}{3}\left[i_A - \dfrac{1}{2}(i_B + i_C)\right] \\ i_\beta = \dfrac{2}{3}\times\dfrac{\sqrt{3}}{2}(i_B - i_C) \\ i_0 = \dfrac{1}{3}(i_A + i_B + i_C) \end{cases} \tag{5.64}$$

写成矩阵形式为

$$\begin{bmatrix} i_\alpha \\ i_\beta \\ i_0 \end{bmatrix} = \frac{2}{3}\begin{bmatrix} 1 & -\dfrac{1}{2} & -\dfrac{1}{2} \\ 0 & \dfrac{\sqrt{3}}{2} & -\dfrac{\sqrt{3}}{2} \\ \dfrac{1}{2} & \dfrac{1}{2} & \dfrac{1}{2} \end{bmatrix}\begin{bmatrix} i_A \\ i_B \\ i_C \end{bmatrix}$$

等幅值 Clarke 变换的变换矩阵为

$$\boldsymbol{C}_{A\text{-Clarke}} = \frac{2}{3}\begin{bmatrix} 1 & -\dfrac{1}{2} & -\dfrac{1}{2} \\ 0 & \dfrac{\sqrt{3}}{2} & -\dfrac{\sqrt{3}}{2} \\ \dfrac{1}{2} & \dfrac{1}{2} & \dfrac{1}{2} \end{bmatrix} \tag{5.65}$$

5.4.2　Park 变换

若两个相互正交的绕组 d、q 中只通过直流电 i_d、i_q，则产生合成磁动势 F，其位置相对固定。若让整个绕组旋转，则 F 也旋转。当旋转磁动势与交流绕组产生的磁动势转速和大小相同时，旋转的直流绕组与三相(或两相)交流绕组等效。这个过程表现在数学模型上就是从静止两相正交坐标系 $\alpha\beta$ 到旋转正交坐标系

dq 的变换，称为 Park 变换。

dq 坐标系中的电流矢量 $\boldsymbol{i}_s = i_{sd} + \mathrm{j}i_{sq}$，根据图 5.24 得

$$\boldsymbol{i}_s = i_\alpha \cos\theta + i_\beta \sin\theta + \mathrm{j}\left[i_\alpha \sin(-\theta) + i_\beta \cos\theta\right] \tag{5.66}$$

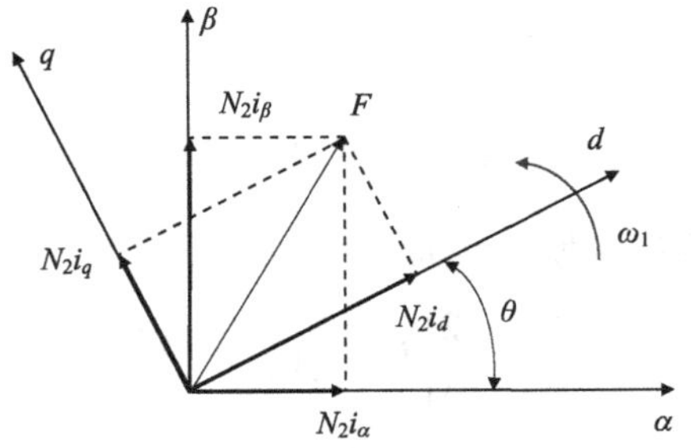

图 5.24　坐标旋转关系

矩阵形式表示为

$$\begin{bmatrix} i_d \\ i_q \end{bmatrix} = \begin{bmatrix} \cos\theta & \sin\theta \\ -\sin\theta & \cos\theta \end{bmatrix} \begin{bmatrix} i_\alpha \\ i_\beta \end{bmatrix} \tag{5.67}$$

逆 Park 变换矩阵为

$$\begin{bmatrix} i_\alpha \\ i_\beta \end{bmatrix} = \begin{bmatrix} \cos\theta & -\sin\theta \\ \sin\theta & \cos\theta \end{bmatrix} \begin{bmatrix} i_d \\ i_q \end{bmatrix} \tag{5.68}$$

变换矩阵为

$$\boldsymbol{C}_{\text{Park}} = \begin{bmatrix} \cos\theta & \sin\theta \\ -\sin\theta & \cos\theta \end{bmatrix} \tag{5.69}$$

$$\boldsymbol{C}_{\text{Park}}^{-1} = \begin{bmatrix} \cos\theta & -\sin\theta \\ \sin\theta & \cos\theta \end{bmatrix} \tag{5.70}$$

5.4.3　三相静止坐标变换到旋转正交坐标系

结合 Clarke 变换和 Park 变换，可得出从三相静止坐标系 ABC 到旋转正交坐标系 dq 的相互变换公式。以等功率变换为例，变换公式见式(5.71)和式(5.72)。同理也可得等幅值的变换形式。

$$\begin{bmatrix} i_d \\ i_q \\ i_0 \end{bmatrix} = \sqrt{\frac{2}{3}} \begin{bmatrix} \cos\theta & \sin\theta & 0 \\ -\sin\theta & \cos\theta & 0 \\ 0 & 0 & 1 \end{bmatrix} \begin{bmatrix} 1 & -\frac{1}{2} & -\frac{1}{2} \\ 0 & \frac{\sqrt{3}}{2} & -\frac{\sqrt{3}}{2} \\ \frac{1}{\sqrt{2}} & \frac{1}{\sqrt{2}} & \frac{1}{\sqrt{2}} \end{bmatrix} \begin{bmatrix} i_A \\ i_B \\ i_C \end{bmatrix}$$

$$
=\sqrt{\frac{2}{3}}\begin{bmatrix} \cos\theta & \cos\left(\theta-\frac{2\pi}{3}\right) & \cos\left(\theta-\frac{4\pi}{3}\right) \\ -\sin\theta & -\sin\left(\theta-\frac{2\pi}{3}\right) & -\sin\left(\theta-\frac{4\pi}{3}\right) \\ \frac{1}{\sqrt{2}} & \frac{1}{\sqrt{2}} & \frac{1}{\sqrt{2}} \end{bmatrix}\begin{bmatrix} i_A \\ i_B \\ i_C \end{bmatrix} \tag{5.71}
$$

逆变换：

$$
\begin{bmatrix} i_A \\ i_B \\ i_C \end{bmatrix}=\sqrt{\frac{2}{3}}\begin{bmatrix} \cos\theta & -\sin\theta & \frac{1}{\sqrt{2}} \\ \cos\left(\theta-\frac{2\pi}{3}\right) & -\sin\left(\theta-\frac{2\pi}{3}\right) & \frac{1}{\sqrt{2}} \\ \cos\left(\theta-\frac{4\pi}{3}\right) & -\sin\left(\theta-\frac{4\pi}{3}\right) & \frac{1}{\sqrt{2}} \end{bmatrix}\begin{bmatrix} i_d \\ i_q \\ i_0 \end{bmatrix} \tag{5.72}
$$

5.5　永磁同步电机控制

5.5.1　控制模型框架

针对永磁同步电机，基于 Matlab Simulink 软件，利用矢量控制实现其速度闭环控制的仿真。表 5.1 给出了目标电机的基本特性[15]。

表 5.1　目标电机基本特性

性能指标	数值
额定功率	6kW
额定转速	940r/min
额定转矩	61N·m
峰值功率	10kW
最大转速	7000r/min
最大转矩	102N·m

永磁同步电机矢量控制框图如图 5.25 所示，控制框图主体由三部分组成：控制器模型、逆变器模型和电机模型。在运行过程中，通过电流传感器获得 A、B、C 三相电流值，之后结合位置信息，用 Clarke、Park 变换将电流转换到 dq 坐标系进行速度和电流环控制，然后产生合适的 SVPWM 信号控制逆变桥开关动作，调整 PMSM 电机的电流和速度。

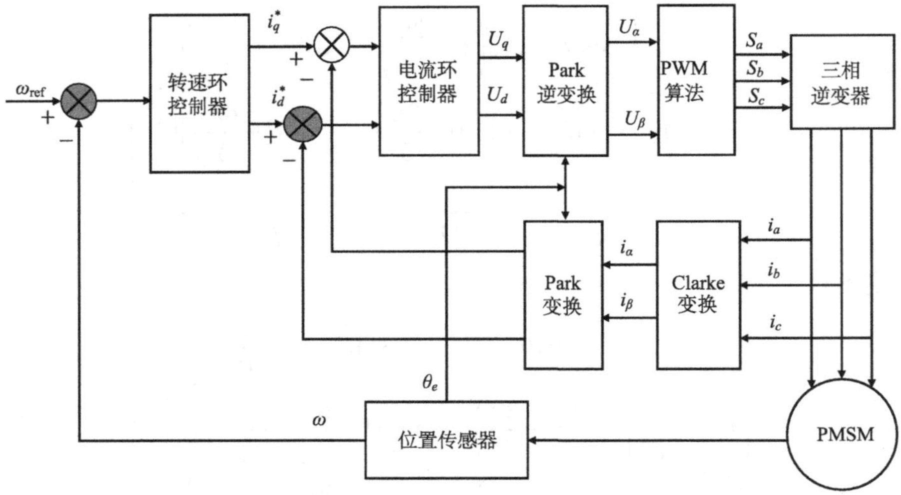

图 5.25　永磁同步电机矢量控制框图

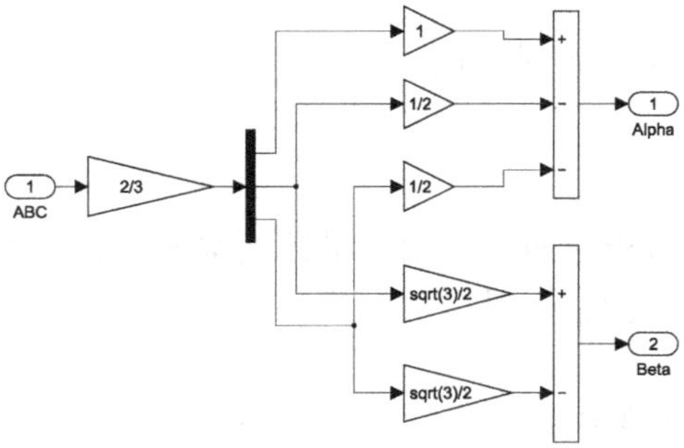

(a) Clarke变换

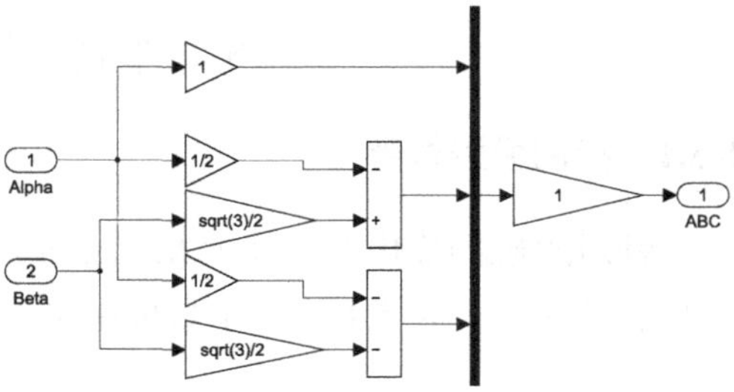

(b) 逆Clarke变换

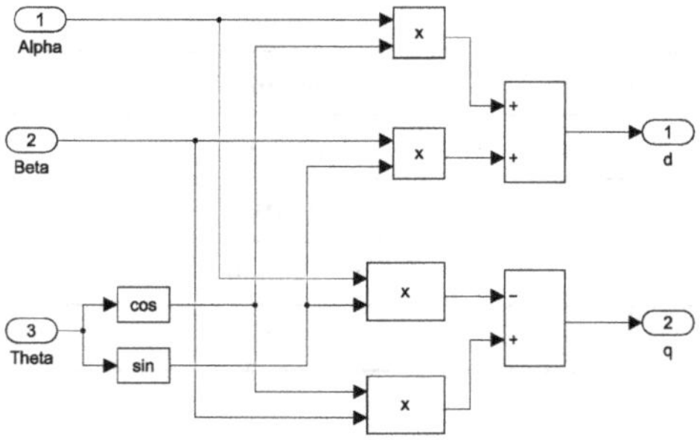

(c) Park变换

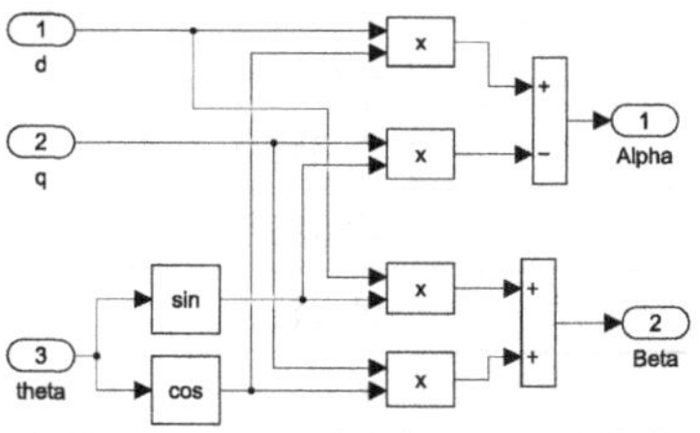

(d) 逆Park变换

图 5.26　Matlab Simulink 实现

5.5.2 Clarke 变换和 Park 变换的实现

矢量控制算法是在 dq 旋转坐标系下实现的。为了简化计算和方便矢量控制算法的开发与校验，电机模型也采用了 dq 旋转坐标系，这就涉及 Park 变换和 Clarke 变换及它们的逆变换。Clarke 变换及其逆变换实现的是静止坐标系下三相坐标系统和两相坐标系统之间变量的变换，Park 变换实现的是静止和旋转两相坐标系统的关系。它们各自的 Matlab Simulink 实现如图 5.26 所示。

5.5.3 电机模型

图 5.27 的电机模型中，首先利用 Clarke 和 Park 变换将定子电压转换到 dq 旋转坐标系中，并在 dq 坐标系下利用定子电压计算得到定子电流。

永磁同步电机电压方程：

$$L_d \frac{\mathrm{d}i_{ds}^r}{\mathrm{d}t} = u_{ds}^r - R_s i_{ds}^r + \omega_r \lambda_{qs}^r \tag{5.73}$$

$$L_q \frac{\mathrm{d}i_{qs}^r}{\mathrm{d}t} = u_{qs}^r - R_s i_{qs}^r - \omega_r \lambda_{ds}^r \tag{5.74}$$

dq 坐标系中永磁同步电机的磁链方程：

$$\lambda_{ds}^r = L_d i_{ds}^r + \lambda_f \tag{5.75}$$

$$\lambda_{qs}^r = L_q i_{qs}^r \tag{5.76}$$

永磁同步电机的输出转矩：

$$T_e = \frac{3}{2} \times \frac{p}{2\left[\lambda_f i_{qs}^r + (L_d - L_q) i_{ds}^r i_{qs}^r\right]} \tag{5.77}$$

可以由永磁同步电机的电压、磁链方程表示这一过程，并利用电磁转矩计算公式计算得出电磁转矩。电压、磁链方程的 Matlab Simulink 实现如图 5.28 所示，转矩方程的 Matlab Simulink 实现如图 5.29 所示。

机械运动方程的 Matlab Simulink 实现如图 5.30 所示。在机械运动方程的实现中，添加了负载模式的选择，即可以选择电机的转速是由负载转矩和电磁转矩之和计算得到，还是直接赋以恒定值。直接赋恒定值的模式在试验中一般是通过负载电机的恒转速控制实现的，也称为恒转速模式。在这种模式下，电机转速保持恒定，不受电磁转矩的影响，所以便于调节电流的闭环控制特性。另外，需要注意的是，在电机转速到转子位置的积分模块上，还添加了一个转子初始位置的输入，即电机启动时永磁体的初始位置。理论上所有涉及积分的环节都需要设定初值，为了确保建模仿真结果的正确性及仿真工况选择的灵活性，模型中所有积分环节的初值问题是必须考虑的。

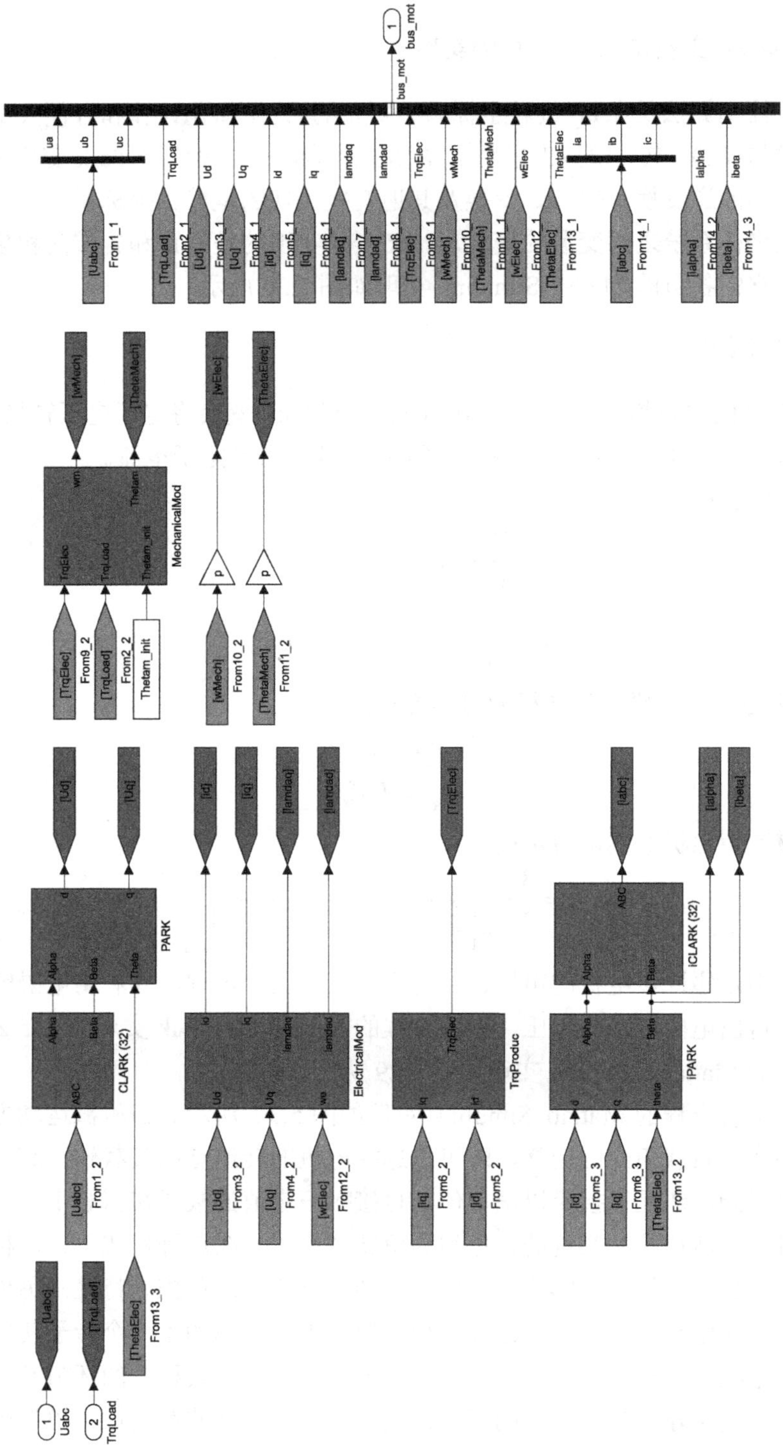

图 5.27　电机模型的实现

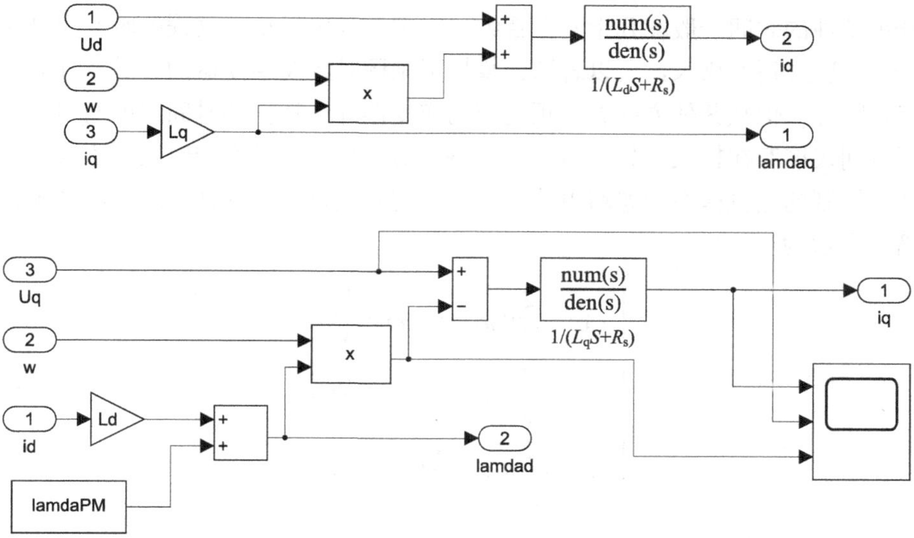

图 5.28　电压、磁链方程的 Matlab Simulink 实现

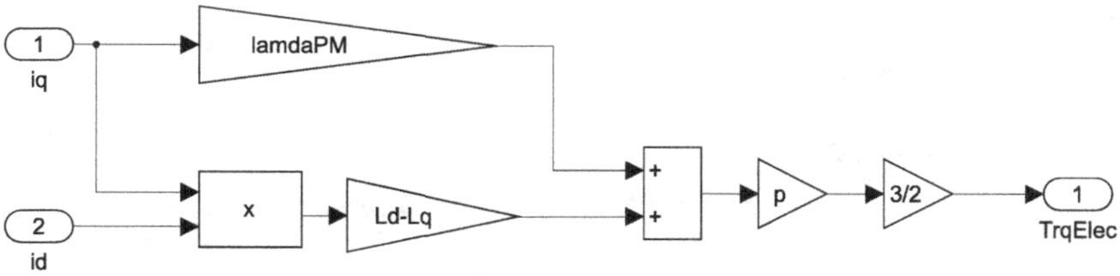

图 5.29　转矩方程的 Matlab Simulink 实现

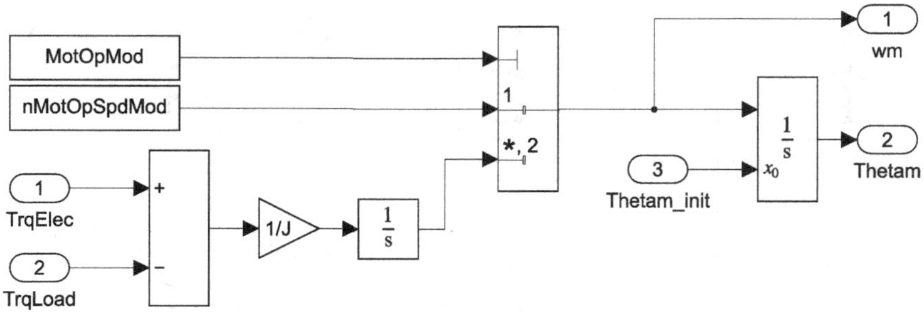

图 5.30　机械运动方程的 Matlab Simulink 实现

5.5.4　逆变器模型

逆变器一般由 MOSFET 或 IGBT 构成，它们的开关过程具有极强的非线性。

但开关特性的时间一般在几十到上百纳秒级别，与电机动态过程的时间尺度相差(几十到几百毫秒)极大，所以普通计算机很难同时顾及逆变器的开关特性和电机的运行特性。但从其他方面看，正是因为逆变器开关特性的时间尺度与电机动态过程时间尺度存在极大差异，所以这些特性对电机动态过程的影响并不大。一般在面向控制的电机模型中忽略电力电子器件的开关过程，这样，逆变器的建模可以简单表示为

$$\begin{cases} U_{AN}=\dfrac{2}{3}u_{AO}-\dfrac{1}{3}u_{BO}-\dfrac{1}{3}u_{CO} \\ U_{BN}=\dfrac{2}{3}u_{BO}-\dfrac{1}{3}u_{AO}-\dfrac{1}{3}u_{CO} \\ U_{CN}=\dfrac{2}{3}u_{CO}-\dfrac{1}{3}u_{AO}-\dfrac{1}{3}u_{BO} \end{cases} \tag{5.78}$$

式(5.78)也称为开关模型，它描述了不考虑器件开关过程情况下逆变器的驱动信号与作用在电机上相电压的关系。逆变器模型的实现如图 5.31 所示。

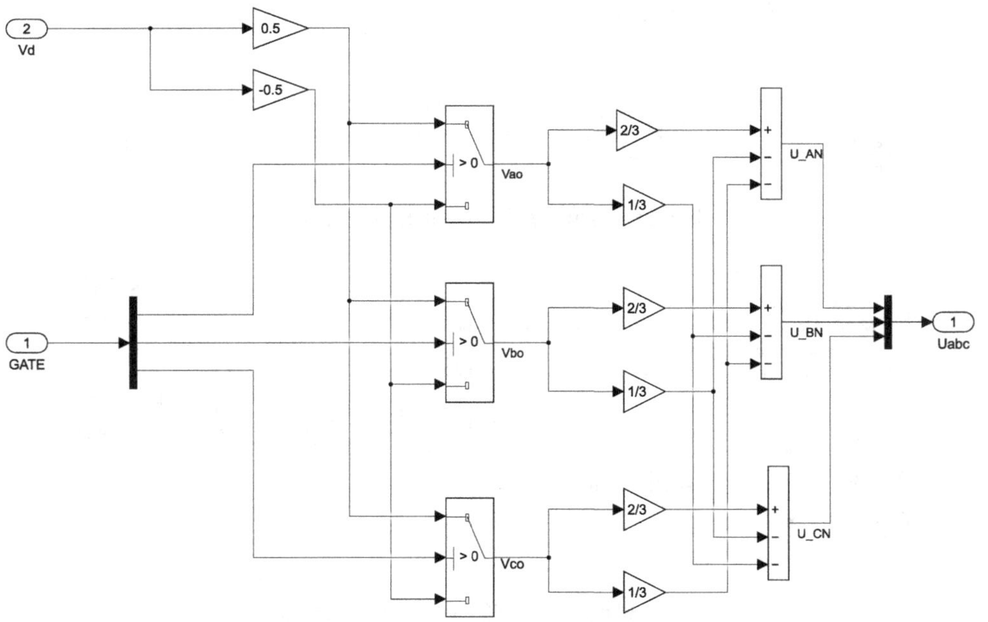

图 5.31　逆变器模型的实现

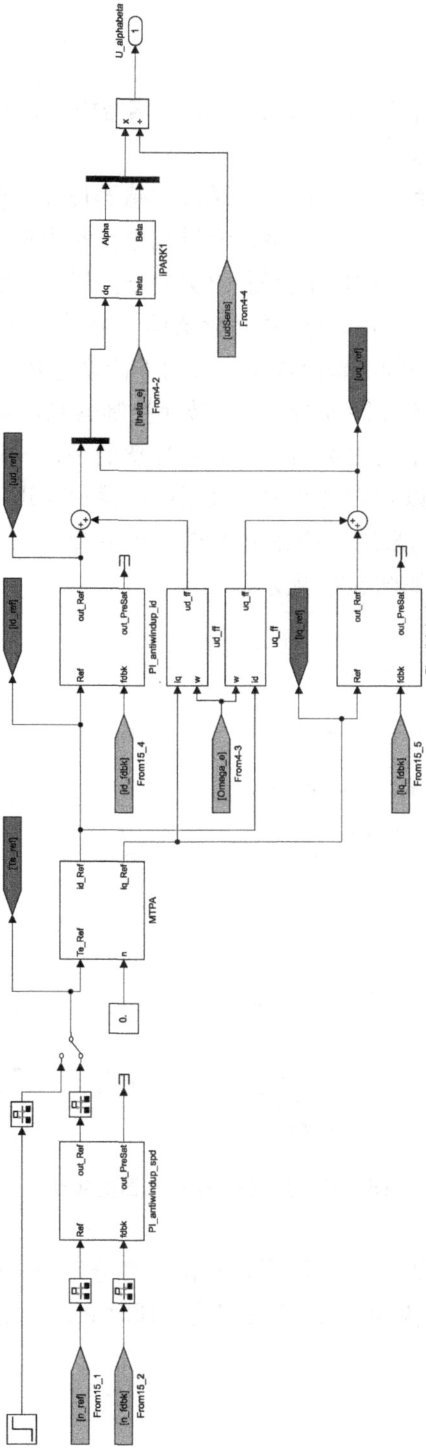

图 5.32　转速与电流控制结构

5.5.5 控制器模型

控制器模型在实现中分为四部分，包括传感器模型、控制算法模型、SVPWM 算法模型和 PWM 发生模型。

传感器本身是连续系统，电机信号通过传感器传递到微控制器时被离散化，这些信号包括两路电机相电流、一路直流母线电压和电机转子的转速与位置。实际系统中电机转子转速一般由转子位置传感器信号计算得到，这里为了简化模型，转速信号直接由电机模型取得。在这些传感器信号中，转速信号用于转速闭环控制，电流信号用于电流闭环控制，直流电压信号用于计算逆变器驱动信号占空比。

转速与电流控制结构如图 5.32 所示。转速控制器和电流控制器利用 MTPA 算法相连，在这里选取固定的比例系数。需要注意的是，一般情况下转速和电流的控制频率并不相同，所以它们之间需要采用中间模块实现不同计算频率数据的连接。电流及转速控制器均采用结构完全相同的 PI 控制器。PI 控制器中添加了抗饱和的算法，其具体实现如图 5.33 所示。

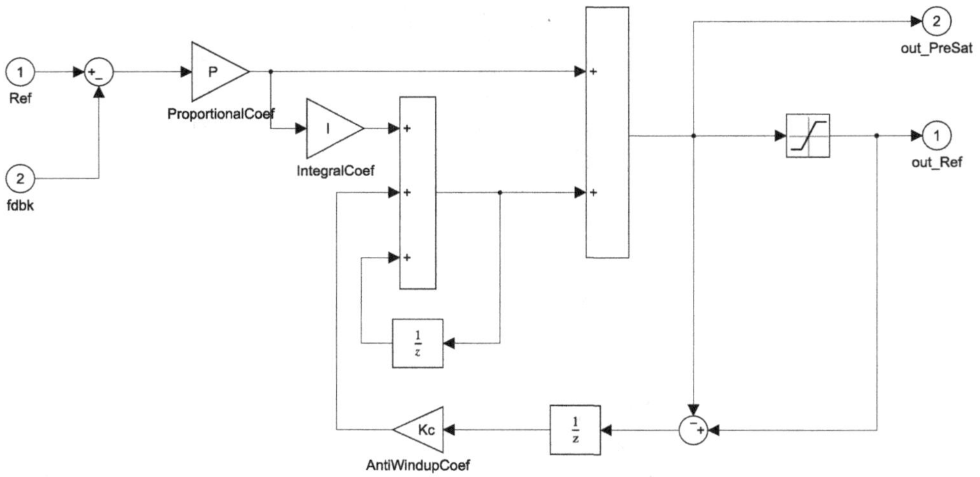

图 5.33　抗饱和 PI 控制器的实现

SVPWM 算法结构如图 5.34 所示，它由 5 部分组成，分别是实现扇区判断，计算 X、Y、Z，给 t_1、t_2 赋值，计算三相的开通时间，分配三相开通时间。

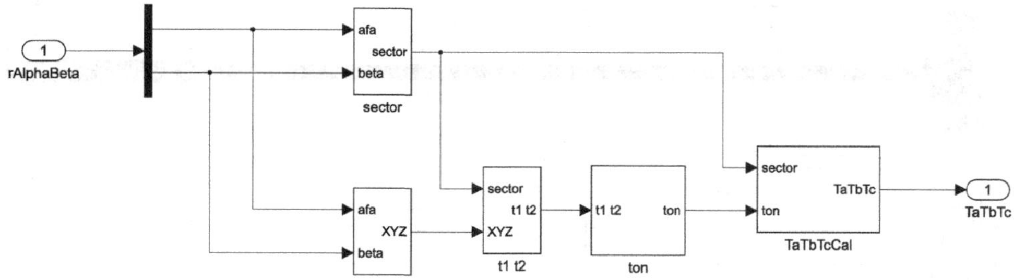

图 5.34　SVPWM 算法结构

5.5.6　仿真结果

仿真结果如图 5.35 和图 5.36 所示，设定电机目标转速为 1000r/min，在不同时刻分别施加 6N・m、12N・m、18N・m、24N・m 的负载转矩，从仿真结果可看出转速控制器可以很好地稳定转速，在突加负载的情况下，转速也能迅速回到目标转速。图 5.35 给出了 dq 坐标系下 d、q 轴的电流仿真情况，图 5.36 给出了 a、b、c 相电流、转矩和转速控制仿真结果。

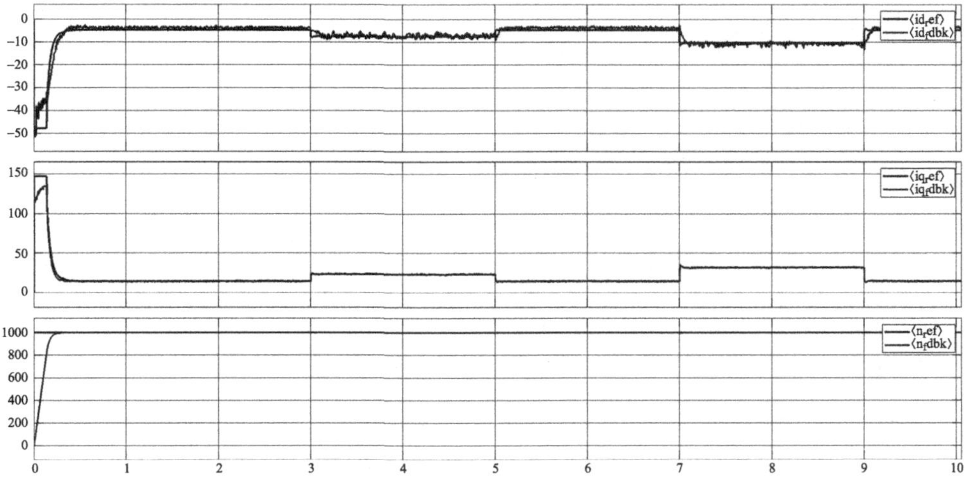

图 5.35　d、q 轴电流和转速控制仿真结果

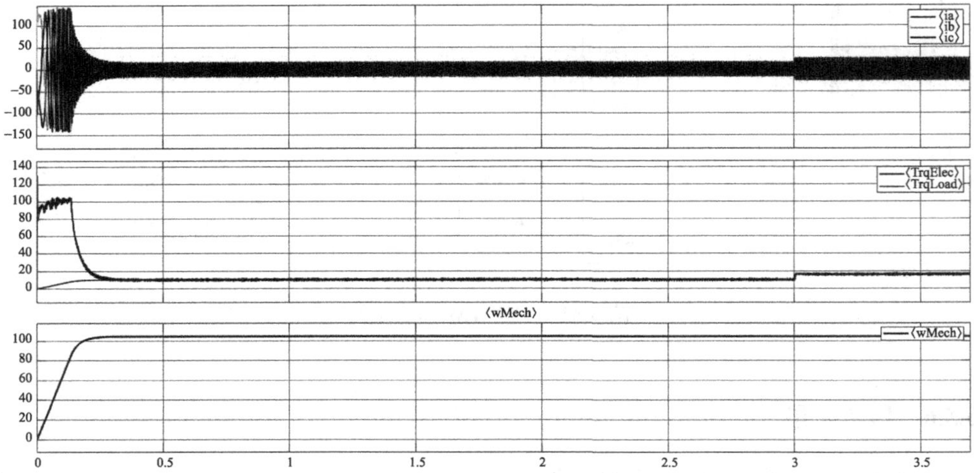

图 5.36　*a*、*b*、*c* 相电流、转矩和转速控制仿真结果

第 6 章　永磁无刷电机控制实例

本章主要讨论永磁无刷电机中的无刷直流电机(BLDCM)的设计原理，完成了控制器的 Matlab Simulink 仿真，并给出一个控制器原理验证实验板的设计实例，展示了 BLDCM 控制器软硬件设计，给出实际测试波形。

6.1　无刷直流电机控制原理

6.1.1　控制框架

无刷直流电机在传统上定义为具有梯形反电动势波形形状的永磁同步电机，其因效率高、噪声低、结构紧凑、可靠性高和维护成本低，而广泛用于各种应用场合，在新能源汽车、低速四轮车、电动二轮、电动三轮车中均有广泛的应用。

无刷直流电机需要相应的驱动控制来控制系统驱动，主要控制方法有方波驱动控制(六步换相控制)和正弦波(Field Oriented Control，FOC)驱动控制等方法，控制中常用霍尔元件、编码器等传感器反馈电机的位置信息，用以控制器确定电机的换相时机、转速检测等。

常见的位置传感器有三个类型：递增传感器、旋转变压器和霍尔传感器。

递增传感器使用光学编码盘，此编码盘具有单圈或正交分辨率，以产生一系列的转矩波脉冲。通过计算已知基准位置的脉冲数量来确定位置。正交编码器对方向敏感，并且在电机轴开始旋转时，不会因为任何抖动而产生错误数据，通常可以通过计算一个固定时间周期内的脉冲数量来获得速度信息。

旋转变压器由三个绕组组成(与电机的绕组不同)：一个绕组接至转子并由正弦电源供电，另外两个绕组连接至定子。反电动势由两个定子旋转变压器绕组的每一个绕组内的旋转线圈感应产生。通过将这两个信号解码，有可能得到 $\cos q$ 和 $\sin q$，从而获得转子位置 q 的信息。

霍尔传感器利用霍尔效应来完成位置检测，磁场会对带电导体内运动的电荷施加一个垂直于其运动方向的力，电荷受力后积聚到导体的两侧，从而在导体两侧建立稳定的电势差。电机中，每当转子磁极经过霍尔传感器附近时，传感器便会发出一个高电平或低电平信号，表示磁极的 N 或 S 极正经过传感器，根据这三个霍尔传感器信号的组合，就能确定换向的精确顺序。霍尔传感器提供三个重叠的信号，给出了 60°宽的位置范围。

由于霍尔传感器重量轻，占用空间小，具有较好的抗振动性能，价格相对便宜，市场上广泛采用了带有霍尔传感器的永磁无刷直流电机。

图 6.1 所示为带霍尔传感器的 BLDCM 示意图，在电机中安装了三个霍尔传感器，一般采用间隔 120°电角度的安装方式，可以根据三个霍尔传感器的信号输出来确定电机的转子位置。

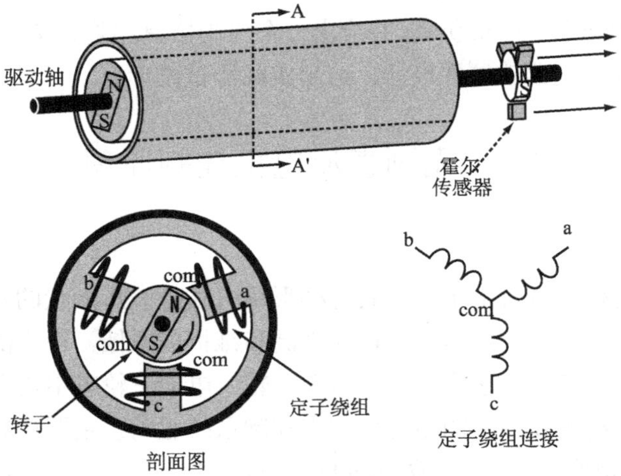

图 6.1　带霍尔传感器的 BLDCM 示意图

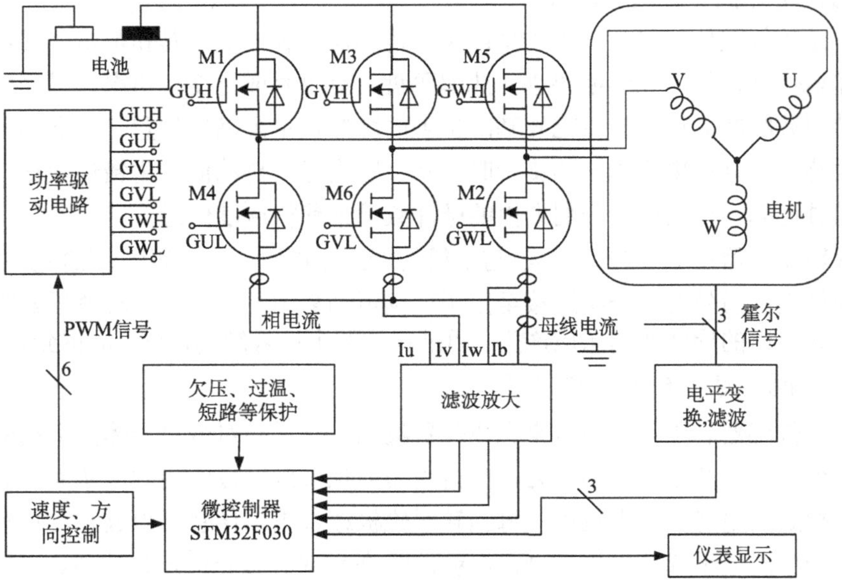

图 6.2　基于霍尔传感器的 BLDCM 控制系统的常用结构框图

图 6.2 所示为基于霍尔传感器的 BLDCM 控制系统的常用结构框图[28]，其由电池、功率驱动电路、功率模块、电机、控制电路组成。功率模块由 6 个功率 MOSFET 管组成，对应图中的 M1～M6，功率模块为电机提供合适的功率输出；功率驱动电路接收来自微控制器的 PWM 输出信号，产生适合于功率 MOSFET 的半桥电路驱动信号；控制电路主要以微控制器为核心，接收各种传感器送来的电机位置信号(霍尔信号)、电流、电压、温度、速度、方向等信号，经过控制算法处理后产生实时变化的 PWM 控制信号，同时，输出相应的指示信号到仪表显示。

6.1.2　换相原理

1. 换相驱动过程

BLDCM 控制过程的核心在于控制各相绕组线圈的通电过程，其中驱动电路产生时序逻辑控制信号，送至桥式电路各功率开关管，使得 M1～M6 开关管按照一定的顺序导通，从而使得电机绕组按一定顺序流过电流，进而在电机气隙中产生跳跃式旋转的磁场，使得转子在该磁场中沿一个方向持续转动。位置传感器用于检测转子的位置，进而产生位置信号作用于控制电路，使驱动电路产生正确的时序逻辑信号，从而控制六桥驱动电路中 M1～M6 的栅极信号进行换相工作。

电机正常工作时，同一桥臂的上下两个 MOS 管不能够同时导通，否则会出现同一桥臂的两个 MOS 管直接加在外加电源上，进而发生短路，使得电路中电流过大，当电流达到系统板的限定电流时，触发短路保护，使得 MOS 管全部关断，电机停止工作，如图 6.3 所示。其中称 M1、M3、M5 为上管，M2、M4、M6 为下管，M1M4、M3M6、M5M2 分别称为三相桥式电路(逆变器)的一条半桥臂。

三相桥式电路工作时，电动机每转一周都要经过六步换相(六个状态)。其特征如下。

(1)任意时刻必须有 2 个功率管同时导通，形成电流回路，每一次状态转变都有一个上管和下管为导通状态。例如，在一次导通过程中，电流从电源经过 M1、电机的 A 相绕组、C 相绕组、M2，然后到 GND。

(2)同一支路的上管和下管不能同时导通，否则相当于电源短路。例如，M1、M4 两个 MOS 管不能同时打开，为防止产生直接的对地通路，需要在 M1、M4 轮流导通过程中设定一个缓冲时间，这个时间间隔，两个管子均不导通，称为死区时间。

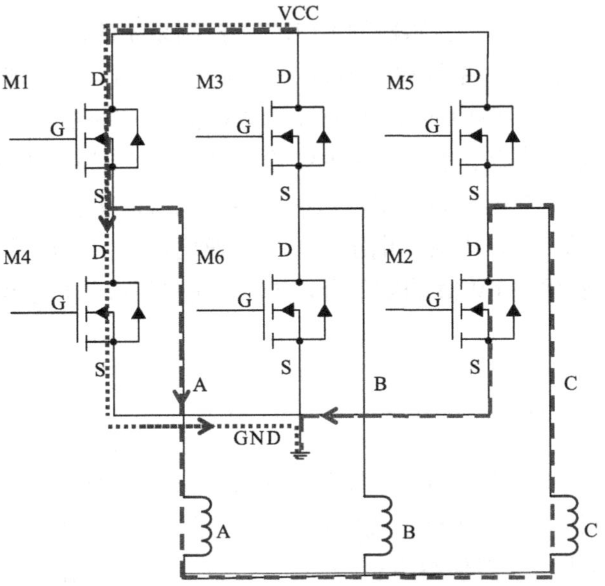

图 6.3　MOS 管导通示意图

2. 换相原理分析

在电机旋转一周的六步换相过程中，可能的一种导通方式如图 6.4 所示，根据这个顺序，分析电机中转子的受力情况。

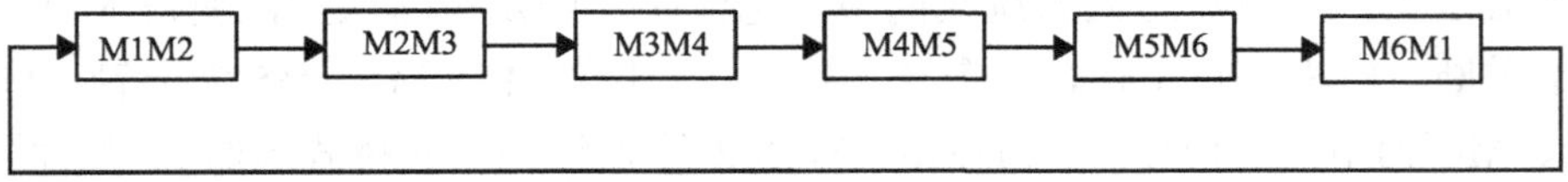

图 6.4　六步换相的开关导通方式

图 6.5(a)中 AB 相导通，电流方向为 AA′ B′ B，根据左手定则，线圈 AA′上半圈中的 A 导线和下半圈的 A′ 受到一个顺时针方向的洛伦兹力，A 和 A′ 在定子中不能转动，由力和反作用力可知，定子绕组会给转子提供一个逆时针的反作用力，转子在这个力的作用下就转起来了，BB′ 同样受力。转子逆时针转 60°后，到达图 6.5(b)中位置，此时 BB′ 即将到达磁极边缘位置，此时如果流过线圈 BB′ 的电流方向不改变，随着转子继续逆时针转动，BB′ 对应的磁极由 N 变成 S，受到的洛伦兹力方向改变，使得线圈 BB′ 给转子提供顺时针转动的力，AA′ 依旧给转子提供逆时针转动的作用力，从而使得转子不能够持续正常转动。故此时需要关断 B 相使得 C 相导通，给转子提供持续逆时针转动的力。这样，转子每转过

60°，经过换相通电就可以持续按一个方向转动。以此类推，旋转一周形成六个换相过程。电机含有多极对时，转子转过 360° 的换相过程与此类似。

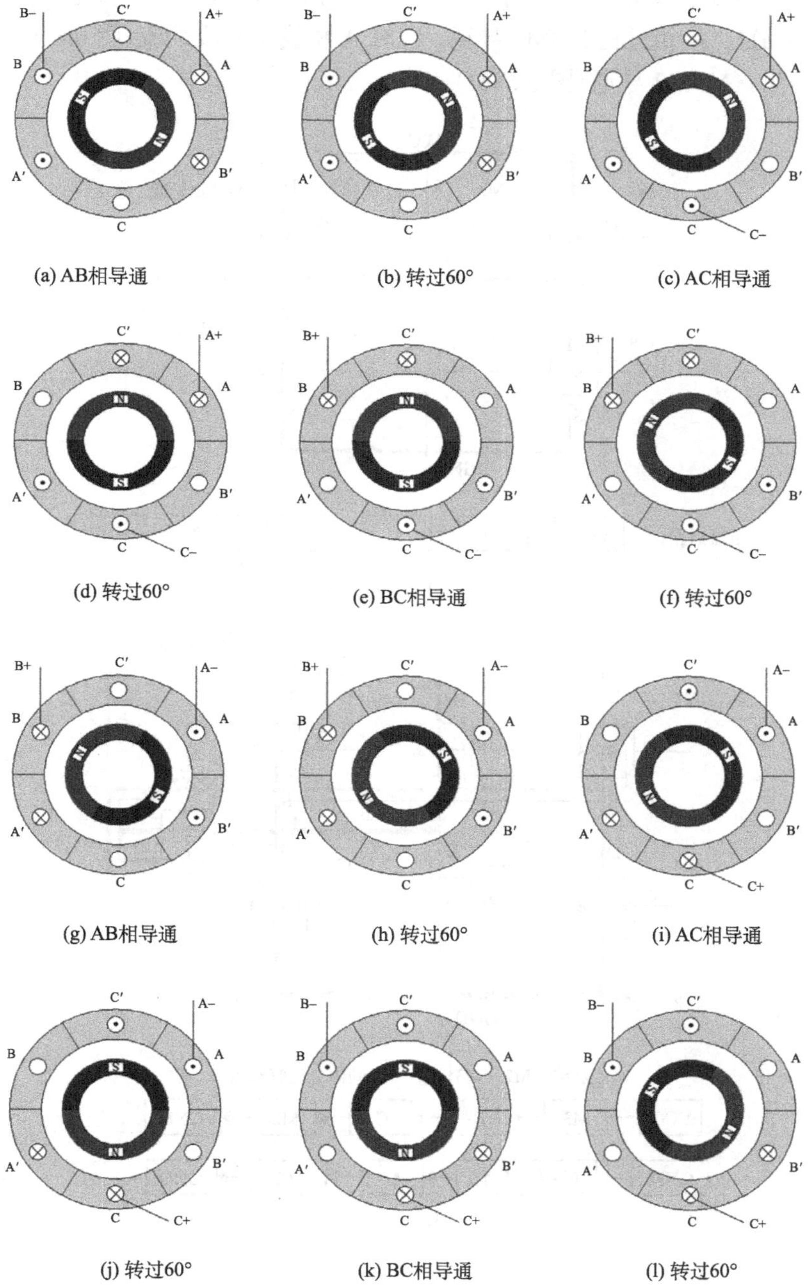

(a) AB相导通　(b) 转过60°　(c) AC相导通

(d) 转过60°　(e) BC相导通　(f) 转过60°

(g) AB相导通　(h) 转过60°　(i) AC相导通

(j) 转过60°　(k) BC相导通　(l) 转过60°

图 6.5　三相六状态下转子受力转动分析

3. 换相开关过程

假设电机安装图 6.4 的顺序换相，在换相前 M1M2 导通，电流流过 AC 相线圈(图 6.6(a))；换相过程 M3M2 导通，同时 A 相线圈完成续流(图 6.6(b))；换相后续流结束，M3M2 导通(图 6.6(c))。

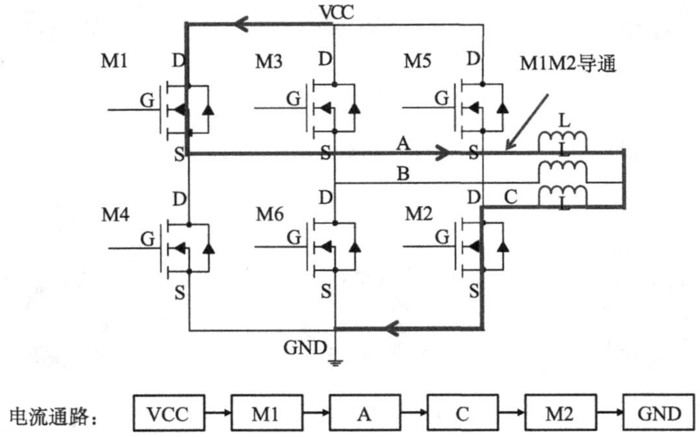

(a) 换相前

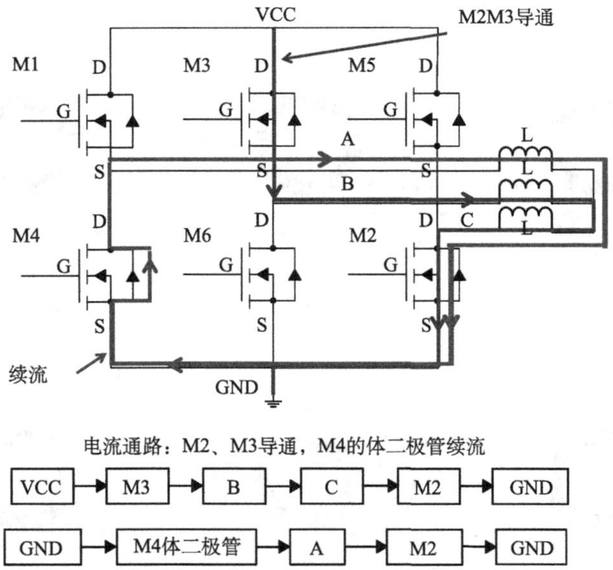

(b) 换相中

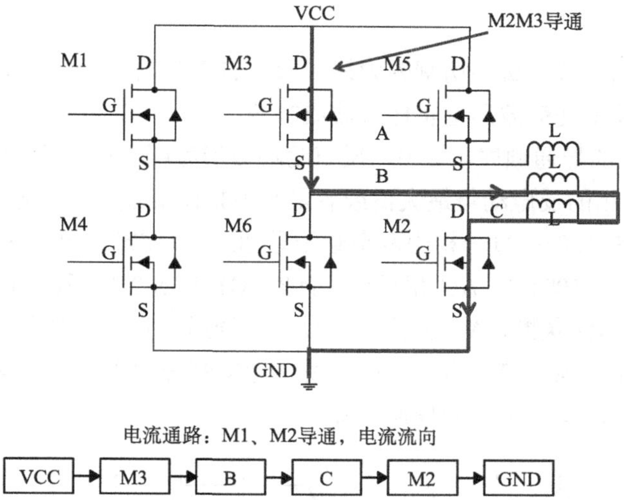

(c) 换相后

图 6.6　换相时的开关导通过程

4. 反电动势波形

以单极对数的 BLDCM 为例，定义磁感应强度方向垂直磁极向外为正。N 极发射磁场线，S 极吸收磁场线，如图 6.7 所示。

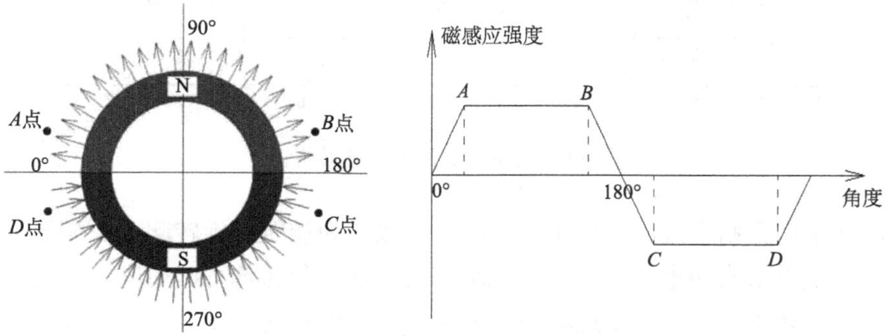

图 6.7　转子磁场分布

在 0°处，即磁场正反方向交界面处，磁感应强度为零，然后开始线性增加，在 A 点磁感应强度达到最大后一直保持恒定值不变，直到 B 点开始线性下降，到 180°时下降到零。接着开始负向增长，在 C 点处达到负值最大后保持恒定负值不变，直到 D 点强度开始减弱，到 0°时又回到零。不同的电机设计中，A 点的位置不同；如果 A 非常接近 0°的位置，上升和下降直线就会非常陡峭，梯形波就变成了方波。

定子线圈相对转子磁场切割磁力线，根据右手定则$e=Blu$，在匀速转动下，各绕组产生的反电动势波形也呈梯形波或方波。

按照图 6.4 的导通顺序，每相的反电动势波形如图 6.8 所示。其中，每个管子在 A、B、C 三相的反电动势最大值或者最小值期间导通，都导通 120°，A、B、C 三相依次相差 120°；每一相中两个管子导通时，每转过 60°，都会有一个管子进行换相：90°～150°对应 AC 相导通，此时 M1 和 M2 导通，当到 150°时，M1 转过 60°，此时 M1 关断，M3 开启，M2、M3 导通；同一桥臂中，上管导通，则该桥臂的相电压为高，等于电源电压减去 MOS 管导通压降；下管导通，则该桥臂的相电压为低，等于下管的导通压降。

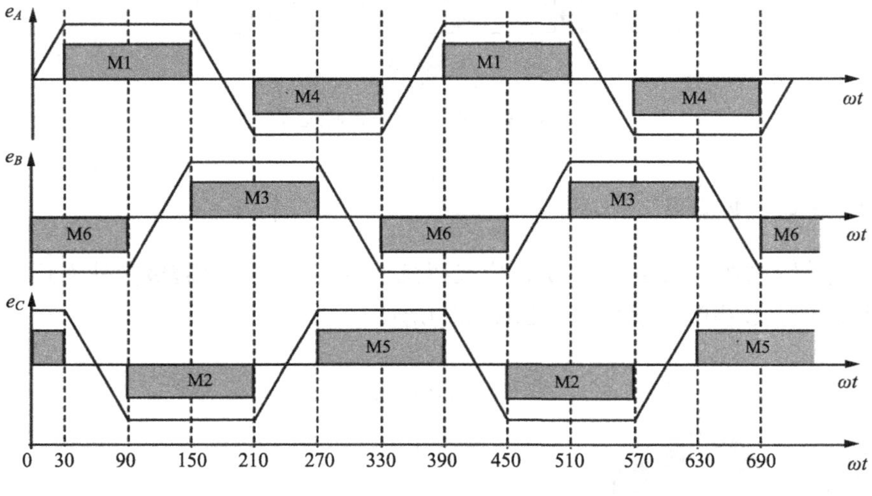

图 6.8　反电动势波形及导通规律

电动车用无刷直流电机转子由永磁体构成，为让转子旋转起来，需要给定子上的电枢绕组依次通电，使得定子磁场和转子磁场保持约 90°角度，从而产生最大转矩推动转子旋转。转动过程中需要根据转子磁场的位置，及时完成上述分析的换相过程。

换相的时机由转子磁场的位置决定，转子磁场位置可由霍尔传感器测量获得。表 6.1 是霍尔传感器信号值和开关打开情况、ABC 三相的反电动势对应情况的换相列表，其中反电动势中 H 代表正向反电动势，L 代表负向反电动势。根据 ABC 相的霍尔传感器 HA、HB、HC 的状态，进行二进制编码，有八种状态编码，其中 0 和 7 为非正常运行状态编码；正常运行时的编码为 1～6 状态。

表 6.1　霍尔传感器换相列表

霍尔传感器		A 相	B 相	C 相	导通管	反电动势 EaEbEc
十进制编号	HA,HB,HC					
0	000	OFF	OFF	OFF	—	—
4	100	+	OFF	—	M1M2	H-L
6	110	OFF	+	—	M2M3	-HL
2	010	—	+	OFF	M3M4	LH-
3	011	—	OFF	+	M4M5	L-H
1	001	OFF	—	+	M5M6	-LH
5	101	+	—	OFF	M6M1	HL-
7	111	OFF	OFF	OFF	—	—

霍尔传感器波形的上升或下降沿位置对应定子电枢绕组导通时刻，根据霍尔信号的跳变，产生相应顺序的霍尔编码。表 6.1 中的霍尔编码顺序 4、6、2、3、1、5 代表了一个方向的电机旋转方式，旋转 360°电角度的过程中将依次打开功率 MOSFET 的开关，相应导通次序为 M1M2、M2M3、M3M4、M4M5、M5M6、M6M1 共六种状态，这六种状态的换相方式称为二二导通方式。电机向另一方向旋转时，对应的霍尔编码顺序相反，为 5、1、3、2、6、4，此时电机绕组通过的电流应反向。

6.1.3　测试波形分析

为进一步加深理解换相过程，对一款直流母线电压为 60V 的低压 BLDCM 控制器换相时的逆变器上下桥臂中的 MOS 管栅极信号进行测试分析，如图 6.9 所示。

图 6.9 中分别给出了下管 M2、M4、M6 的栅极驱动信号，以及上管 M3 的栅极驱动信号，图中虚线框标注了一个周期完整的换相过程，分别是 M1M2、M2M3、M3M4、M4M5、M5M6 的顺序打开过程。

当电机驱动电路正常工作时，下管栅源极间导通电压为 14V，M2、M4、M6 依次导通互不重叠，此时电机正常运转，电路系统稳定。因为电路桥臂的上侧 MOS 管的源极和电机相线相连接，其源极电位在换相过程中是变化的。波形中给出的是 M3 管栅极对地的电压 V_{G6}，其电压值为 $V_{G6}=V_{GS3}+V_{DS3}$，导通期间，电压约为 74V，即 $V_{G6}=14+60=74(\text{V})$。实测的波形与前面理论分析的相同。

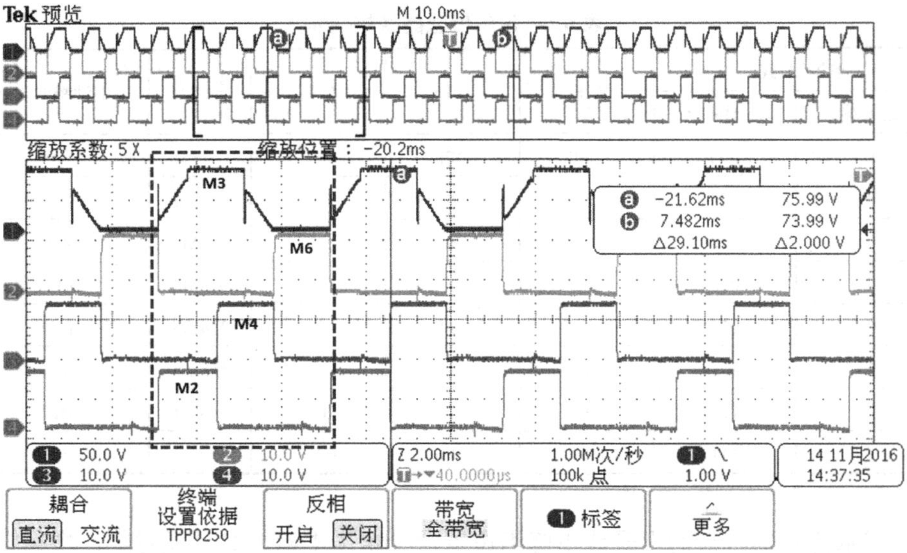

图 6.9　BLDCM 控制器功率管栅极驱动波形

6.2　BLDC 设计仿真

6.2.1　BLDC 电机模型

BLDC 电机通常采用表贴式(SPM)的永磁体安装方式构成转子，因为永磁体的磁导率接近空气磁导率，电机的气隙长度近似于实际气隙长度和永磁体的径向厚度之和，其 d 轴和 q 轴电感近似相等，从而无磁阻转矩。在额定电流情况下运行时，可忽略电感饱和效应。

运行过程中，BLDC 电机中的导通相绕组的电压方程可用一阶微分方程来表示，见式(6.1)。

$$V_x = Ri_x + \sum_{i=1}^{n} \frac{\mathrm{d}\psi(\theta,x)}{\mathrm{d}t} \tag{6.1}$$

式中，下标 x 表示 A、B、C 相。

导通相绕组中的磁链包含自感磁链、互感磁链和转子永磁引起的磁链，具体如式(6.2)所示。其中自感和互感与转子位置和电流大小有关，而转子磁链与位置 θ 有关。

$$\psi_A = L_{aa}(\theta,i_a)i_a + L_{ab}(\theta,i_b)i_b + L_{ac}(\theta,i_{bc})i_c + \lambda_{ar}(\theta) \tag{6.2}$$

在额定电流工况下运行，BLDC 电机建模时可做以下假设[29]：

(1) 定子为集中绕组，采用星形连接方式，A、B、C 三相绕组相互间隔 120° 位置排列。

(2) 定子绕组相互对称，其绕组电阻和电感恒定。

(3) 忽略磁饱和效应、磁滞损耗和涡旋电流损耗。

(4) 忽略电枢反应，并假设气隙分布均匀。

此时，定子绕组中的磁链式 (6.2) 可写成

$$\psi_A = L_{aa}i_a + L_{ab}i_b + L_{ac}i_c + \lambda_{ar}(\theta) \tag{6.3}$$

从而由式 (6.1) 和式 (6.3) 可得出

$$V_a = R_a i_a + \frac{\mathrm{d}}{\mathrm{d}t}(L_{aa}i_a + L_{ab}i_b + L_{ac}i_c) + \frac{\mathrm{d}\lambda_{ar}(\theta)}{\mathrm{d}t} \tag{6.4}$$

平衡状态时，有

$$\begin{gathered} L_{aa} = L_{bb} = L_{cc} = L_s \\ L_{ab} = L_{ba} = L_{ca} = L_{ac} = L_{bc} = L_{cb} = L_m \end{gathered} \tag{6.5}$$

从而有

$$V_a = R_a i_a + \frac{\mathrm{d}}{\mathrm{d}t}(L_s i_a + L_m i_b + L_m i_c) + \frac{\mathrm{d}\lambda_{ar}(\theta)}{\mathrm{d}t} \tag{6.6}$$

考虑到 $i_a + i_b + i_c = 0$，A 相电压方程可继续写成

$$V_a = R_a i_a + (L_s - L_m)\frac{\mathrm{d}i_a}{\mathrm{d}t} + \frac{\mathrm{d}\lambda_{ar}(\theta)}{\mathrm{d}t} = R_a i_a + L\frac{\mathrm{d}i_a}{\mathrm{d}t} + \frac{\mathrm{d}\lambda_{ar}(\theta)}{\mathrm{d}t}, \quad L = L_s - L_m \tag{6.7}$$

$\lambda_{ar}(\theta)$ 是一个磁链函数，和转子的位置有关；$\dfrac{\mathrm{d}\lambda_{ar}(\theta)}{\mathrm{d}t}$ 称为反电动势 e，和转子转速有关。从而 BLDC 电机的三相电压方程可表示为

$$\begin{bmatrix} V_a \\ V_b \\ V_c \end{bmatrix} = \begin{bmatrix} R & 0 & 0 \\ 0 & R & 0 \\ 0 & 0 & R \end{bmatrix}\begin{bmatrix} i_a \\ i_b \\ i_c \end{bmatrix} + \begin{bmatrix} L & 0 & 0 \\ 0 & L & 0 \\ 0 & 0 & L \end{bmatrix} \times \frac{\mathrm{d}}{\mathrm{d}t}\begin{bmatrix} i_a \\ i_b \\ i_c \end{bmatrix} + \begin{bmatrix} e_a \\ e_b \\ e_c \end{bmatrix} \tag{6.8}$$

电机的电磁转矩主要由定子线圈电流和转子磁场的相互作用产生，通常由式 (6.9) 中的微分方程决定：

$$\begin{aligned} T_{em} &= \frac{P}{2}\left(\frac{\mathrm{d}\psi_{ra}}{\mathrm{d}\theta_e}i_a + \frac{\mathrm{d}\psi_{rb}}{\mathrm{d}\theta_e}i_b + \frac{\mathrm{d}\psi_{rc}}{\mathrm{d}\theta_e}i_c\right) = \frac{P}{2}\frac{e_a i_a + e_b i_b + e_c i_c}{\omega_e} \\ &= \frac{P}{2}\left[k_a(\theta_e)i_a + k_b(\theta_e)i_b + k_c(\theta_e)i_c\right] \end{aligned} \tag{6.9}$$

电机的机械运动方程可表示为

$$\frac{\mathrm{d}}{\mathrm{d}t}\omega_r = \frac{1}{J}\left(T_e - T_L - B\omega_r\right) \tag{6.10}$$

式中，J表示电机和负载总的转动惯量；B是阻尼常数；T_L是负载转矩。

总体来说，BLDC 电机的总体模型可以用式(6.8)、式(6.9)和式(6.10)三个方程表述。

6.2.2　BLDC 电机控制结构

利用Matlab Simulink对BLDC电机驱动进行仿真，观察电机驱动的开关信号、位置传感信号、反电动势信号、电流信号、转矩跟随情况等，进一步对BLDC的控制进行直观理解。图6.10给出了用于仿真的BLDC电机六步换相控制结构，其中控制结构主要完成两大功能：一是通过霍尔传感器给出的转子位置信息，每隔60° 电角度选择 S1～S6 中的一对开关导通，完成电机转子和定子磁通的同步，主要涉及开关信号产生、逆变桥和BLDC电机模块；二是根据速度、电流、转矩和电压等不同的控制策略在60° 电角度范围产生期望的控制信号，主要包括控制器模块。

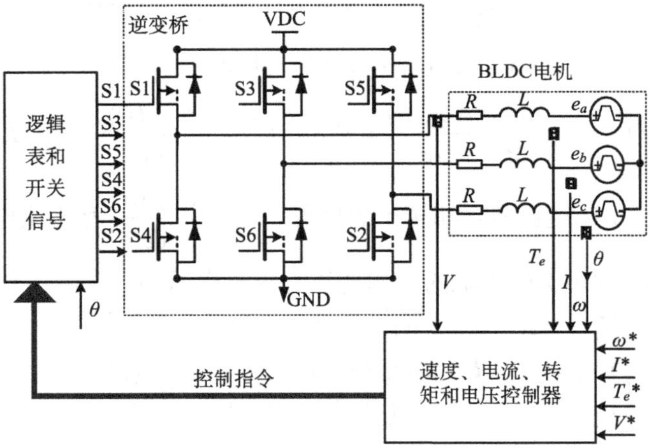

图6.10　BLDC 电机六步换相控制结构

1. BLDC 电机开环控制仿真

图6.11仿真BLDC电机的开环控制情况，仿真中根据霍尔传感器返回的位置信息(Decoder和Gates模块)，得出逆变桥六个开关的控制信号，控制逆变器产生同步的电压电流信号，使得BLDC电机及时换相，平稳运转。

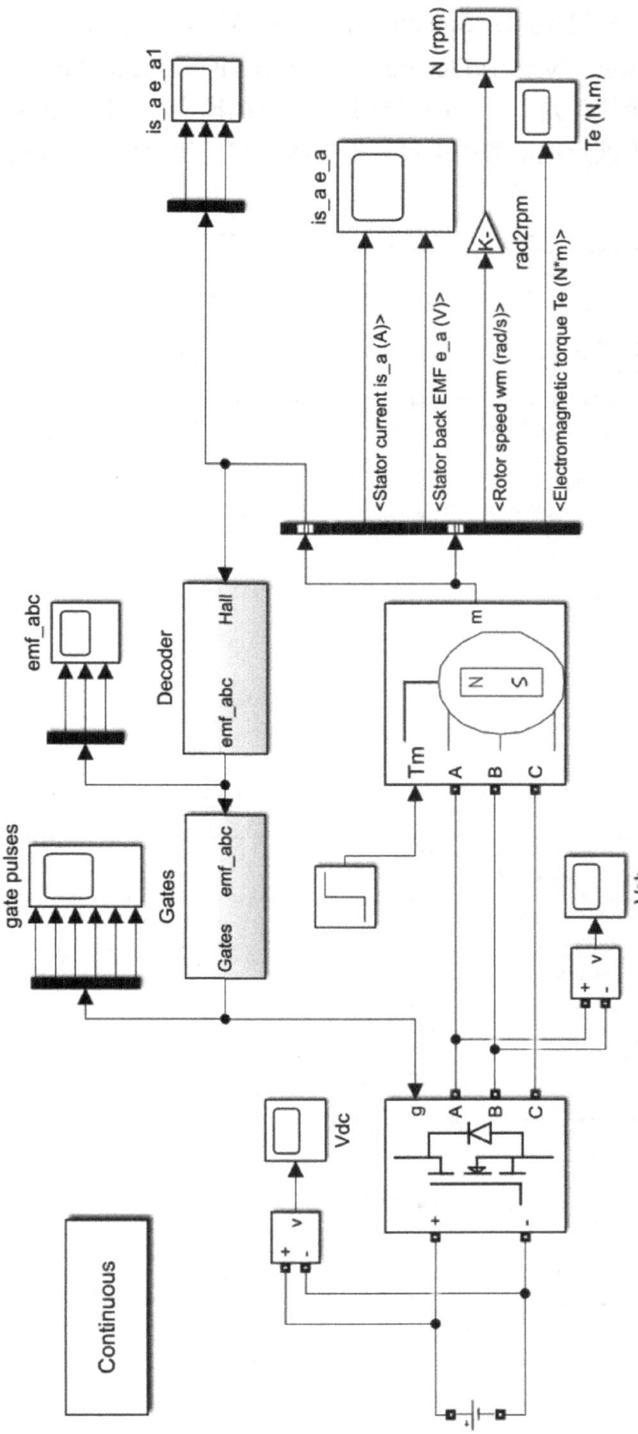

图 6.11　BLDC 电机控制开环仿真框图

BLDC 电机采用 Matlab Simulink 中的 PMSM 模型(路径：Simscape/Electrical/Specialized Power Systems/Electrical Machines/Permanent Magnet Synchronous Machine)，这个模型是一个通用的永磁同步电机模型，可以根据需要选择正弦波反电动势或梯形波反电动势的电机。根据图 6.12，使用梯形波反电动势，并设置一些电机参数。

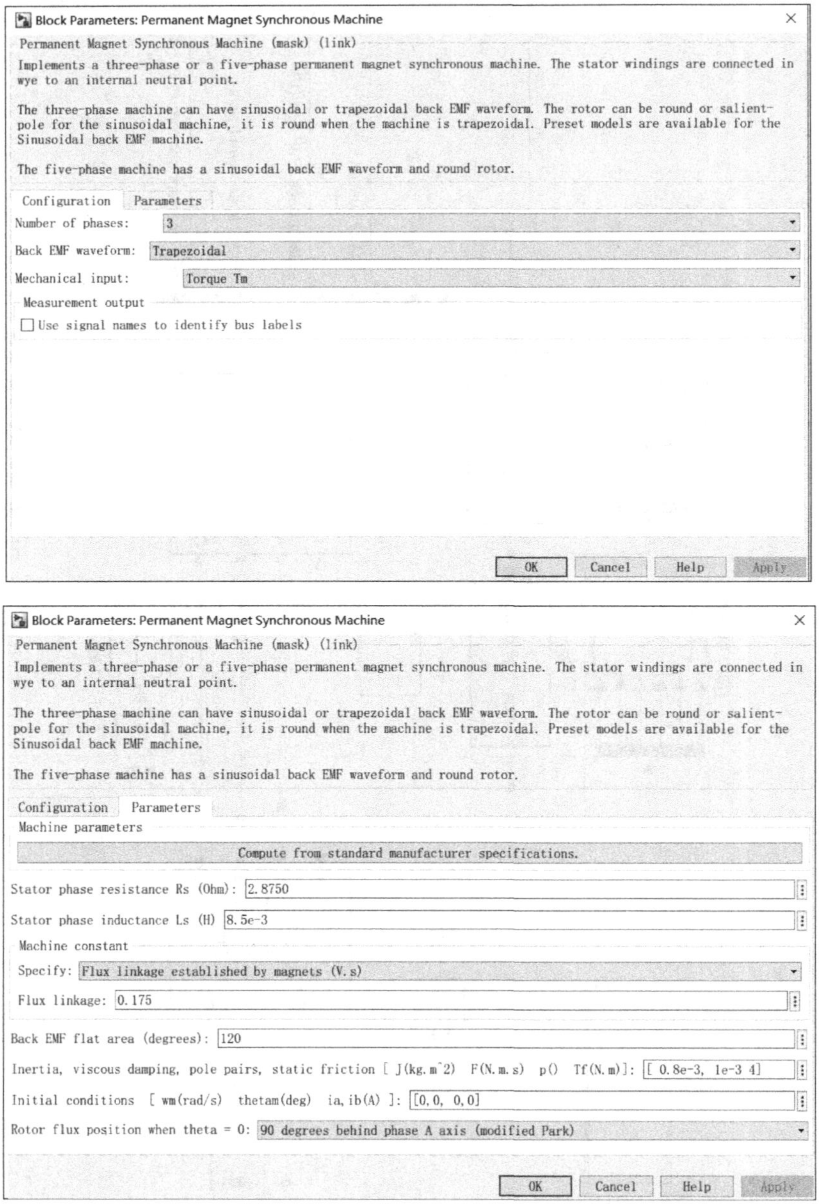

图 6.12　BLDC 电机模型设置

逆变器模型采用 Matlab Simulink 中的通用桥模型(路径：Simscape/Electrical/Specialized Power Systems/Power Electronics)，通用桥模型实现了各种开关变换电路，由最多六个连接在桥配置中的电源开关组成。使用时可以根据需要选择电源开关的类型和变流器配置，桥臂开关可使用自然换向电力电子设备(二极管或晶闸管)和强制换向设备(GTO、IGBT、MOSFET)对转换器进行仿真。在仿真中，选择使用 MOSFET，同时采用了六个开关实现逆变功能，导通电阻设定为默认的 1mΩ，吸收电路的电阻和电容可分别设置为 5000 Ω 和 1 μF 。

霍尔信号和开关信号之间的转变主要通过 Decoder 和 Gates 模块完成，Decoder 模块完成将霍尔信号转化为预期的理想反电动势信号，Gates 模块根据反电动势判断生产响应的开关信号模块。内部结构如图 6.13 所示。

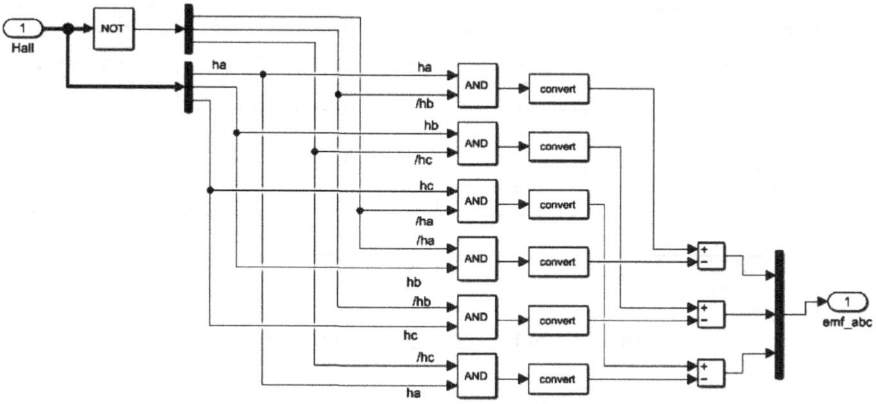

(a) 霍尔信号到反电动势信号

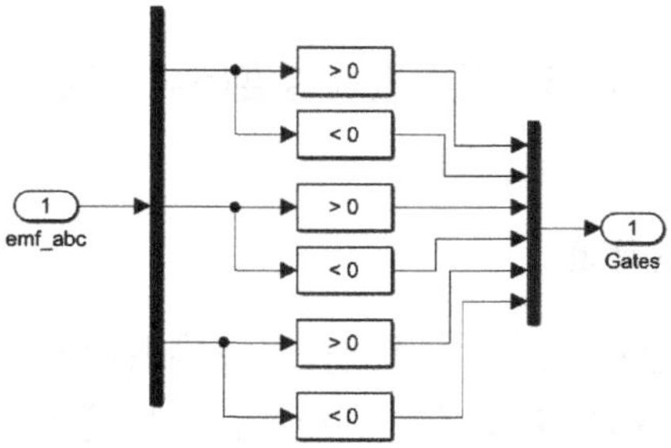

(b) 反电动势信号到开关信号

图 6.13　开关信号产生模块

仿真中，采用 300V 的直流电源供电，并在 0.1s 的时间外加一个 3N·m 的转矩信号。

图 6.14 给出了电机运转时的霍尔控制信号 HA、HB、HC，同时给出了 A、B、C 三相线圈的反电动势波形及响应各个桥臂的开关信号。从图中可以看出，随着霍尔信号 HA、HB、HC 在状态 4、6、2、3、1、5 间转变时，逆变器开关随之换相导通，重复了 6.1 节中的换相过程。

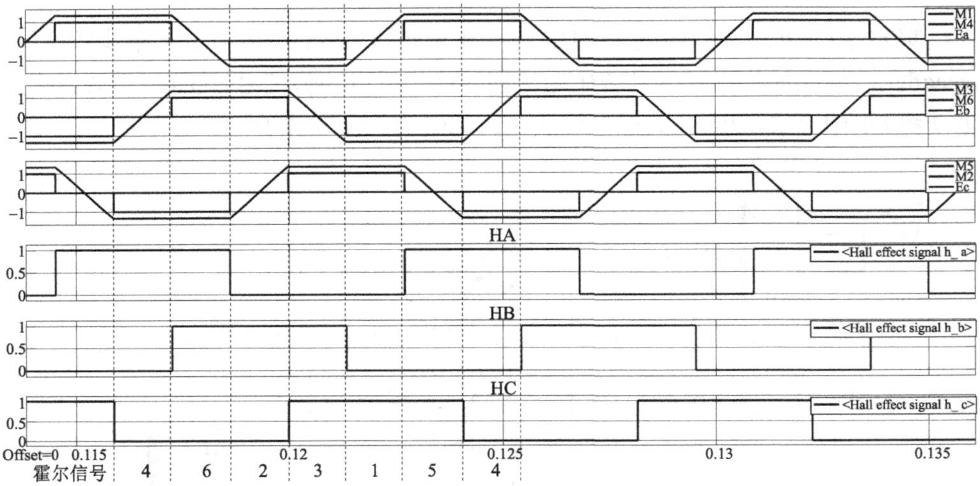

图 6.14　换相控制信号和反电动势波形

图 6.15 给出了外加负载转矩跳变过程中，A 相线圈电流波形的变化，以及输出转矩波形的变化。可以看出，随着转矩跳变，电机的调整相电流，输出转矩跟随调整。

图 6.16 给出了电机转速波形。因未进行速度闭环控制，随着转矩增加，电机转速有所下降。

2. BLDC 电机闭环控制仿真

图 6.17 在六步换相的基础上增加了转速闭环控制模块，其中 BLDC Motor 给出了式(6.8)、式(6.9)、式(6.10)表示的电机模型，换相逻辑由 Commutation Logic 模块完成，逆变桥由 3Phase VSI 模块完成。速度闭环控制增加了速度的 PID 反馈控制。

图 6.18 给出了转速的仿真信号，可以看出，在速度闭环的控制下，电机实际转速能够较好跟随转速的参考信号。

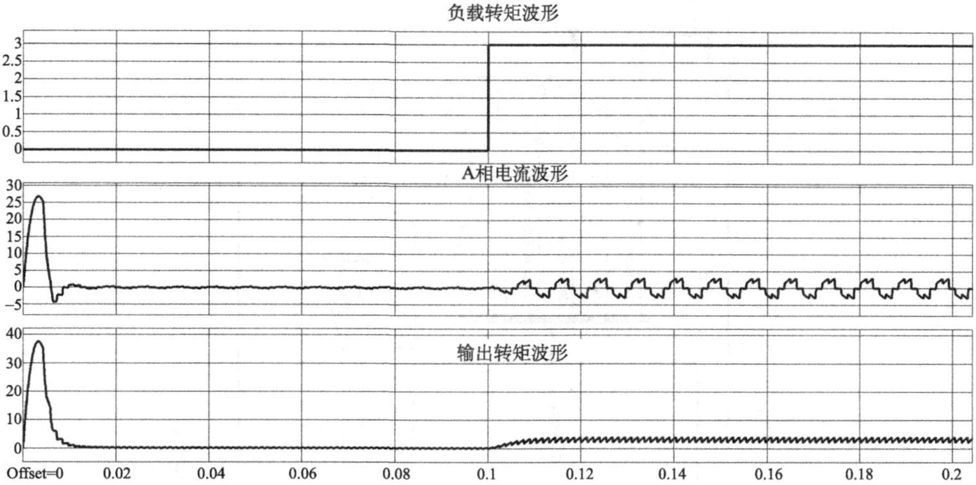

图 6.15　负载转矩变化时的电流和转矩波形

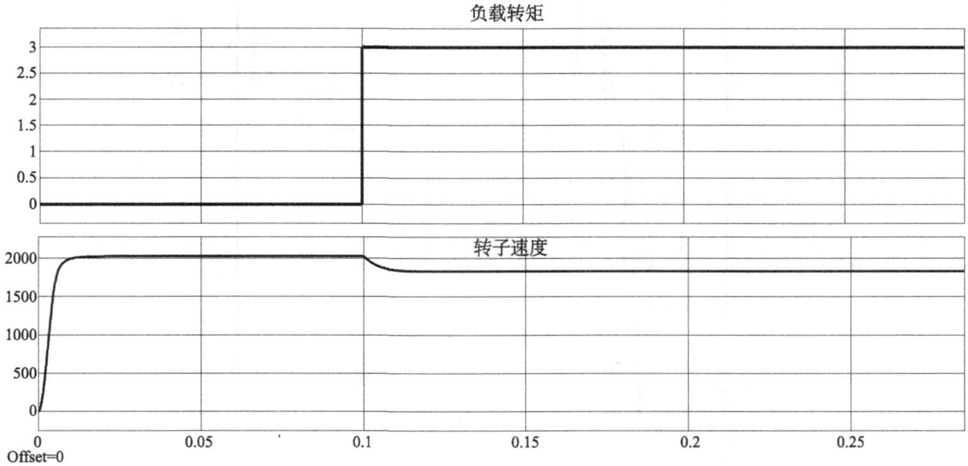

图 6.16　负载转矩变化时的电机转速波形

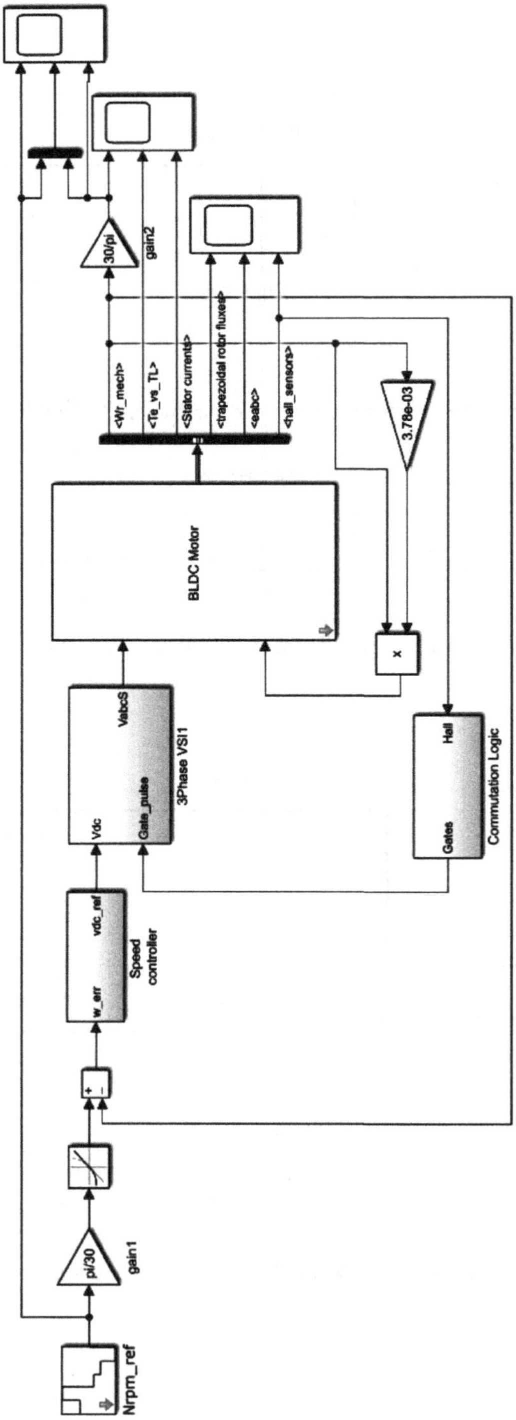

图 6.17　BLDC 转速闭环控制

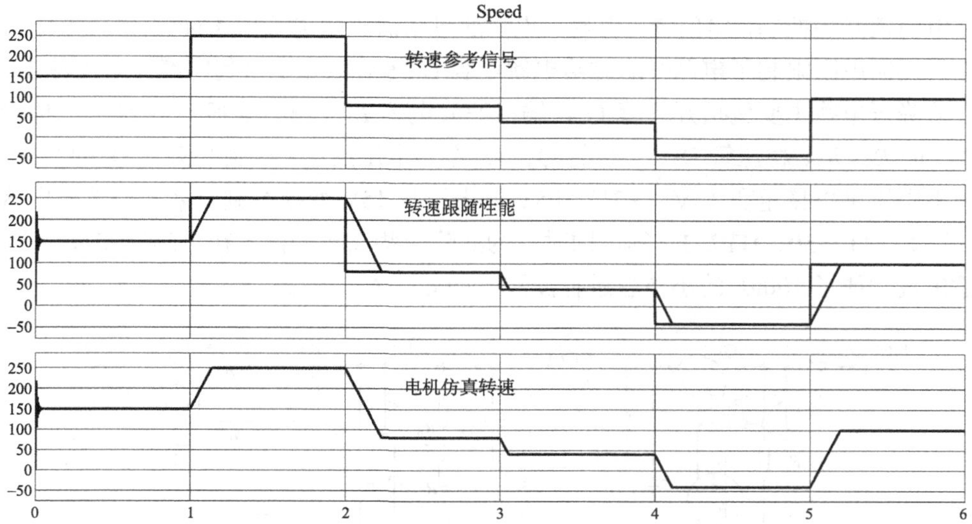

图 6.18　转速信号仿真

6.3　BLDC 控制器实验板设计

控制器实验系统主要包括供电设计、控制部分和功率部分，并留有外部人机接口控制，如速度、方向、仪表显示等接口[30-31]。设计中，考虑学生实验的安全性及操作方便性，我们限制了电压、电流，供电电压限制在 20～24V，电流限制在 2A 以下；将实验系统的各个功能部分分块设计，将电源、功率部分和控制部分采用一块印制电路板(Printed Circuit Board，PCB)完成设计。各个模块在 PCB 中有清晰的界面，并留有测试接口，便于实验时的测试。实验系统采用图 6.2 的基本结构，安装供电部分、功率部分、控制部分，以及其他辅助控制等部分。

6.3.1　实验系统供电设计

实验系统的供电主要包括控制部分供电和功率部分供电，控制部分涉及微控制器、各种比较放大器，以及速度控制、电机位置传感器等的供电，电压分为 5V 和 3.3V 两种；功率部分包括电机的供电电压即直流母线电压(24V)，以及功率驱动用的 15V 电压。整个实验系统采用可调的开关电源供电，模拟实际车辆的电池，直流母线电压直接由外部开关电源供给。其他的电压由 24V 电压变换而来。

电源部分的设计采用非隔离的降压变换器，如图 6.19 所示。其中，KEY 端受电门锁开关控制，电门锁打开时，电源通过限流电阻 R_1 给后级直流降压电路供电，限流电阻限制了电源开启时给电解电容 C_1 等后级充电引起的瞬间电流冲击。直流降压电路主要包括开关管 Q_1，输出滤波电感 L_1，输出电容 C_3，续流二极管 D_2；而 R_6、R_7、稳压管 D_3、三极管 Q_3、Q_2 作为电压反馈，控制开关管 Q_1 的开关，输出电压可以稳定在 15V。3.3V 和 5V 的电压从 15V 变换得到，采用三端稳压器件，如 HT7550、HT7533 等。同时，为滤除一些高频干扰，在 15V、5V、3.3V 输出端均放了 100nF 的小电容进行滤波，如 C_4、C_7、C_9。

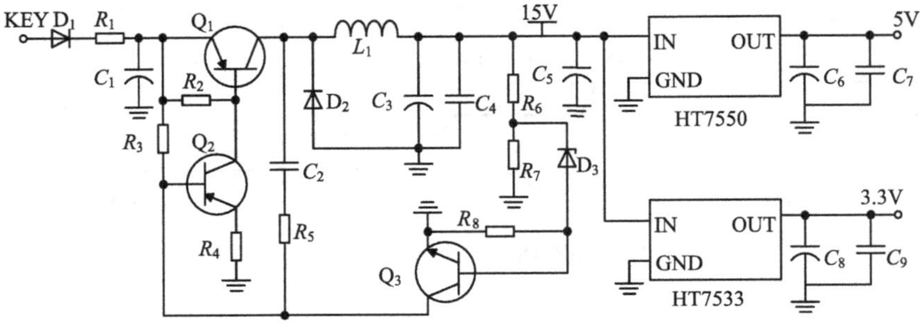

图 6.19　电源变换电路

6.3.2　实验系统功率部分设计

功率电路由三个半桥电路组成，图 6.20 给出了其中一相的功率电路，其他两相电路类似。图中 M1 为功率 MOSFET 上管，其漏极接母线电源，源极 U 接电机相线；M2 为功率下管。R_1 和 R_3 电阻为栅极电阻，C_1、C_2 为栅极滤波电容，两者用于栅极的滤波，应尽量靠近功率管栅极，可有效防止栅极驱动振荡引起的功

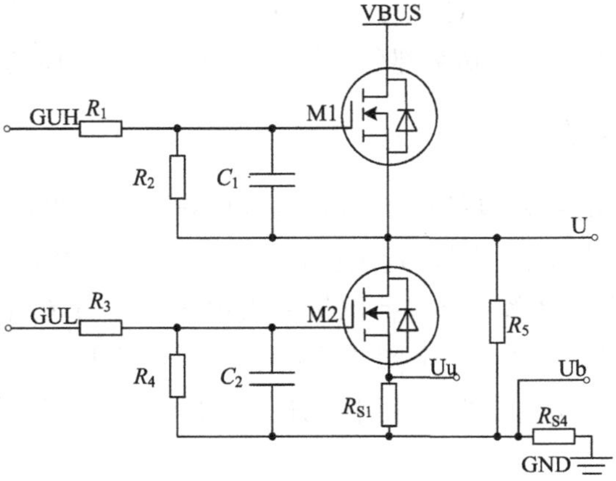

图 6.20　功率电路

率管失效损坏。R_2 和 R_4 是接在栅极与源极间的放电电阻，在闲置时会将栅极电荷泄放，防止启动时栅极存有电荷而对半桥功率管产生冲击。电阻 R_5 主要用于给功率管自举电容预充电提供通路。R_{S1} 是相电流采样电阻，当相电流通过时，其上产生小电压 Uu，经放大后提供给微控制器端的模数转换电路，采集的相电流信号主要用于正弦波控制算法。R_{S4} 为母线电流采样电阻，其上产生小电压信号 Ub，经过整流放大后用于系统限定母线电流等。另外，为防止大电流工作时，造成母线电压的不稳定，在设计时，在母线电压和地接了较大容量的电解电容。

半桥电路的驱动需要处理好上半桥的功率管的驱动，因上半桥的功率管源极接电机的相线，在运行过程中相线的电压是浮动的，导致源极电压也是浮动变化的，为保证上半桥功率管有效导通，可在设计中采用自举电路，使得相线电压浮动时，栅极电压也变动以保证上管能有效开启。驱动电路可采用分立三极管或 MOS 管搭建[32-33]，也可采用专用的半桥驱动电路完成。驱动电路设计关键是开启管子时能够快速给栅极电容充电达到开启电压；管子关断时，能快速给栅极电容放电，尽快关断功率管。在设计中采用了国际整流公司(IR)的 IR2101s 芯片，并选择了合适的驱动电阻和自举电容，保证功率管能在 1μs 内完全开启。

6.3.3　实验系统控制部分设计

控制电路的设计主要围绕微控制器展开，设计中采用了意法半导体公司的 STM32F030C8 芯片，采用 48 引脚薄型四方扁平封装，供电电压是 3.3V。控制器主要接收来自传感器或检测电路的信号，如加速、方向、温度、电流、电压、霍尔等信号，然后根据这些信号完成栅极驱动信号的产生以及仪表信号的产生。设计中微控制器用到的引脚和对应的端口和信号名如表 6.2 所示。

其中，微控制器程序的烧写采用 SWD 的下载调试方式，采用电源、地、数字、时钟 4 根线。电机输出的霍尔位置信号高电平为 5V，在微控制器接收时需要采用电阻分压，并滤除干扰信号。微控制器采集时，利用基本定时器的捕获功能，在霍尔跳变时触发定时器中断，从中获取电机的速度信息，进行相应的磁链和转矩运算。而功率管的栅极驱动 PWM 信号则利用微控制器的高级定时器完成，上下桥信号采用同一通道互补输出。电流、电压、温度信号则通过传感器输出处理后直接接到微控制器芯片的模数转换输入端；三挡调速、倒车、刹车、巡航、电子 ABS 等则采用高低电平直接指示动作；仪表显示则通过串行通信协议传出速度、温度、故障、剩余电压等信息。

表 6.2　主要引脚分配

引脚	端口	信号名	功能	引脚	端口	信号名	功能
10	PA0	HC	霍尔传感信号	13	PA3	IDC_AD	母线电流
11	PA1	HB		17	PA7	Ia	U 相电流
12	PA2	HA		18	PB0	Ib	V 相电流
29	PA8	A+	上桥 PWM 信号输出	32	PA11	I_OVER	过流信号
30	PA9	B+		14	PA4	SigAcc	加速信号
31	PA10	C+		16	PA6	U_BUS	母线电压检测
26	PB13	A–	下桥 PWM 信号输出	19	PB1	TEMP	过温保护
27	PB14	B–		21	PB10	Break	刹车信号
28	PB15	C–		40	PB4	Cruise	巡航信号
34	PA13	SWDIO	下载线数据信号	41	PB5	YJXF	一键修复使能
37	PA14	SWCLK	下载线时钟信号	42	PB6	BACK	倒车信号
38	PA15	T1	三挡调速信号	45	PB8	EABS	电子 ABS
39	PB3	T2		46	PB9	YB	仪表显示

6.3.4　实验系统 PCB 设计

驱动及功率电路设计是电机控制器中的核心电路，由六个场效应管(MOSFET)及驱动电路构成三相桥式功率变换电路。

本设计中的控制器采用六个 MOS 管，均为 N 沟道 MOS 管，N-MOS 导通电阻小，且容易制造。驱动电路由分立元件搭建。设计的电路如图 6.21 所示。图 6.21 是三相桥的整体电路，一些保护电路和外围电路没有显示在内[34]。

在印制电路板设计时，根据原理框图，将控制系统分模块设计，具体排布如图 6.22 所示。控制板分成了电源电路、功率电路、驱动电路、控制电路等部分，其中控制电路部分又分为输入输出信号接口、下载接口、微控制器电路(STM32F030C8)、放大滤波部分。在电源电路、控制电路、驱动电路输出部分，以及功率电路输入处预留了测试点，用于实验中信号的测试观测。

6.3.5　实验系统软件设计

1. 软件设计流程

基于上述设计的控制板，可进行市场上主流的电动车控制方法实验，或是采用六步换相(方波)控制方法，或是采用正弦波控制方法。方波控制相对简单，容

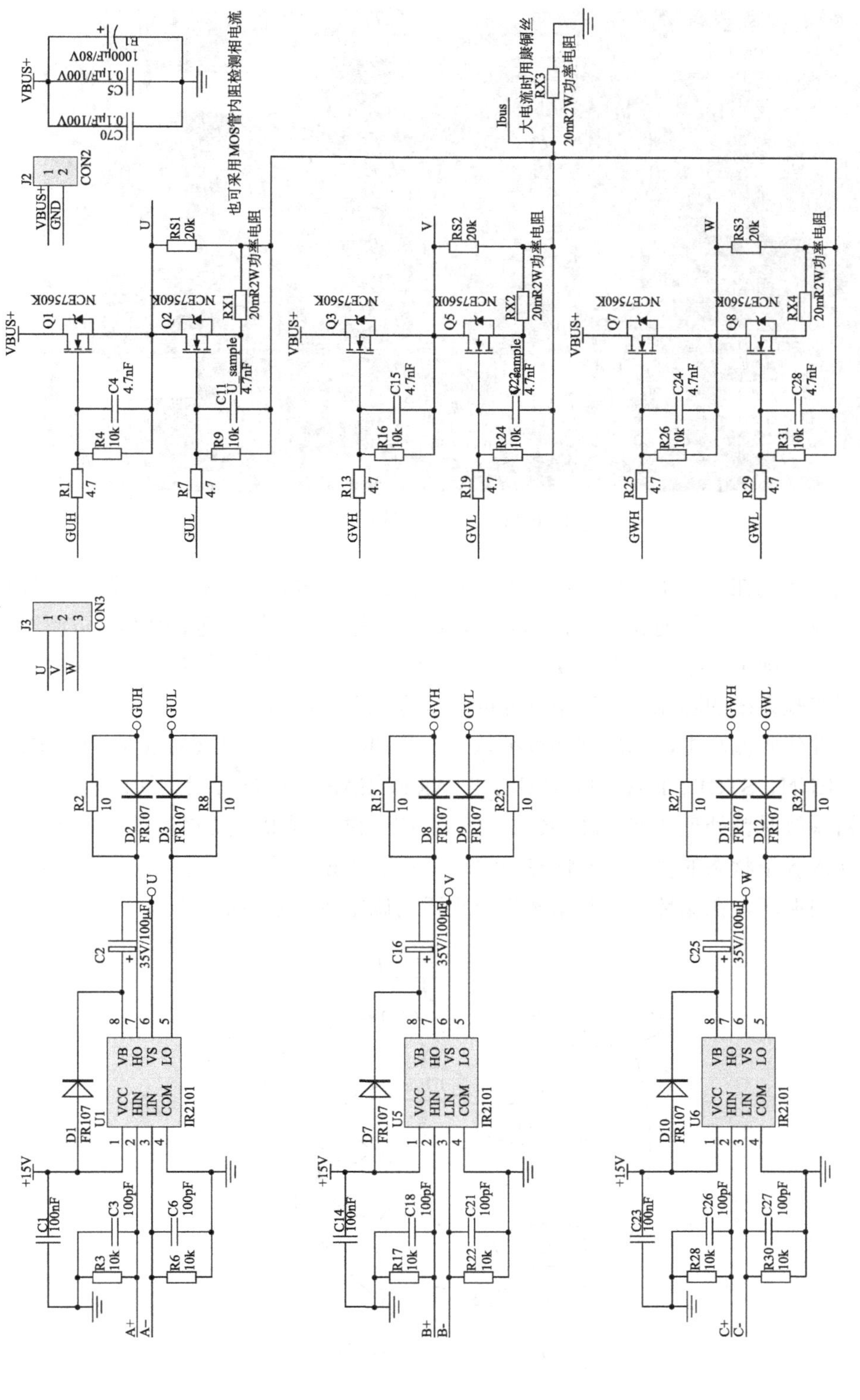

图 6.21　三相桥整体电路

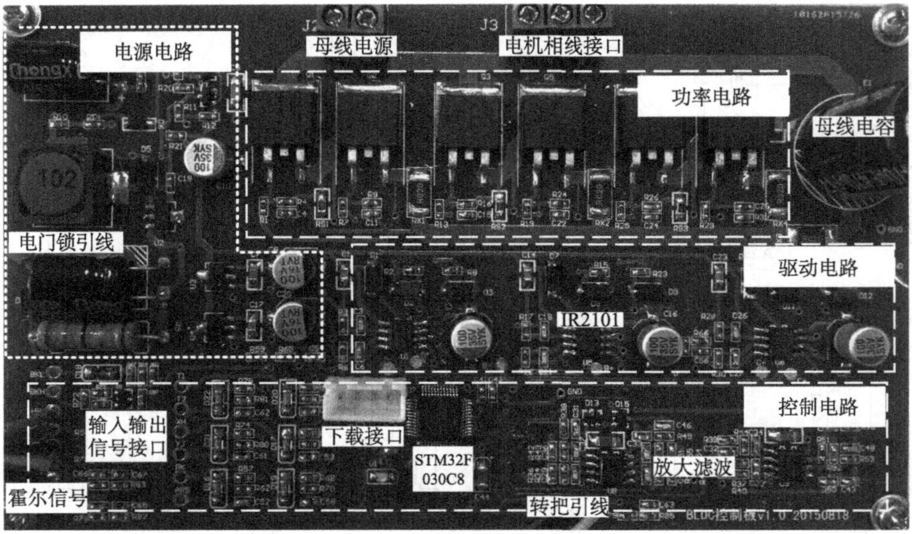

图 6.22　控制板实物[30]

易调试，我们在实验中主要采用方波控制方法。在完成电机运行的基础上，我们添加了较多辅助功能的软件调试部分，如霍尔自修复、三挡调速、倒车、防溜坡、巡航、电子刹车、电子防抱死(EABS)、堵转保护、欠压/过压保护、过温保护等，以使得实验系统的功能和电动车行业的控制方法保持同步。

软件代码编写中，利用状态表征软件执行的阶段，程序在 CHECK、IDLE、INIT、RUN、STOP、FAULT、EABS_START、EABS_END 等状态间切换，将微处理器系统时钟处理状态 SYSTICK、外部中断状态设成优先级较高的运行状态，可以介入各个状态的执行，各状态的跳转关系如图 6.23 所示。程序的主体框架为一个无限循环，在循环中，利用条件分支语句确定各个状态的跳转。

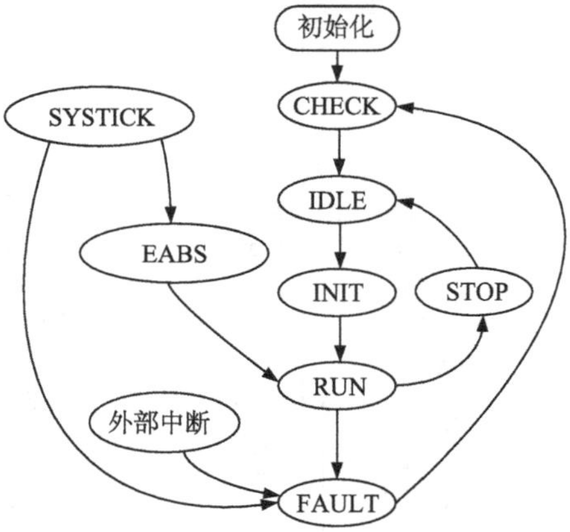

图 6.23　系统状态跳转图

初始化流程负责各种定时器、模数转换、存储器直接存取、外部中断等的设定，以及完成一些全局变量的初始化。CHECK 状态主要完成转把加速器状态的检测，若有故障则停留在 CHECK 状态，转把正确则进入 IDLE 状态。IDLE 状态完成母线电压等常规检测，检测通过后进入 INIT 状态。INIT 状态完成霍尔状态读取，使能定时器后进入 RUN 状态。RUN 状态完成转把速度信号的读取，并在高级定时器中断时完成换相和 PWM 占空比的设定，同时实时检测母线电压；当检测到转把信号值较小时，或电机速度接近停止时，就进入 STOP 状态。STOP 状态负责关掉高级定时器，并做一些清零动作，然后进入 IDLE 状态。在主体循环运行的同时，微控制器还独立并行运行着系统时钟、外部中断，以及定时器中断；这些中断负责检测故障情况的发生及紧急情况下进入 EABS 状态，以及进入故障状态 FAULT。故障状态恢复后重新回到 CHECK 状态。

2. 控制器可靠性设计考虑[28]

电机控制的性能依赖于霍尔传感器产生的信号，霍尔传感器的可靠性直接决定了电机的控制性能。实际应用中，经常发现霍尔传感器损坏，损坏有多种原因，控制器中的电流浪涌、静电或是霍尔信号引出线断开都能引起霍尔故障，高温潮湿等恶劣工作环境使得传感器更容易损坏。随着控制精度的提高，应用规模的增大，故障隐患增多，故障的检测和恢复要求日益紧迫。能尽早发现故障并预防进一步恶化，对可靠运行、故障的准确定位和及时维修十分重要。

正常换相时，根据霍尔传感器的状态，控制对应 MOSFET 的开关动作，完成相应的换相处理。同时，也可以根据霍尔状态的值，计算出相应的电机运转速度，用于电机的速度控制。在霍尔传感器出错时，正常的换相程序便不能确定合适的开关顺序，电机无法正确旋转，甚至引起功率 MOSFET 的损坏。

为进一步理解基于霍尔位置信号的换相过程，对提高霍尔传感器的可靠性提出一种解决方案。当一个霍尔传感器损坏时，能在一个换相周期内实时完成故障修复，维持电机的正常运行控制。

1) 霍尔故障模型

霍尔传感器的损坏，主要表现为一相霍尔信号的常高(短路)或常低(短路)。在出现故障时，电机霍尔传感器的输出值表现出特定位固定的状态。表 6.3 给出了在六种霍尔编码状态中，正常运行时的编码状态为{5, 1, 3, 2, 6, 4}，第二列给出了对应编码的二进制值；同时也给出了在单相霍尔出错情况下的霍尔编码二进制状态值。从表中可以看出，在一个霍尔发生故障时，霍尔状态将会从 6 状态变为 4 状态。同样道理，若同时有两个霍尔传感器出错，霍尔状态则直接从 6 状态变为 2 状态。由此，可根据一个换相周期中的霍尔状态数来判定是否发生了霍尔故障。

表 6.3　故障时的霍尔状态编码

编码	HA,HB,HC	HA 常高	HA 常低	HB 常高	HB 常低	HC 常高	HC 常低
5	101	101	001	111	101	101	100
1	001	101	001	011	001	001	000
3	011	111	011	011	001	011	010
2	010	110	010	010	000	011	010
6	110	110	010	110	100	111	110
4	100	100	000	110	100	101	100

分析表 6.3 中各种故障情况下的霍尔状态值，可以得到不同故障条件下的可能霍尔编码如表 6.4 所示。可以看出，不同霍尔故障有着不同的霍尔编码序列，根据这个特征完成对应故障的霍尔修复。

表 6.4　霍尔故障状态编码

故障类型	霍尔编码
HA 常高	7，6，5，4
HA 常低	3，2，1，0
HB 常高	7，6，3，2
HB 常低	5，4，1，0
HC 常高	7，5，3，1
HC 常低	6，4，2，0

2) 霍尔修复的实现

在上述故障模型中可以看出，在霍尔发生故障时，霍尔编码从原来的{5, 1, 3, 2, 6, 4} 6 种状态，变为 4 种状态(单相霍尔故障)或 4 种以下的状态(多相霍尔故障)。实际应用中，单相霍尔故障出现频率较高，而多相霍尔故障较少出现，我们主要针对单相霍尔故障进行处理。为从单相霍尔故障中恢复，需要解决两个问题：一是确定处于何种故障状态；二是确定故障状态时的换相时机。

(1) 故障状态确定。

在故障状态确定时，可采用以下流程：

①连续采集一个换相周期中的 6 次霍尔状态值，存入数组。

②对采集到的霍尔状态值进行排序，并删除重复状态值，形成一个排序的状

态值序列。

③根据②中的状态值判断是否出现霍尔故障，并和表 6.4 中的状态值序列对比，确定故障的类型。

以 A 相霍尔损坏为例，在发生故障时，经排序后的 A 相霍尔状态编码变为{7, 6, 5, 4}或{3, 2, 1, 0}，根据序列不同，可确定 A 相处于常高故障或常低故障。

在 A 相霍尔常高故障情况下，分析表 6.3 中的编码情况，可知故障时的编码 7 状态，需要纠正为正常的 3 状态方式处理；故障时的编码 6 状态需要切换为正常的 2 状态方式处理或者按照正常状态处理；故障时的编码 5 状态需要切换为正常的 1 状态方式处理或按照正常状态处理；故障时的编码 4 状态可安正常换相处理。其中，故障时的状态 6 和 5 恢复时各自对应着两种正常状态。

在 A 相霍尔常低故障情况下，故障时的编码 3 状态按照正常状态处理；故障时的编码 2 状态切换为正常的 6 状态方式处理或者按正常状态处理；故障时的编码 1 状态切换为正常的 5 状态方式处理或者按正常状态处理；故障时的编码 0 状态纠正为正常的 4 状态方式处理。其中，故障状态 2 和 1 恢复时各自对应着两种正常状态。

(2)换相时机确定。

在单相霍尔故障时，会出现一个故障霍尔状态对应于两个正常的霍尔状态，并且从前面的分析中确认了故障状态对应的正常状态值。这里需要进一步确定从故障状态中恢复的两个正常状态间的换相时机。由于电机转动速度不同，霍尔信号的变换时间也不同，霍尔状态间的切换时间需要实时根据霍尔信号的变化而调整。在确定了故障状态和换相时机后，在下个换相周期即可完成实时修复。

具体确定换相时机的流程如下：

①启动时选用一个初始值作为一个状态的持续时间。

②运行时，采集一个换相周期的六次霍尔状态值，存入数组。

③在采集的霍尔状态值中找出仅出现一次的正常霍尔状态值。

④记录②中的霍尔状态值对应的状态持续时间。

⑤利用③中的时间指导下个换相周期的霍尔换相时机。

以 A 相的换相时机确定为例，根据表 6.3，各种霍尔故障时，其状态值为 HA 常高{5, 5, 7, 6, 6, 4}、HA 常低{1, 1, 3, 2, 2, 0}、HB 常高{7, 3, 3, 2, 6, 6}、HB 常低{5, 1, 1, 0, 4, 4}、HC 常高{5, 1, 3, 3, 7, 5}、HC 常低{4, 0, 2, 2, 6, 4}。根据状态的特征，可实时选择正常的单个状态持续时间作为一个状态的持续时间，并以此时间去划分故障状态中对应的两个正常状态的持续时间。如在 HA 常高故障时，选择 4 状态的持续时间作为状态的持续时间；相应地，在 HA 常低故障时选择 3 状态，HB 常高选择 2 状态，HB 常低选择 5 状态，HC 常高选择 1 状态，

HC 常低选择 6 状态。

提高霍尔传感的可靠性是电机运行靠性提高的一种方式，针对霍尔传感检测引进的可靠性问题，还可通过补偿方法提高霍尔传感器精度；或者通过双模控制提高控制器的可靠性，在传感器出现故障时切换到无传感器运行模式的双模控制方案等方式。

在新能源汽车等要求较高的控制应用场合，需要在设计初期考虑可靠性设计问题。提高电机运行可靠性的方法有很多，可以提高单个组成部件的可靠性，也可以从系统和算法层面来提高可靠性。

第 7 章　新能源汽车标准规范

随着电动汽车行业的快速发展，电驱动系统逐渐成为各大主机厂关注的重点，国内外政府、标准制定组织均开展了电驱动系统的标准化研究工作。为确保电驱动系统的高压安全、保证与整车的有效匹配以及加强对产品性能的规范，在电动汽车标准体系框架下，我国建立了较为完善的电驱动系统标准子体系，从产品、检测、管理三个维度保证了电驱动产品的质量水平和使用安全性。伴随着电驱动系统集成化水平的不断提升以及产品技术水平的进步，该标准体系也在不断完善。

7.1　我国电驱动系统标准体系概述

近年来我国新能源汽车产业快速发展，截至 2020 年，我国累计销售新能源汽车 550 万辆，2020 年新能源汽车增速达到了 10.9%，连续多年产销量居世界第一①，国内新能源汽车保有量占全球市场保有量的 50%以上②，电动汽车产业由培育期进入成长期。产业的发展离不开标准的规范，经过 20 年的发展，我国电动汽车标准体系逐渐壮大，经历了由无到有、由偏到全、由主体到全面的发展过程，目前我国已经形成较为成熟的电动汽车标准体系，包含电动汽车基础通用、电动车辆整车、关键系统及部件、接口及设施四个部分。

电驱动系统是由驱动电机、动力电子装置和将电能转换到机械能的相关操纵装置组成的系统，是电动汽车的主要驱动源，其性能优良与否将直接影响车辆的动力性和经济性。电驱动系统标准体系包含了基础通用类、产品规范类、测试方法类三个方面的 12 项标准，其标准体系结构如图 7.1 所示。

7.1.1　电驱动系统标准分析

在应用层面，电驱动系统标准从驱动系统的产品技术要求、测试方法规范和与整车及其他部件的协调等方面保证电驱动系统的正常使用，具体的 12 项标准如表 7.1 所示。

1. 基础通用类标准

基础通用类标准是对电驱动系统所通用的技术要求、故障分类及系统接口等

① https://baijiahao.baidu.com/s?id=1692998273470049404&wfr=spider&for=pc 工业和信息化部部长在发布会上的讲话

② https://baijiahao.baidu.com/s?id=1654510456279388206&wfr=spider&for=pc《长江商报》

内容的规范，是电驱动系统的基本功能保证，主要包含 GB/T 18488.1—2015《电动汽车用驱动电机系统 第 1 部分：技术条件》、QC/T 896—2011《电动汽车用驱动电机系统接口》、QC/T 893—2011《电动汽车用驱动电机系统故障分类及判断》三项标准。

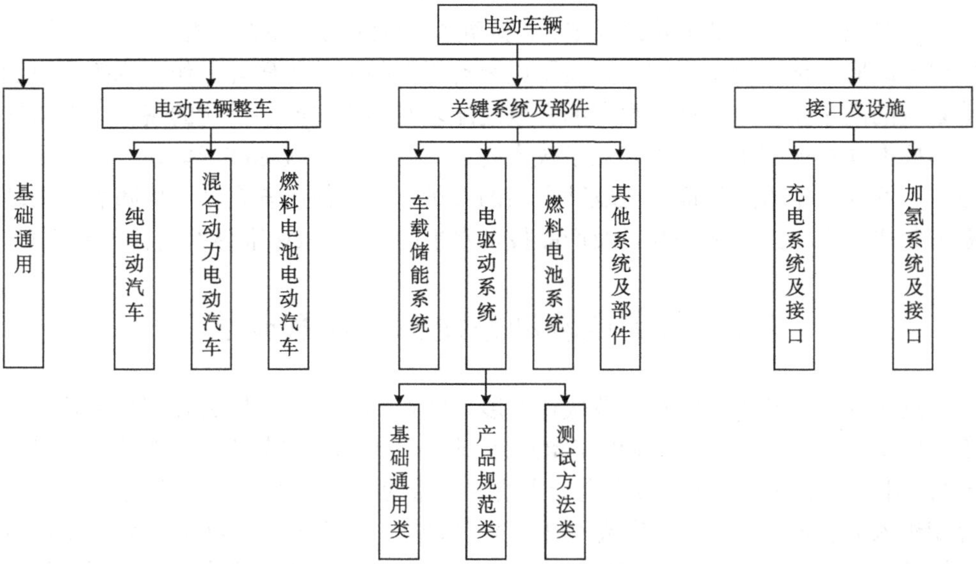

图 7.1　电驱动系统标准体系结构

表 7.1　电驱动系统标准

序号	标准编号	标准名称	标准类型
1	GB/T 18488.1—2015	《电动汽车用驱动电机系统 第 1 部分：技术条件》	基础通用
2	GB/T 18488.2—2015	《电动汽车用驱动电机系统 第 2 部分：试验方法》	测试方法
3	GB/T 29307—2012	《电动汽车用驱动电机系统可靠性试验方法》	
4	GB/T 36282—2018	《电动汽车用驱动电机系统电磁兼容性要求和试验方法》	
5	QC/T 893—2011	《电动汽车用驱动电机系统故障分类及判断》	基础通用
6	QC/T 896—2011	《电动汽车用驱动电机系统接口》	
7	QC/T 926—2013	《轻型混合动力电动汽车(ISG 型)用动力单元可靠性试验方法》	测试方法
8	QC/T 1022—2015	《纯电动乘用车用减速器总成技术条件》	产品规范
9	QC/T 1068—2017	《电动汽车用异步驱动电机系统》	
10	QC/T 1069—2017	《电动汽车用永磁同步驱动电机系统》	
11	QC/T 1086—2017	《电动汽车用增程器技术条件》	
12	QC/T 1088—2017	《电动汽车用充放电式电机控制器技术条件》	

GB/T 18488.1—2015 标准是电驱动系统应用最为广泛的标准，属于整个驱动系统标准体系的核心，标准中按照驱动电机系统、驱动电机、驱动电机控制器的工作特点进行分别规定，保证标准的可操作性，规定了电动汽车用驱动电机系统的工作制、电压等级、型号命名、要求、检验规则以及标志与标识。其中对绝缘电阻、耐电压、安全性的要求做到了与整车标准的协调，保证了电动汽车标准体系的连贯性。

QC/T 896—2011 标准对驱动电机系统的电气接口形式、信号定义、机械接口做了通用性的规定。标准中规定了电气接口的通用要求、 动力电气接口的连接方式、控制信号接口的连接方式等内容，其中动力电气接口的连接方式分为快速连接方式和固定连接方式两种，并将两种连接方式的端子分别进行规定。机械接口规定了电机和控制器的安装方式以及电机与传动机构的连接方式等内容。

QC/T 893—2011 标准规定了电动汽车用驱动电机系统故障的确认原则和故障分类等内容，通过规范性附录的形式对驱动电机系统故障模式进行了规定，包括损坏型故障模式、退化型故障模式、松脱型故障模式、失调性故障模式、堵塞与渗漏性故障模式以及性能衰退或功能失效型故障模式，并通过资料性附录的形式对故障模式分类进行了举例，以便于标准使用者的理解。

2. *产品规范类标准*

产品规范类标准规定了驱动电机产品的技术要求，包括单体产品交流电机系统、永磁同步驱动电机系统、充放电式电机控制器与集成类产品减速器系统、增程器系统，主要包含 QC/T 1068—2017《电动汽车用异步驱动电机系统》、QC/T 1069—2017《电动汽车用永磁同步驱动电机系统》、QC/T 1088—2017《电动汽车用充放电式电机控制器技术条件》、QC/T 1022—2015《纯电动乘用车用减速器总成技术条件》、QC/T1086—2017《电动汽车用增程器技术条件》等标准。

QC/T 1068—2017、QC/T 1069—2017 以及 QC/T 1088—2017 三项标准主要是对异步驱动电机、永磁同步驱动电机和充放电式电机控制器与通用驱动电机及控制器的区别以及其特殊性进行规定。其中，QC/T 1068—2017 主要规定了异步驱动电机区别于其他驱动电机的空载电流容差与堵转电流容差等内容要求和相应试验方法；QC/T 1069—2017 规定了永磁同步驱动电机的最大空载反电动势限值、空载反电动势容差、驱动电机系统空载损耗、永磁体老化退磁等十余项要求和相应试验方法；QC/T 1088—2017 除了规定控制器的一般要求外，增加了对 V2G、V2L、V2V 等放电模式电气性能的规定，对电动汽车放电应用的相关技术方向进行引导、规范。

QC/T 1022—2015 和 QC/T 1086—2017 规定了集成类产品减速器总成和增程器产品的技术条件。QC/T 1022—2015 规定了减速器总成的基本参数，以及减速器的基本要求、台架试验要求以及清洁度等内容，并规定了相应的试验方法；QC/T 1086—2017 适用于由内燃机和发电机及控制器组成的车载式增程器，规定了增程器的外观、输出特性、响应特性、环境适应性、电气安全性、能量转换率等技术内容，其中对于系统无法统一规定的项目，如环境适应性、系统密封性等，将内燃机和发电机及控制器两者分别规定，保证了标准的可操作性。以上两项集成类标准可以为其他集成类标准的制定提供思路。

3. *测试方法类标准*

测试方法类标准是技术条件要求落地的基础，是保证标准实际执行的有力抓手，因此保证测试方法的合理、实用、简洁、有效是标准制定的根本出发点。据此驱动电机工作组完成了多项测试方法标准的制定，包括 GB/T 18488.2—2015《电动汽车用驱动电机系统 第 2 部分：试验方法》、GB/T 29307—2012《电动汽车用驱动电机系统可靠性试验方法》、GB/T 36282—2018《电动汽车用驱动电机系统电磁兼容性要求和试验方法》，以及 QC/T 926—2013《轻型混合动力电动汽车（ISG 型）用动力单元可靠性试验方法》。

GB/T 18488.2—2015《电动汽车用驱动电机系统 第 2 部分：试验方法》保证 GB/T 18488 技术要求的落地，标准规定了驱动电机系统、驱动电机、驱动电机控制器试验用的仪器仪表、试验准备及各项试验方法。GB/T 29307—2012 驱动电机系统可靠性试验适用于最终动力输出为电动机单独驱动或电动机和发动机联合驱动的电驱动系列，规定了驱动电机系统在台架上的一般可靠性试验方法，其中包括可靠性试验负荷规范及可靠性评定方法。

启动发电电机（Integrated Starter Generator，ISG）是指集成启动和发电功能的电机，针对轻型混合动力电动汽车（ISG 型），QC/T 926—2013 规定了其动力单元可靠性的试验方法，标准适用于 M1 类、N1 类和最大设计总质量不超过 3.5t 的 M2 类混合动力电动汽车（ISG 型）动力单位。

驱动电机系统长期在高电压环境下工作，是整车主要的电磁场发射源，同时也是高压部件的电磁骚扰对象，因此对驱动电机系统的电磁兼容性进行要求是保证整车电磁兼容性的重要手段。GB/T 36282—2018 标准适用于纯电动汽车、混合动力电动汽车和燃料电池电动汽车用驱动电机系统的电磁兼容要求与试验方法。标准根据 ECE R10 第 5 版发布实施以来的实际应用及验证经验，结合国际标准 CISPR 25、ISO 1060 的最新进展，配合国内电动汽车用驱动电机系统的标准制定需求，并力求与国际技术接轨，对标准的技术要求、试验要求和试验方法进行制定，同时考虑和注重标准的适应性和可操作性。

7.1.2　电驱动系统标准与电动汽车其他标准相协调

总体而言，电驱动系统标准为系统或部件级标准，而电驱动系统是整车的有机组成部分，为保证电驱动系统能够与整车各部件间相兼容，保证车辆的正常使用，该标准中多项指标与电动汽车其他标准相协调。

安全性是电动汽车使用最根本的保障，电动汽车整车安全需要通过各级部件的安全进行保证。作为高压工作系统，驱动电机系统的安全性要求包括了绝缘电阻要求、耐电压要求、安全接地要求、电位均衡要求、驱动电机控制器的保护功能要求以及驱动电机控制器支撑电容放电时间要求。

1. 绝缘电阻要求

绝缘电阻是人员与电动汽车高压电路形成回路时，系统对人体防护的最后保障，因此绝缘电阻是电动汽车整车及部件保证人体安全的重要部分，在整车及电驱动系统标准中均对绝缘电阻值及测量方法进行了要求，两部分标准间也保证相互协调性。

GB/T 18488.1—2015 中规定了定子绕组对壳体及温度传感器的绝缘电阻在冷态条件下应不大于 20MΩ，在热态下应按照式(7.1)计算，且不应低于 0.38MΩ。驱动电机控制器动力端子与外壳、信号端子与外壳、动力端子与信号端子之间的冷态及热态绝缘电阻应不小于 1MΩ。

$$R=\frac{U_{\mathrm{dmax}}}{100+\dfrac{P}{100}} \tag{7.1}$$

式中，R 为驱动电机定子绕组对机壳的热态绝缘电阻，单位为 MΩ；U_{dmax} 为最高工作电压，单位为 V；P 为驱动电机的持续功率，单位为 kW。

电动汽车整车安全标准 GB 18384—2020《电动汽车安全要求》中规定在最大工作电压下，直流电路绝缘电阻应不小于 100Ω/V，交流电路应不小于 500Ω/V。如果直流和交流的 B 级电压电路可导电的连接在一起，则应满足绝缘电阻不小于 500Ω/V 的要求。若交流电路增加有附加防护，则组合电路至少满足 100Ω/V 的要求。

驱动电机系统为交流电路，在整车安全要求中应满足至少大于 5000/V 的规定，在整车要求中以 GB/T 18488.1 中规定的最高工作电压 750V 计算，所应达到的绝缘电阻为 0.375MΩ，而驱动电机要求下的最小绝缘电阻为 0.38MΩ，仍大于 0.375MΩ，保证了电驱动系统与整车绝缘电阻要求的一致性。

2. 耐电压要求

电驱动系统工作于电动汽车内部，长期处于电动汽车高压平台下，因此考核驱动系统的耐电压性能是保证整车驱动系统工作的基础，电驱动系统的耐电压性能应与整车的工作电压保持协调。

GB/T 18488.1—2015 中规定了电机绕组的匝间冲击耐电压、驱动电机绕组对机壳及温度传感器的工频耐电压、驱动电机控制器的工频耐电压等内容。对于驱动电机绕组匝间绝缘冲击试验电压峰值应不低于按式(7.2)的计算值。

$$UT = 1.7 \times UG \tag{7.2}$$

式中，UT 为电机绕组匝间绝缘冲击试验电压峰值，单位为 V；UG 为电机绕组对地绝缘工频耐电压试验值(有效值)，单位为 V，按表 7.2 的规定取值。

表 7.2　驱动电机绕组对机壳工频耐电压限值

序号	驱动电机或部件	试验电压(有效值)
1	持续功率小于 1kW 且最高工作电压小于 100V 的驱动电机的电枢绕组	500V+2 倍最高工作电压
2	持续功率不低于 1kW 或最高工作电压不低于 100V 的驱动电机的电枢绕组	1000V+2 倍最高工作电压，最低 1500V
3	驱动电机的励磁绕组	1000V+2 倍最高励磁电压，最低 1500V

对于驱动电机励磁绕组匝间绝缘冲击试验电压峰值，标准 GB/T 18488.1—2015 规定驱动电机的励磁绕组，匝间绝缘冲击试验电压峰值一般不低于式(7.2)的规定，总匝数为 6 匝及以下时，冲击试验电压峰值为 250×被试绕组的总匝数，单位为 V，最低应为 1000V。

对于有刷直流驱动电机电枢绕组匝间绝缘冲击试验电压峰值，标准 GB/T 18488.1—2015 规定对于最高工作电压为 660V 的有刷直流驱动电机，电枢的换向片片间冲击电压峰值应不低于 350V；最高工作电压为 660V 以上的有刷直流驱动电机，电枢的片间冲击电压峰值应不低于 500V。

对于驱动电机绕组对机壳的工频耐电压，标准 GB/T 18488.1—2015 规定驱动电机绕组对机壳应能耐受表 7.2 所规定的耐电压限值的工频正弦耐电压试验，无击穿现象，漏电流限值应符合产品技术文件规定。

对于驱动电机绕组对温度传感器的工频耐电压，标准 GB/T 18488.1—2015 规定若驱动电机的温度传感器固定于定子绕组中，驱动电机绕组对温度传感器应能承受 1500V 的工频耐电压试验，无击穿现象，漏电流应不高于 5mA。

对于驱动电机控制器工频耐电压，标准 GB/T 18488.1—2015 规定驱动电机控制器动力端子与外壳、动力端子与信号端子之间，应能耐受表 7.3 所规定的试验电压，驱动电机控制器信号端子与外壳之间，应能耐受 500V 的工频耐电压试验。

表 7.3　控制器动力端子与外壳、信号端子间工频耐电压限值

最高工作电压/V	试验电压（均方根值）/V
$U_{dmax}\leqslant 60$	500
$60<U_{dmax}\leqslant 125$	1000
$125<U_{dmax}\leqslant 250$	1500
$250<U_{dmax}\leqslant 500$	2000
$U_{dmax}>500$	$1000+2\times U_{dmax}$

电动汽车整车安全标准 GB/T 18384.3—2015 中将电动汽车的电压等级依据电路的最大工作电压 U 进行划分，如表 7.4 所示。

表 7.4　电压等级

电压等级	最大工作电压/V	
	直流	交流（RMS）
A	$0<U\leqslant 60$	$0<U\leqslant 30$
B	$60<U\leqslant 1500$	$30<U\leqslant 1000$

根据表 7.4 的规定，电动汽车交流电路的 B 级电压为 30～1000V，电驱动系统处于高压平台中，部分工作条件下最大工作电压可能高于 B 级电压，因此为保证系统工作的稳定性及安全性，驱动电机及控制器的耐电压均不低于 B 级电压的要求。

3. 电位均衡要求

电位均衡是指电气设备的外露可导电部分之间电位差最小化，对电位均衡的要求可以保证人员在电路单点失效情况下的人身安全。

驱动电机系统中对电位均衡有明确规定，GB/T 18488.1—2015 中要求驱动电机及驱动电机控制器中能触及的可导电部分与外壳接地点处的电阻不应大于 0.1Ω。接地点应有明显的接地标志。若无特定的接地点，应在有代表性的位置设置接地标志。

电动汽车整车安全标准 GB/T 18384.3—2015 中要求 B 级电压电气设备的外露

可导电部分，包括外露可导电的遮拦和外壳，应连接到电平台以保持电位均衡。所有组成电位均衡电流通路的组件(导体、连接部分)应能承受单点失效情况下的最大电流。电位均衡通路中任意两个可以同时触碰到的外露可导电部分之间的电阻应不超过 0.1Ω。

对于电位均衡的要求，驱动电机系统与电动整车要求保持一致。

7.2 国际电驱动标准发展现状

作为电动汽车的核心部件，电机与电机控制器也是国际标准化工作的研究重点，国际上从电驱动产品的种类、性能测试、负载测试等不同角度开展了标准化研究，通过制定相关标准，保证产品的使用性能。ISO、IEC、ECE 等组织在电机、电机控制器标准研究方面开展了大量工作。

国际标准化组织(International Organization for Standardization，ISO)属于全球性的非政府标准化组织，致力于在全世界范围内促进标准化工作的开展。其标准在国际上有广泛的影响力。ISO 重视新能源汽车标准的研究，在道路车辆技术委员会(ISO/TC22)下成立了电动车辆分技术委员会(ISO/TC22/SC37)，主要对电动汽车整车、动力系统和动力蓄电池包标准(包括整车性能、安全、能耗、操纵性、电池包性能与安全、驱动系统性能与可靠性能等)进行研究。ISO/TC22/SC37 下设四个工作组，其中 WG4 是连接到电驱动系统的系统和部件标准研究工作组，目前 ISO 正在制定 ISO 21782《电力驱动道路车辆 电驱动部件测试规程》系列标准，主要包括通用要求、驱动电机系统、电机及逆变器、DC/DC 转换器性能测试和负载测试等内容，目前 ISO 21782.1、ISO 21782.2、ISO 21782.3 通用要求，驱动电机系统性能测试和电机及逆变器性能测试处于 DIS 阶段；ISO 21782.6 电机及逆变器负载测试标准目前处于 CD 阶段；ISO 21782.4、ISO 21782.5、ISO 21782.7DC/DC 转换器性能测试、负载测试以及电机系统负载测试标准目前处于 NP 阶段。

国际电工委员会(International Electrotechnical Commission，IEC)是世界上成立最早的国际性电工标准化机构，负责相关电气工程和电子工程领域中的国际标准化工作。其中，IEC/TC69 是该机构的国际电工委员会/电动道路车辆和电动工业车辆技术委员会，主要开展电动车辆基础设施相关的标准研究工作。IEC 针对电动汽车用电驱动系统进行了大量工作，制定了包括技术规范在内的 6 项标准，其中 IEC/TR 60785—1984《电动汽车用旋转电机》和 EC/TR 60786—1984《电动汽车用控制器》两项技术规范时间较为久远，所规定内容也难以和现阶段技术发展水平相匹配，因此参考价值不大。GB/T 25123.4—2015《电力牵引 轨道机车车辆和公路车辆用旋转电机》系列标准，包括了四项标准，规定了道路车辆使用的除电子变流器供电的交流电动机之外的交流电机、电力变流器供电的交流电动机、用损耗总和法来确定变流器供电的交流电动机的总损耗、电子变流器永磁同步电动机四部分的试验方法。

联合国欧洲经济委员会(Economic Commission for Europe，ECE)制定的汽车法规由联合国世界车辆法规协调论坛(WP29)负责起草，该工作组对国际范围内汽车技术法规的制定、修订、协调、统一与实施开展了大量工作，制定了多项规范电动汽车产品的法规，如 ECE R85《关于就净功率测量方面批准用于驱动 M 类机动车辆的内燃机的统一规定》。该法规修订案是在原 ECE R85 基础上进行了补充，增加了对电力驱动系的要求，同时在测试净功率的基础上增加了对 30min 最大功率的测试。

日本国土交通省(MLIT JAPAN)下属的日本汽车标准国际中心(JASIC)组织专家参与 WP. 29 专家组，对国际法规的制定和协调起到了重要作用。日本汽车技术法规(安保基准)14-5-1 及 14-5-1-commentary《电动汽车驱动电机额定输出功率试验规程》和 14-5-2 及 14-5-2-commentary《电动汽车驱动电机最大输出功率试验规程》，分别规定了电动汽车电机在控制器相连接的条件下额定输出功率和最大输出功率的测试方法。

7.3　电驱动系统标准发展趋势

轻量化一直是汽车发展的主流方向。为提高续航里程、减少成本，电动汽车轻量化是必然的趋势，在此背景下，提高驱动电机功率密度、减小电驱动系统体积、提高电驱动系统集成化水平将成为行业的关注热点。

电驱动系统的集成化主要包括两个方面：一是指电机与控制器或电机、控制器与减速器等机械部件相集成，从而达到减小驱动系统的质量和体积，降低生产成本的目的；二是电力电子集成，包括功能集成(多逆变器+DC/DC 变换器+电池管理+整车控制)、物理集成(功率模块、驱动电路、无源器件、控制电路、传感器、电源等)、应用 Trench+IGBT 等器件，基于单片集成、混合集成和系统集成技术达到高度集成。

7.3.1　电驱动系统集成化产品测试方法标准研究

减少驱动系统零件数量、减小驱动系统体积以及减轻驱动系统重量一直是电动汽车轻量化的主要手段，电驱动系统的集成化进程也在逐渐加快。目前市场上已经推出多款电机与控制器集成在一起的二合一产品，电机、控制器以及减速器集成一体的三合一产品，以及其他多合一动力总成产品。集成化程度的逐渐提高在为整车提供轻量化产品的同时增加了测试的困难程度，按照现有标准部分集成为一体的产品难以进行拆解，无法进行测试，因此为保证集成化产品的批量生产，加快电驱动系统的集成步伐，集成化产品测试方法的标准工作正在不断研究和完善。

7.3.2　碳化硅驱动系统标准研究

硅基在高耐电压部件中，其所耐受的电压越高则单位面积的导通电阻就越大，而电压逐步升高是电动汽车发展的必然趋势，因此为提高电驱动系统的工作效率，必然需要选择新材料，而碳化硅材料的应用可以大幅提高电驱动系统的导通电阻，实现高耐电压的目的，这是电动汽车驱动系统的发展方向。目前尚缺少针对碳化硅材料应用后电驱动系统的环境适应性和安全性等的评价方法，因此以碳化硅材料为基础的电驱动系统试验方法标准研究将会随着相关产品的不断发展而逐步推进。

7.3.3　轮毂电机产品评价标准研究

作为电驱动系统的高度集成化产品，我国轮毂电机已经逐步在一些车型上开展了样车测试。轮毂电机的应用可以减少变速器、传动轴、差速器等传动零部件，在实现轻量化的同时动力传递路径的减少保证了传递效率的提升，便于实现多种复杂驱动方式的控制。但轮毂电机的使用增加了整车的簧下质量，对于整车的使用环境适应性，尤其是振动条件发生了较大变化，因此，为保证轮毂电机产品的发展，需要对轮毂电机产品的评价指标及测试方法进行标准研究，从而加快轮毂电机产品的发展进程。

驱动电机系统性能的优劣将直接影响电动汽车的水平，保证电驱动行业的稳定、健康发展需要标准的规范和引导。目前我国已经初步建立了一套结构规范、层次分明、重点突出的电驱动系统子体系。未来将针对行业发展需求对现有标准体系进行补充完善，在研究新标准的同时对正在实施的标准进行适用性研究，按照技术发展需求及时修订现有标准。

参 考 文 献

[1] 甄子健, 等. 新能源汽车发展战略研究[M]. 北京: 科学出版社, 2016.

[2] 中国汽车工程学会. 世界氢能与燃料电池汽车产业发展报告[M]. 北京: 机械工业出版社, 2020.

[3] 中国汽车技术研究中心, 日产(中国)投资有限公司, 东风汽车有限公司. 中国新能源汽车产业发展报告(2020)[M]. 北京: 社会科学文献出版社, 2020.

[4] 中国汽车工程学会. 节能与新能源汽车技术路线图 2.0[M]. 北京: 机械工业出版社, 2020.

[5] 邹国棠. 电动汽车电机及驱动: 设计、分析和应用[M]. 樊英, 王改, 王伟, 等译. 北京: 机械工业出版社, 2018.

[6] W U G, ZHANG X, DONG Z. Powertrain architectures of electrified vehicles: review, classification and comparison[J]. Journal of the Franklin Institute, 2015, 352(2): 425-448.

[7] ONAR O C, KOBAYASHI J, KHALIGH A. A fully directional universal power electronic interface for EV, HEV, and PHEV applications[J]. IEEE Transactions on Power Electronics, 2013, 28(12): 5489-3498.

[8] MOHAN N. Advanced electric drives: analysis, control, and modeling using MATLAB Simulink[M]. Hoboken: John Wiley & Sons, 2014.

[9] MOHAN N. Electric machines and drives: a first course[M]. Hoboken: John Wiley & Son, 2012.

[10] ZHANG H G, SUN J. FPGA-based simulation of power electronics using iterative methods[C]. IPEC, Hiroshima, 2014.

[11] 李亮, 张惠国, 陈珍海. 一种低功耗嵌入式 14 位 400MHz 数模转换器[J]. 固体电子学研究与进展, 2010, 30(3): 453-457.

[12] 张惠国, 陈珍海, 孙伟锋, 等. 双通道可重构 14 bit 125MS/s 流水线 ADC[J]. 东南大学学报: 自然科学版, 2017, 47(4): 649-654.

[13] 李永东. 交流电机数字控制系统[M]. 北京: 机械工业出版社, 2002.

[14] ABU-RUB H, IQBAL A, GUZINSKI J. High performance control of AC drives with MATLAB Simulink[M]. 2nd ed. Hoboken: John Wiley & Sons, 2021.

[15] 袁新枚, 范涛, 王宏宇, 等. 车用电机原理及应用[M]. 北京: 机械工业出版社, 2016.

[16] HAYES J G, GOODARZI G A. Electric powertrain: energy systems, power electronics and drives for hybrid, electric and fuel cell vehicles[M]. Hoboken: John Wiley & Sons, 2017.

[17] LIDOW A, ROOIJ D M, STRYDOM J, et al. GaN transistors for efficient power conversion[M]. Hoboken: John Wiley & Sons, 2019.

[18] 王书昶, 冯源, 穆久涛, 等. 一种具有高可靠性的氮化镓功率器件及其制备方法: 中国, CN111261714A[P]. 2020-06-09.

[19] 王书昶, 冯源, 穆久涛, 等. 一种具有高可靠性的氮化镓功率器件: 中国, CN211858658U[P].

2020-11-03.
[20] 王书昶, 穆久涛, 冯源, 等. 一种具有多场板结构的氮化镓功率器件及其制备方法: 中国. CN111370483A[P]. 2020-07-03.
[21] STEPHEN D U. Electric machinery[M]. 7th ed. New York: McGraw-Hill, 2014.
[22] KRISHNAN R. Permanent magnet synchronous and brushless DC motor drives[M]. Abingdon: Taylor & Francis Group, LLC, 2010.
[23] 戈宝军, 梁艳萍, 温嘉斌. 电机学[M]. 3 版. 北京: 中国电力出版社, 2016.
[24] CASADEI D, PROFUMO F, SERRA G, et al. FOC and DTC: two viable schemes for induction motors torque control[J]. IEEE Transactions on Power Electronics, 2002, 17(5): 779-787.
[25] VAN DER BROECK H W, SKUDELNY H C, STANKE G V. Analysis and realization of a pulsewidth modulator based on voltage space vectors[J]. IEEE Transactions on Industry Applications, 1988, 24(1): 142-150.
[26] BLASCHKE F. The principle of field orientation as applied to the new transvektor closed-loop control system for rotating field machines[J]. Siemens Review, 1972, 34(3): 217-220.
[27] LIPO T A. Analysis of synchronous machines[M]. Boca Ration: CRC Press, 2012.
[28] 张惠国, 周学礼, 石磊. 一种带霍尔自修复的电机换相控制方法[J]. 微特电机, 2016, 44(12): 98-101.
[29] NIAPOUR S A, GARJAN G H, SHAFIEI M, et al. Review of permanent-magnet brushless DC motor basic drives based on analysis and simulation study[J]. International Review of Electrical Engineering, 2014, 9(5): 930-957.
[30] 张惠国, 钱斌, 潘启勇, 等. 直流无刷电机控制实验系统设计与实现[J]. 实验技术与管理, 2016, 33(10): 76-80, 89.
[31] 朱袁正, 张惠国, 高金东, 等. 采用功率模块的电机控制器: 中国, ZL201520559228.4[P]. 2015-10-28.
[32] 张惠国, 顾涵, 周平, 等. 一种分立 MOSFET 构成的半桥驱动电路: 中国, ZL201720169267.2[P]. 2017-02-24.
[33] 朱袁正, 支强, 高金东, 等. 半桥驱动电路: 中国, CN205051676U[P]. 2018-07-27.
[34] 张惠国, 陶永梅, 顾涵, 等. 一种快响应过流短路保护电路: 中国, ZL201720229531.7[P]. 2017-09-29.